沈黙と抵抗

ある知識人の生涯、評伝・住谷悦治

田中秀臣
tanaka hidetomi

藤原書店

住谷悦治
1895–1987
（松山高商時代。1938年）

東大学生キリスト教青年会のメンバー

（前列左より３人目に風早八十二，３列目右端に吉野作造，３人目に森戸辰男，10人目に片山哲，左端に住谷悦治，４列目右から３人目に土屋喬雄，左から５人目に河野密。1920年頃）

家族，教え子とともに。

（前列右から妻・よし江，住谷悦治，後列右端が馨，左端が一彦。1940年頃）

はじめに 嫩葉が、
やがて 穂が、
そして それから
ゆたかな 稔りが……

夕刊京都
THE YUKAN KYOTO

5月12日 日
1946年 No.1

飢ゑる人民に戸閉す
ひろびろとした大邸宅、お寺、社の境内
男女の逢引場より畑だ

なぜこの新聞は生れたか?

三等席からみた政変劇 上
幣原をめぐるもの
政局昏迷の禍根を衝く

NO.1アメリカの脚

裁判所が大憤慨
出頭せず富田ふさ女史
審理ちつとも進まず

働けど働けど赤字
府の勤務者の懐中調べ

文化
感情の解放

金銭信託

日本人たち (1)
村山知義 作並びに画

時論

大雅堂

『夕刊京都』創刊号の紙面
(1946年5月12日。第9章参照)

同志社総長時代
（同志社本部にて。1966年）

廣津和郎，荒畑寒村とともに
（熱海駅にて。1957年頃）

風早八十二とともに
（下鴨中川原町の家で。1953年）

沈黙と抵抗——目次

はじめに——日本の経済学の可能性を求めて　007

沈黙と抵抗

——ある知識人の生涯、評伝・住谷悦治

はじめに——日本の経済学の可能性を求めて

日本はいわゆる「失われた一〇年」といわれる長期の不況を経験し、しかも世紀を新たにしてさえ日本の社会や経済にはいぜんとして根深い不安感や停滞感が広がっている。経済学者やエコノミストたちは連日のようにメディアの中で各々の経済の処方箋を口にしてはいるものの、現実の事態は一向によくならないではないかと、「経済学の終り」「経済学はもう死んだ」と口にするものさえもいる。

経済学が実践的な学問であることは当然である。それゆえ、現実の問題を解決しえないときに、その存在そのものに嫌疑の念が生じるのはまったく当然のことだろう。しかし、一歩引いたところから見てみると、私たちが日常的に見聞している「経済学」の中味が必ずしも一枚岩ではないということに気付く。二一世紀はじめの日本の経済学の状況を見ても大ざっぱに分ければ三つの「経済学」が存在するといえる。「構造改革」を標榜する構造改革論者、ケインズ主義者、マルクス主義の伝統に立つ社会経済学者、である。また経済学者やエコノミストの見解が分かれていることに加えて、彼らの主張を反映し、実現に至らせる経路（新聞・TVなどのメディア、政府・政党の機関、市民的なコミュニティなど）もむろん一枚岩ではなく、そこには異なる種々雑多な価値判断と政治的・経済的な利害関係が複雑にからんでいるのが普通である。簡単にいえば、ある経済学者の発言とその行動がそのままストレートに経済問題の解決という実践面に結びつくと考えるのは非常にナイーブ（単純）な見方だということだ。問題にしている経済学とはいったいどのような性格のものなのか、また経済学者やエコノミストがメディアなどで発言していることがどのような効果や成果を実践の場で持ちえるのか、を少なくとも注意深く検証する必要があるのではないだろうか。

日本の経済学はよく「輸入学問」であるといわれる。従来の歴史的な研究では、日本の経済学が欧米の経済学からどのような形で影響をうけ、どのような修正（進歩か退化か）が行われたかが大きな関心の中心であった。日本の経済学者たちが実践的な課題をどのような思想的責務として問題視し、またどのような手段（ジャーナリズムでの活動かあるいは政治的関与）で具体的に取り組んだか、その相互の関連はあまり注目されることはなかった。しかし明治以降、近代から現代までの日本の経済学の歴史を見ると、そこには時代の課題をジャーナリズムや具体的な政治的関与の中で解決しようとし、その格闘の過程で自らの経済学を築いていった何人かの先駆者を見出すことが可能である。

私の意図するところは、彼らの試みを再現し、再評価することにある。この検証の過程で、先ほど指摘した日本の経済学の分化（多様性）と政策実現の経路の複雑性や、また相互の影響関係の起源を摘出することができればと思っている。本書はそのはじめの試みである。

本書では、元同志社総長住谷悦治《すみやえつじ》（一八九五生—一九八七没）の生涯とその業績（主にジャーナリズム活動と経済思想史研究、多様な社会活動）の再考を通して、近代日本の土壌がかつて育んだ経済学者の社会的関与のひとつのあり方がもつ今日性を明らかにしていきたい。

今日のように「サラリーマン化」してしまった多くの大学人（大学内経済学者）とは異なり、住谷の生涯は社会参加と学問の考究とが一体となったものだった。

住谷悦治は群馬の裕福な地主の家に生まれ、当時の優秀な子弟同様に旧制高校へ入学した。住谷はそこでロマン主義的な学生文化を享受し、その後、典型的な立身出世路線を希望して東京帝国大学に進んだ。しかし、当時は「大正デモクラシー」といわれる言論の自由化と民衆運動の高まりをみせた時代であり、住谷は日本の学生運動の先駆である「東京帝国大学新人会」に加入しエリートコースに乗ることを拒否した。他方で師である吉野作造の感化をうけてデモクラシー思想の理解を深め、キリスト教的社会改良の方策を求めた。やがて住谷は「森戸事件」などの言論弾圧事件を境にして、河上肇の影響のもとにマルクス主義者として、また社会運動家としての道を模索しはじめる。住谷は東京帝大卒業後、同志社大学で経済学史の教員としてアカデミズムに身をおいて活動を開始した。しかし関東大震災による朝鮮人虐殺や水平社運動での体験を契機として、単に学者としてでなく社会的な実践の中で、自らの学問的な境地を開拓しようと決心する。住谷は専門であった経済学史（経済学の歴史的な理解）で培った「歴史的方法」で、物事や人物評価を歴史的な尺度で距離をはかりつつ、現在の問題を相対的に捉える努力を行った。この歴史的方法は住谷の学術活動とジャーナリズム活動を結ぶ重要な要素であった。住谷は「瀧川事件」に関連して治安維持法違反で検挙・拷問をうけ、同志社を実質上解職された。住谷はこれ以後、戦後まで民間のジャーナリストとしての活動をはじめる。昭和初期から戦時下にいたるまで、住谷の活動は在野の反体制的なミニジャーナリズムの世界で積極的に展開された。代表的には新聞批判を通じて間接的に政府や軍部批判を展開した『現代新聞批判』や、またフランスの反ナチズム運動からヒントを得た『土曜日』などで主要な役割を果たした。それらのジャーナリズム活動では、住谷は日本の「大衆」に極端な日本中心主義に立たないように訴えた。住谷の思想はマルクス主義的なものであったが、その言論活動はむしろ吉野作造から受け継いだデモクラシー思想に立脚したものといえる。住谷は度重なる迫害の後に、ようやく戦後、実質的な社会復帰をとげる。住谷は新興新聞であった『夕刊京都』において市民参加型の文化新聞を作ろうと試みた。住谷の一貫した反体制的でなおかつ「大衆」に訴える社会参加型のジャーナリズムのあり方は、彼の叔父である住谷天来から受け継いだものであった。天来は内村鑑三の盟友として活動した特異なキリスト教の牧師であった。天来もまた自ら個人新聞『聖化』を戦時下で発行し、「現人神＝天皇」制への反論を唱えた。しかし天来は官憲に弾圧され、沈黙を余儀なくされ、終戦を見る間なく孤独のうちに憤死する。

　この天来から直接に受け継いだ住谷の精神性を端的に言い表せば、組織や社会の主流の精神構造とは一線を画す、いわば「公的なアウトサイダー」と表現するべきものだった。[1]「公的」と形容したのは、彼は決して社会から隔絶した孤高の存在ではなかったからである。彼は社会的に白眼視された時期でさえ、内的な世界に閉じこもることなく、積極的に社会への関与を求め、自らの意見を公にした。住谷のこのような積極的なジャーナリズム活動は、彼の心の奥に蓄えられた社会の非道への反抗心に基づくものである。住谷もまた叔父天来と同様にいくたびかの言論の弾圧に直面した。住谷の社会への憤怒の心は、孤独のうちに死んだ天来の強制された沈黙のあり方と同じものであった。天来も住谷も言論活動に不利な状況に甘んじて沈黙を選んだのではない。可能なかぎりの発言を求めた末での沈黙であった。まさに両者には沈黙（「黙」）の中に激しい社会悪への抵抗のあり方を見るということで共通するものであった。彼はそのような性向を、大学アカデミズムの場を実質上追放された戦前・戦後の多様なジャーナリズム活動でより一層確かなものとした。

今日、大学人の社会参加のあり方が、まったくの無関心であるか、または官僚的な取り込みの中での発言でしかない中で、住谷にその典型をみることができる「社会参加＝教養の獲得」という日本にあった「大学人」「知識人」としてのあり方は、その波瀾にみちた人生航路と時代背景とともに、今日の読者の共感を呼ぶと思われる。

住谷はその著作と活動の中で、いくどもの挫折を乗り越えて、結局は「誠実に生きる」という単純でもっとも困難な信条を追求しようとしたのだろう。その実践的な表われが「ジャーナリズム活動」であり、学術的な貢献が倫理的・宗教的な真理をどう合理的精神（社会科学的真理）の中で融合させるかということであった。住谷は後者の課題を「日本の経済学」の特質をその起源に遡ることで把握しようとした。その意味でも彼の師であり「社会科学的真理と宗教的真理との統一」を考えた河上肇の真の後継者といえるだろう。しかも住谷はこの「統一」を合理的な精神の構築でもって乗り越えた。彼自らの宗教的信条やまた社会的な関心の制限を超えて、今日まで再考されるべき価値を有する業績を残したといえるだろう。

もちろん住谷の経済学・社会思想とジャーナリズムとの関係だけをもって、日本の経済学者の思惟と実践のあり方を展望することは無理である。先にも書いたように、日本の経済学は今日も分化・多様化している。住谷をはじめとして私は少なくとも日本の経済学とジャーナリズム（メディアでの活動だけでなく多様な政治的・社会的参加のあり方も含めたもの）を三部作として構想している。住谷悦治で私たちは近現代のいわゆる左翼的知識人の最良の経済・社会ジャーナリズム活動を見ることができるだろう。そして日本の「近代経済学の父」である福田徳三の経済学とジャーナリズムでの活動を検討することで、市場システムをどう日本社会の文脈の中で根付かせることができるか試行錯誤したその姿を明らかにしたい。さらに今日の「構造改革論者」の先駆ともいえ民間エコノミストの祖でもある高橋亀吉の研究が三部作の最後となるだろう。

これら三部作を通して、私は微力ながらも日本の近代から現代に流れる経済学のあり方の縮図と、あわせて経済学という魅力的な学問の今後の可能性の重心をも得たいと願っている。

第一章　ロマンティックな青年

のちに「大正デモクラシー」と称される近代日本の民主主義運動の高揚期、その時代の体現者であり、時の言論界の雄であった東京帝国大学教授吉野作造はうすら寒い曇天の下、神田の南明《なんめい》倶楽部で行われる立会演説会に向うため歩みを進めていた。いまから八〇年以上前、一九一八（大正七）年の晩秋のことである。吉野作造はこの日、頭山満《とうやまみつる》や田中捨身《すてみ》らを中心とする浪人会の面々との公開での討論に挑むことになっていた。ちょうど同じ年の一月に、吉野は総合雑誌『中央公論』に「憲政の本義を説いて其有終の美を済すの途を論ず」を寄稿し、日本における民主主義の意義と可能性について高らかな宣言を書いた。

「国家の主権の活動の基本的の目標は政治上人民に在るべし(1)」。

天皇主権の下という制約の中で、いかに民主的な政体を実現するか、この吉野の提言は当時の知識階層

▲吉野作造

や若い学生たちに熱狂的に歓迎された。吉野の「民本主義」に対して、国家主義的な立場から浪人会などの右翼系の思想団体は猛然とした批判を繰り広げ、今日の討論会に繋がったのである。

吉野の愛弟子のひとりは当日の模様を次のように克明に書いている。

蒼白い痩せた博士は壇上の一角の椅子に腰を下し浪人会の面々は他方の一角に陣取った。会場は真に立錐の余地なく、会場から溢れた大衆は場外に黒山をなしていた。壇の前面は柔道一二段の帝大の学生や新人会、基督教青年会の大学生の面々が博士の万一を護るべく早くからぐるりととり囲んでいた。立会演説は、交る交る質問討論するという順序であった。博士は浪人会の攻撃と追及に対してその抱懐する思想を以て、一々明快に対抗した。鈴木文治はあの巨躯と雄弁をもって、二階の窓から、場外にあふれた黒山の如き大衆に向って、場内の様子を放送した。「只今、田中捨身氏が斯々のことを追及されたのに対し、吉野先生は斯々の答弁をされました」。それを聴くたびに興奮した場外の聴衆はワーッと歓声を挙げ万歳を叫んだ。博士の理論的勝利。デモクラシー論の明快さ。立会演説は明かに博士の圧倒的勝利として終った。次々に場外へ聴衆があふれる。博士は沢山の進歩的学生に抱かれるように電車へ押しこまれた。ワーッ、万歳の叫喚は天地に震いどよめき、この大衆は博士の乗った電車の跡を恐ろしい勢いで追い従った。黎明が来た。われらの上に新時代の光が輝き始めた。人々はただ感激の涙にうちぬれて新しい時代を想うた。(2)

この文章の書き手もまた日本の「黎明」を信じ、「感激の涙にうちぬれた」青年であったろう。青年の名前は住谷悦治。この本の主人公である。彼は実際にこの公開討論会を見たわけではない。その頃彼は郷里の群馬で東大入学を目指す一浪人生にしかすぎなかった。住谷は後に吉野自身やまた大学の先輩たちにこの「大正デモクラシー」の神話を教えられ感激を共有することになる。時代は「解放」「改造」という流行語が飛び交い、閉塞した社会状況の打破がある種のロマンティックな感情とともに物語られていた。明るい未来への確信と人間性への素朴な信頼というロマンティックな感情。それは時代のあやうい雰囲気ともいえた。「大正デモクラシー」は「ふたつの世界大戦」の間に咲いた徒花《あだはな》だったのかもしれない。だが後知恵で語るよりも、いまはこの住谷という当時の時代精神を表わす典型的な感激屋またはロマンティストの感情の由来を訪ねてみたい。その上で私たちは本書全体を通じて、この「大正」というロマン主義の横溢が、ひとりの時代の子の生涯の中でいくつかの試練を経て、どのように鍛え上げられ、変容していったかを見ることになるだろう。

一　胎児時代《エンブリオ》

住谷悦治は、一八九五(明治二八)年に当時の群馬県群馬郡群馬町東国分《こくぶん》(旧東国分村)に生まれた。住谷の生家は、前方に広々とした桑畑の先に関東平野が拡がり、振り返ってみると、東から赤城・榛名・妙義の三山をまのあたりに、そして、遠く浅間山を見渡すことができ、その間に利根川の急流が流れている風光明媚な土地にあった。(3) 生家は、蚕種や養蚕業を営む地元でも有数の素封家であった。

住谷家の系譜を、住谷は次のように記している。

初めて角谷《すみや》の姓を名乗りしものは角谷源入友家なりと伝えられる。宝徳二年（一四五〇年）伊賀国阿山郡より越後国塩沢川に移動し来たれるものにして、その一派は信濃に至る。塩沢川に留まりし一派の中、のちに角谷籐次郎なるものあり。それより八代目に当たる者が住谷家の祖・治郎右衛門である。治郎右衛門は長尾氏の家臣として角谷家の越後移動後一六八年目に、一部を越後に残留せしめ長尾氏と共に上野国に移動し来たった。当時上野国蒼海城が落城し、長尾孫五郎平顕が城主となる。落城は永禄六年（一五六三年）二月二十三日にして、その頃より住谷家の祖先は上野国国分村の地にて土着せしものと推定せられる。(4)

住谷家は代々傑出した人材を輩出する家系であった。住谷の本家筋は、醸造業を営み、また幕末当時の名主《なぬし》として罪人の裁判権をも委されていた地方の有力者であった。(5)

住谷の生家はこの有力な本家から江戸期元禄年間に「角一」の屋号をもって分家した。この分家の系譜も優れた人材を出しており、その中でも特に、住谷の祖父弥次平《やじへい》、父友太《ゆうた》、そして住谷の人生にさまざまな形で、大きな影響を与えた叔父の天来《てんらい》（幼名は弥作）は重要な人物である。

祖父の弥次平は上州人気質のすこぶる豪胆不羈の人物であり、住谷は以下のようなエピソードを書いている。

幕末明治の初期、外国イタリアとの養蚕の種紙〔蚕が卵を産みつける紙〕取引のため、商人として横浜

住谷家系図

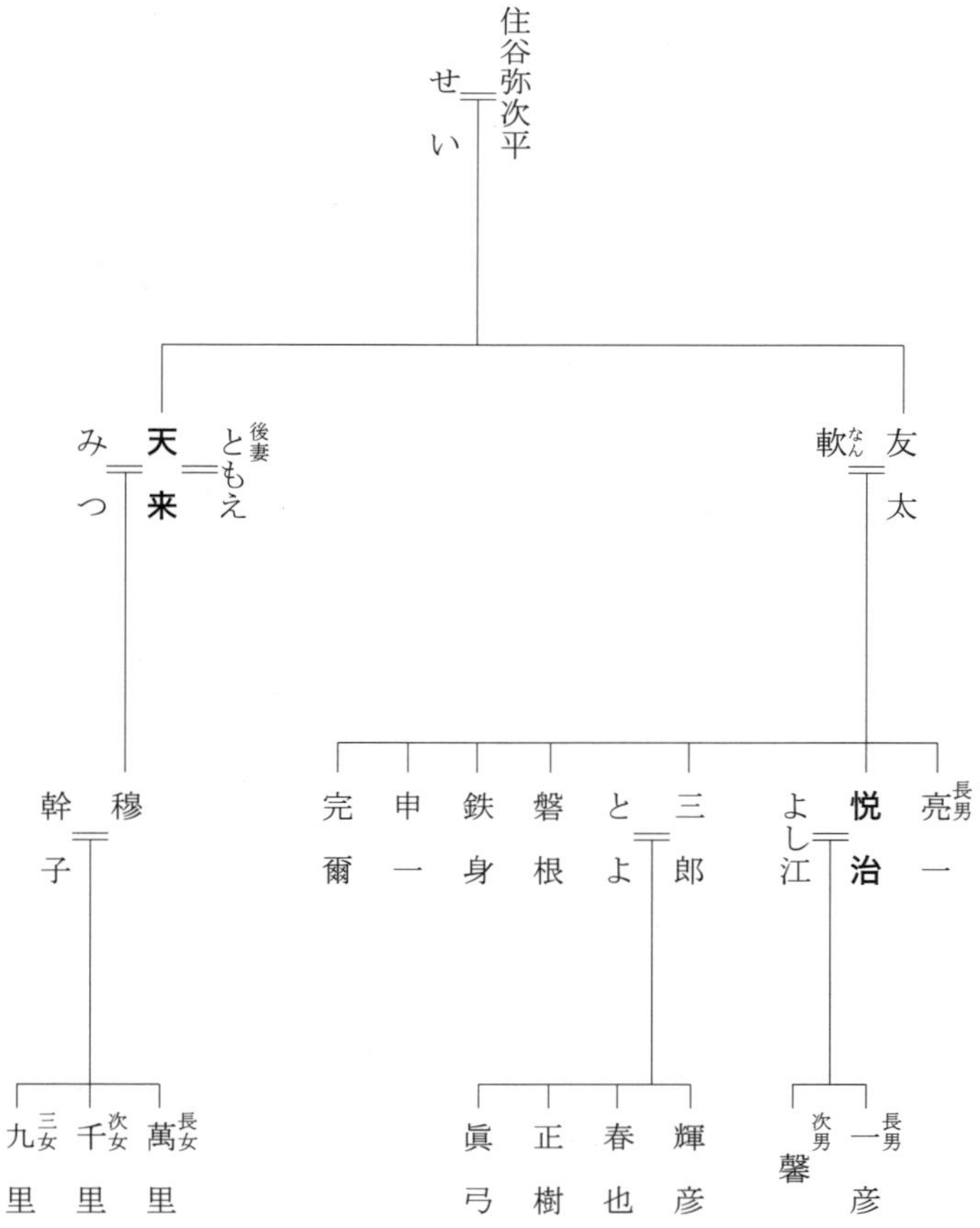

住谷弥次平
せい
天来
みつ
後妻
ともえ
友太
軟《なん》
穆
幹子
長男
亮一
悦治
よし江
三郎
とよ
磐根
鉄身
申一
完爾
長女
萬里
次女
千里
三女
九里
輝彦
春也
正樹
眞弓
長男
一彦
次男
馨

に乗馬で来往した。あるとき帰村の道筋に当たる高崎藩城下を通った。当時庶民は乗馬禁止であるのに、かれは乗馬のまま通過した。あるとき藩士の子どもが、これをみつけ「こらッ馬子、馬から降りろ」と命じた。気骨のある弥次平は「馬子とは何事ぞ」と言って馬から降りて、その少年武士をなぐりつけ、乗馬で走り出すと、「馬子待て」と少年武士は腰の刀を抜いて追いかけて来たが、弥次平は速駆けで二里の田舎道を逃げ帰った[6]。

この気骨と血気あふれる弥次平が住谷家の基盤をつくったのは疑いない。子どもの友太が当主になるころには、萩原俊彦によれば、「同家は七六〇坪の家敷地と五町歩の田畑を所有する在村地主に成長した。このうち、二町七反が水田で、この土地は隣村の元総社村（現在は前橋市に合併）新前橋駅付近にも散在していた。そのほとんどは小作人に耕作させ、同家は、あくまで、蚕種・養蚕を専業とした」、そして農繁期ともなれば、臨時雇いの季節奉公人が数十人も働く、「まさに群馬の地場産業の一端を担っていた」[7]。

ただ、住谷の記すところによれば、決して住谷家が当初から裕福であったわけではなかった。友太のもとに、群馬郡上郊村大字保渡田の蘭学医塚越篤治郎《つかこしとくじろう》の長女軟《なん》が嫁入りした当時では、かなりな借金を本家に負っており、また家産も次のようなものであった。

> 母が父のもとに嫁入ったころのわが家は、「後っ川」に田二段と「西ッ原」の三角田と畑は二丁余りだけというような富の程度だった[8]。

しかし友太・軟夫婦、そして弥次平の三人は、収穫する米の販売によるわずかずつの儲けの金と父が蚕種屋業を兼ねた売り上げをもとにして、とうとう本家への借金完済を果たした[9]。

この両親たちの経済的成功が、友太と軟の子供たち八人が中等学校もしくはそれ以上に進学するという地方の知的エスタブリッシュメントとなる礎ともなった。

ところでこの友太は、また自身が優れて知的で野心をも秘めた人物だったようである。友太は、弥次平譲りの気骨を内にもってはいたが、温厚・篤実・公平で村夫子風の人物であった、と息子の住谷は表現している。

友太は若い頃、国府村両国分の山伏学者内山大蔵坊《おおくらぼう》の塾で漢学を学び、また漢学のみでなく福沢諭吉の『文明論之概略』『学問のすゝめ』などを繙読していた。友太は村内でもその人格と教養への信頼が篤く、やがて日露戦争時に村会議員、村長などを歴任し、特に教育面での貢献が高く評価されている。(10)

友太は、萩原俊彦によれば、「経営のみしか考えぬ単なる地主、『角一』の主人ではなく、進歩的な思想を持った在村地主であった」、またそれゆえ子供たちへの教育への理解と寛容な態度は徹底していた。(11)また母の軟も子供の教育には大きな関心と配慮を払っていた。軟の父塚越篤治郎は、蘭学医ではあったが、自宅で近隣の師弟に「和・漢・洋」学を教える私塾を運営していた。そのためか、軟は記憶力にすぐれ、漢学の素養と、また子供たちのよき教育者としての役割を果たした。

両親の教育熱心が功を奏したのだろう、小学校時代から住谷の読書欲は旺盛であり、一農村の子弟としては、かなりな水準に達していた。

「小学校時代に『日本少年』、『少年』、『冒険世界』、つづいて『武侠世界』などを読んでいた子供は、私の田舎の農村では私ともう一人の友だちの二人だけであった。私は押川春浪《しゅんろう》の『新日本島』とか『海底軍艦』とか『怪人鉄塔』とかいう読みものを、あたかも現実に実在しているかのような気持ちで夢中になって読み耽った。『怪人鉄塔』はとくに愛読し、オーストラリアのシドニーやメルボルンにあこがれた。黒法師の『想天憐』は泣きながら読んだり、（徳富）蘆花の『不如帰』（ほととぎすという意味は全然わからなかったが）や『思い出の記』や『寄生木』などを読[12]」むませた一面ももっていた。

住谷は地元の前橋中学校に入学した。前橋中学の上級生には『資本論』の日本での最初の訳者となる高《たか》畠《ばたけ》素之《もとゆき》、大日本雄弁会の大沢一六、詩人の萩原朔太郎らがいた。

住谷の読書熱はいよいよ盛んで『日本少年』（実業之日本社）や『少年』（時事新報社）を耽読していた。前者の雑誌に掲載されていた口絵に刺激されて、船乗りになろうという希望が芽生え、それは後に住谷に人生の転機をもたらすこととなった。また投稿雑誌に作文を寄せてメダルを受章した[13]。当時の青少年の多くが投稿雑誌を通じて雑誌ファンのコミュニティを形成していた。例えば、住谷とほぼ同世代の大宅壮一や川端康成も投稿マニアの一員で、文章の腕を競っていた。

中学時代の出来事として、後の住谷の思想形成に大きく作用したのは、なんといっても兄亮一と姉ひでの相次ぐ死であった。住谷の兄姉弟は、長女ひで、亮一、悦治、三郎、磐根《いわね》、鉄身《てつみ》、申一《しんいち》、完爾《かんじ》の一女七男であった。

ひでは、共愛女学校に通い、美人で学業成績も優秀であった。住谷は弟の磐根と一緒に前橋北部の学校に帰るひでを見送るために、利根川の渡しまで付き添うのが習慣であった。渡しから遠ざかる舟から「対岸近くまで行った時姉は必ずハンカチを出して高く振って別れの合図をした。渡し場の広い河原に出る所に駄菓子屋があって、姉は見送り褒美に飴玉一つを買って必ず見送りのお礼をした。悦治兄と私はその飴をなめなめ帰るのであった。ひでは内気でやさしく弟達に慕われた[14]」。

ひでは女学校卒業後、住谷本家に嫁ぐ前に、盲腸炎で急死する。住谷は声をたてて泣く縁者たちに囲まれた蒼白な姉の死顔と枕を蔽った姉の黒光りのする豊かな長い髪の毛を鮮明に記憶している。

またひでが亡くなる半年前、住谷が敬愛していた長男の亮一も結核性脳膜炎で病死した。亮一は前橋中学校でテニスの選手として活躍し、学業も優秀で、住谷には心の英雄だったかもしれない。その兄が非常な苦しみの果てに急死したのである。住谷家に死の影が立ち込めた。

住谷は晩年に至るまで亮一の死のイメージを消し去ることはできなかった。

　最愛の兄の脳膜炎に苦しむ姿、火葬のなかったころのわたくしの中学時代に、その苦しんだ兄の死骸を、村の三人の役目の人たちが大きなかめの中に死んだばかりの兄の死骸を押し込む残酷な仕方――「このままでは入らないよ。ホラ両脚をたたんで……腰の骨を折らなければだめだよ」と言って兄の腰の骨をポキポキへし折って兄の死骸をギッシリとかめの中に押し込んだ……。のぞき見たわたくしは胸のつぶれる思いだった。兄さん！と泣き叫んだ（略）それ以来、死にたくない、と思い続けているのである（略）その悲劇的な兄の死を体験したわたくしは、その後、六十五年間人間として死ぬときには平安に死にたい、あの苦しみの叫びをあげて死ぬのは悲惨のきわみだと思いつづけた。[15]

兄と姉の死が少年住谷の心に深い動揺を与えたことは疑いない。住谷が内村鑑三などのキリスト教関係の著作を読み出すようになったのもこの頃からである。

　十代エンブリオ期への訣別ということを思いかえすと、それは中学四年のとき、夏目漱石の『虞美人草』という小説を先輩の文学青年にすすめられて読んだことと、中学の図書館で高山林次郎の『樗牛全集』を読んで、そのけんらん華麗な名文に魅せられたことであった。それ以来、わたくしはともかく大人への第一歩を踏み出し、書物の選択を考えたり、歴史上に、将軍や武士や政治家や金持ちや、社会的に、単に権力や身分や地位の高いというだけではむなしいものであり、人間としてもっと大切なもの尊い世界があるということをまじめに考え出したと思う。何か心の内面に力つよいあこがれへの推進力を感じた。いわゆるティーンエージャーへの訣別であり、エンブリオ期からの脱出であった。[16]

また中学時代に、敬愛していた内村鑑三が叔父の住谷天来が訳した『英雄崇拝論』を絶賛する書評を目にしてから、天来に対して「よほど偉い英文学者に相違ないと絶対的な崇拝と信頼を抱いた」。[17]

そして天来のような「温厚であり、言葉が穏やかであり」、聴力に障害があり、また「強度の老眼のために歩行も穏やかである老紳士のような感じを受けた」人物が、警察から「危険人物」として絶えず動静を監視されていることが、住谷には不思議に思えた。[18]

その叔父が時々東京から墓参やその他の用事で帰郷するとき、必ず村の「駐在」（巡査のこと）が、私の家に遠慮がちに顔を出した。（略）この叔父をば、村の「駐在」は「主義者」扱いにしておった。東京のその筋から危険人物というレッテルをはられていたのであった。私は叔父のような立派なクリスチャンがどうして危険人物であるのか、「主義者」扱いされるのか、まったく不思議に思っていた。高等学校に入るころまで、社会改良とか、社会主義とかいうものに関する知識はこんな程度のものであった。[19]

住谷が中学一年生のときに、幸徳秋水らが処刑された大逆事件が起きており、天来はその幸徳らと交際があったため監視されていたのである。

ともあれ中学時代の社会問題や社会主義に対する意識は、本人も認めるようにいまだ純朴な水準をでないものであった。

さて兄亮一の死は、住谷の内面世界に変化を招いただけではなく、また自身を住谷家の跡取り候補にするという転機をもたらした。父の友太は蚕種・養蚕の経営を継がせようと、住谷を伴い北九州に繭の買い付けにもでかけた。このような両親の期待を背負いつつも、住谷少年は次のような夢を広げていた。住谷は米窪満亮《よねくぼみつすけ》のベストセラー『海のロマンス』を読んだのがきっかけで、自分も船乗りとして世界を旅したいという希望を膨らませていった。そして商船学校への進学を志望するようになっていったのである。

そんなことで中学を卒業するとき高等商船学校の試験を受けたいとおやじに相談したが、跡継ぎだから船乗りにさせないと言われた。しかし、こっちは夢があり、どうしても船乗りになりたいと言って我を張った。結局、折り合いがつかず、信玄袋に受験の本をつめ込んで家を飛び出して、友人と一緒に東京の下宿に行って勉強し試験を受けた。(20)

一九一四(大正三)年に前橋中学を卒業し、越中島の東京高等商船学校を受験したが失敗。中央大学予備校での孤独で苦しい浪人生活が始まったが、このときの心境を住谷は次のように述べている。

商船学校を落ちたが、家を飛び出しているために国に帰れないで、そのまま下宿にいた。そうすると、受かった連中が商船学校のイカリの徽章を付け、三つボタンの制服を着けてやってきて、「住谷、勉強しろ」というのです。その中で佐藤という、一緒に家出をしてきた友人は、私の留守中に下宿をたずね、自分の指を切ってね、「住谷、今日から勉強してくれ」と、血書を残して帰っていきました。私、いまでも大切に保存しています。(21)

住谷は結局、商船学校受験を転換し、一年後、第二高等学校一部甲類英法科に合格した。

二　第二高等学校時代

「わたくしは仙台の第二高校においてはじめてこころの眼を開いてもらった」[22]、「いわば音楽における主旋律のような流れの最初の響きがここに始まったのだった」[23]。また読書経験に関しても、「読書ということを知ったのは、まったく高等学校三カ年の仙台時代である」[24]と述べているように、ここに住谷のエンブリオ時代が終了し、いわば疾風怒涛の時代への序曲が開幕したといえる。

息子の住谷一彦は、住谷の倫理的ともいえる生活態度の特徴として、理想主義（アイデヤリズム）、ロマン主義、ヒューマニズム（人道主義）を挙げ、この三本の縦糸はさらにキリスト教とマルクス主義という思想・信仰の太い二本の横糸によって支えられていた、と指摘している。[25]

高等学校時代において、「理想主義（アイデヤリズム）、ロマン主義、ヒューマニズム（人道主義）」は、住谷の思索・行動の中でより一層はっきりと表れ、またキリスト教に対する信仰が確立したのもこの時代であった。

住谷が入学した当時の二高には、ゲーテやニーチェなどの翻訳などで著名な登張竹風《とばりちくふう》（信一郎）や、「荒城の月」の土井晩翠《ばんすい》、林久男、粟野健次郎らが教鞭をとっていた。残念ながらその著作のファンであった高山樗牛はすでに物故していたが、『樗牛瞑想の松』の下に立って、「感慨を深からしめた。流れてやまぬ広瀬川、愛宕山、瑞宝殿の森をもふくめて、仙台こそ、わたくしのこころのふるさとであり、こころの歴史の第一頁で」あり、深い精神的生活を送った。[26]

晩翠先生はカーライルのゲーテ論を、竹風先生はゲーテのウイルヘルムマイスターを教えてくれたが、お二人とも教室では厳格な語学の先生であって、少しのごまかしも許してくれなかった。身のちぢまる思いであった。(27)

二高時代の読書遍歴について住谷は次のように書いている。

二高は高山樗牛ブームであり、私も『樗牛全集』を三年間に全部通読し、『滝口入道』をはじめ、その絢爛たる名文に魅せられた。漱石は『明暗』を朝日新聞に連載していたので毎日それを切りぬいてスクラップをつくる傍ら、『行人』や『それから』や『門』やの小説や『文学論』『文学評論』を耽読し、上級生やクラスの読書家に教えられつつ、ドストエフスキー、トルストイ、ツルゲーネフ、ズーデルマン、ゾラ等、大正の初期の流行を追うて猛烈に乱読した。最良の外国文学の手引きは、厨川白村《くりやかわはくそん》の『近代文学十講』であったと思う。有島武郎の『宣言』が黄色の表紙に燃えるような美しい朱書きの表題で店頭に並べられたのに、興奮を感じたのも高校時代であった。当時私は「文学読書青年」であった。(28)

また入学してすぐ仙台の東二番町にあった教会の荻原信行牧師に、叔父の天来からの紹介で身元引き受け人になってもらい教会に通いだした。内村鑑三や叔父天来からの強烈な影響があったが、まだ二高入学当初は、そのキリスト教への信仰は確たるものではなく心的な葛藤があったと思われる。例えば、その一端を一九一六（大正五）年に『二高尚志会雑誌』に書いた「トラピスト修道院にて」に伺い見ることができるかもしれない。この多分に感傷とロマン主義の横溢が見られる著作は、生の孤独に煩悶する青年が人生の進むべき道を探索し、また彷徨する過程を綴っていた。

現在私にとりて最も大事な問題は、如何にして真実に人を愛し、同時に美わしく自己を生かして行くかということである。[29]

このようなタイプの青年の煩悶にありがちなように、自己の孤独の影に引きずられ、そのような孤独な思索の中で、住谷は早逝した二人の兄姉の死の影を見据えていたのかもしれない。

若くして逝ける人のことを思うとき私の胸は押しつまって涙がにじむ。永遠の天国に旅立つ歓喜に胸をとどろかし讃美歌を謳いつつ死に得る人の幸福――私はそういう死を死にたい。[30]

ではそのような死を迎えるため、人生はどのようにあるべきなのか？　自らの生き方に対して、住谷はキリスト教かそれとも現世的な側面も有するニーチェ的な生き方を選ぶべきか、という二つの選択肢を提起する。

「彼〔ニーチェ〕にとっては人生は美の世界であり、意思の世界であった。そして意思の世界は力の世界であると同時に溢るる生命の世界である。だから人生＝美＝力であった」と住谷は解釈している。ここには多分に、高山樗牛『美的生活に就いて』などの一連の作品や登張竹風のニーチェ論からの影響をみてとることができよう。

このようなニーチェの考え方は、反キリスト教的なものであるが、また実際の生活を動かしている考え方ではないか、それゆえ侮れない力をもっている、と住谷は考えた。このニーチェの考えを「異教思想」と表現し、「基督教と異教思想。**Hebrewism** と **Hellenism** と最も古くして最も新しい相反する二つの思想を人は永久に調和させることは出来ないのだろうか」という問題を提起する。[31]

森有正『内村鑑三』によれば、**Hellenism** は、「かのギリシャのイデアリズム、ストイシスムの中にすでにあらわれ、デカルトの主意主義的合理主義において近代化され、ニイチェ、ハイデッガーにおいて、ニヒリズムを媒介として実存化され、現代化された単独者の主張」であり、その「単独者の主張」は、近代科学や経済学の伝統に直接連なるものであるといえよう。それに対して、Hebrewismは、端的にいってキリスト教の伝統であり、森は「ヘブライズムの中心思想」を「天地創造主である神と、その前に責任をもつ魂」として要約している。(32)

Hebrewism と **Hellenism** の対立は、やがてキリスト教の信仰によってこそ乗り越えられる、と住谷は確信するようになる。それを直接与えた契機となったのは、叔父天来からの洗礼という出来事であった。

この洗礼の直接の契機は、近親者の死の影に面と向き合うためであった。また同時に当時陥っていた恋愛体験の苦悩もきっかけとなっていた。

住谷は教会で知り合ったM嬢なる女性とプラトニックな恋愛に陥る。この恋愛は熱烈なもので、高等学校時代の住谷の精神世界を大きく占めるものだったようである。一九一六(大正五)年六月二〇日の日記には、天来にキリスト教徒としての洗礼をすすめられたにもかかわらず、この恋愛に伴う迷いが率直に述べられている。

「私は現在、一生解決のつかない問題に煩悶している(略)一、宗教の奇跡が信じられないのは残念である。二、宗教的な生活と現実、つまり法的・社会的な生活とが相いれない。三番目は恋と名誉の払拭」であると書いている。

二番目の「宗教的な生活と現実、つまり法的・社会的な生活とが相いれない」とした問題は、先の **Hebrewism** (=キリスト教) と **Hellenism** (=ニーチェ的思想) の対立の問題を想起させるものであろう。ではこのような迷いはどうして解消されたのか、これらの課題を解決することが、住谷が受洗を決意するにあたっ

▲内村鑑三

て必要ではなかったろうか。

日記によればキリスト教徒となる確たる信心への途は、後に天来とともに「私の現在までの思想系譜の底を貫いている」とした内村鑑三の著作からの影響で開けたようである。

「内村鑑三先生の『基督教問答』を精読す。多年、キリスト教義、その他について悶々たる自分は、この小冊子によりて実に重要な啓示を得たり、あるいはこの一冊によりて、真のクリスチャンたるを得べし。余はあくまでもそう図らん。（略）内村先生のような、叔父のような信仰を得たい」と洗礼間近の日記に記されている。[33]

内村鑑三は『基督教問答』で住谷の第一の奇跡の問題について次のように科学的真理との関係を述べている。

奇跡なくして宗教あるなし。奇跡の否定は宗教の否定に終わる。（略）キリストの奇跡はすべて愛の発現なりし。神を信じて天然はすべて奇跡的に解釈せらるるに至る。しかも科学はこれがためにその研究の精神を失わず。否、天然は奇跡的に解釈してのみ、科学に真正の興味生ず。[34]

住谷が所持していた『基督教問答』には上記の引用箇所に赤線が強く引かれている。[35] ただ第二、第三の問題については受洗時になんらかの解決を得ていたとはいえない。

天来による洗礼は利根川河畔で行われたが、そのときの感動を住谷は次のように日記に記している。

叔父より洗礼を授けられる。嗚呼、霊我の誕生日よ。我はついに基督信者となり、善きイエス・キリストの僕となり、父と子と聖霊の名において受洗されたのである。新しき心と新しき身、愛と義のために、高き生と清き生活のために身を捧げたい。(略)

叔父の祈りは御声。流れる響きは神の奏でる妙なる調べと聞こえる。余はヨルダン川のヨハネとキリストのごとし。幸いなるかな。(36)

洗礼後、住谷は東一番教会で信仰を告白し、また日曜学校の教師を依頼され快諾する。M嬢との恋愛は依然「未解決」のままだったようであるが、その顛末を記す前に、われわれは住谷の信仰による思想の変化を著作や活動において確かめたいと思う。

住谷によると、二高時代は教会に行くよりも、「キリスト教会の別動隊としての救世軍の実践に心を惹かれ、それを真似て、しばしば夜間伝導隊の一翼として二高ＹＭＣＡ(忠愛之友クラブ)の同級生遣水祐四郎君・漆山清二君その他と仙台市内で街頭宣伝説教などをした」(37)。

山室軍平の救世軍によるキリスト教的な社会改良事業が、住谷の高等学校時代の第二の問題に対する実践的な解決の手段として理解されていた。山室的なキリスト教的社会改良論と訣別するのは大学入学後、社会主義思想の影響を深く受けてからのことになる。

一九一八(大正七)年の一高・二高合同演説会で発表した「四つの宿」という演説原稿を読んでみると、高等学校入学当時に煩悶の一原因であったHebrewismとHellenismの対立の問題がキリスト教への信仰によって乗り越えられているのを確認することができる。(ただ念のため言っておけば、このHebrewismとHellenismの対立の問題は、住谷の思想の中で絶えず繰り返し形式を変えながらも問われた中心的な問題であったように思われる。）

この演説の題名ともなった「四つの宿」とは、それぞれ「科学の宿」「思想の宿」「芸術の宿」「宗教の宿」のことである。煩悶する青年がそれぞれの宿にとどまることによって魂の安住をみいだすか否かの問いが発せられている。

最初の「科学の宿」は、ダーウィンの進化論などが例示されているが、そのような科学的真理は「究竟の真理ではなく或る時期に於ける人間の主観的形式で」あるとし、その宿に留まっていても「平安と歓喜」は得られないとする。

次の「思想の宿」は、三つの部屋に分かれている。「哲学」「倫理」「文学」である。「哲学」の部屋では、ソクラテスが語るように「汝自らを知れ」ということを悟ったとしても、単にそれだけであって魂の平安は得られない。むしろ逆に煩悶の種が増えるかもしれない。またニーチェについても以前ほど言及せずに否定的な扱いを受けている。「倫理」の部屋は、善悪・是非の探求が行われているが、それが絶対的な真理をもとにして行われてはいないと批判する。最後の「文学」の部屋は、イプセン、ドストエフスキーなどを例示しつつ、彼らの業績も人生の真理の一端を明らかにすることはできても悩みを解決することはできないとした。

三番目の「芸術の宿」は、住谷の芸術好き（絵画などへの造詣）が手伝ってか、その宿に留まることは恍惚とした境地にさせるとも書いている。しかしこの宿もまた結局は一部の芸術上の天才たちのみが安住することを約束されたものであるとして凡庸な人間は永くそこに踏みとどまることは出来ないとした。

そして旅は、最後の「宗教の宿」にたどり着く。そしてこの宿こそ、「私の心に平安と歓喜と慰謝と確信を得るものはここにおいてない」と言い切るものである。「宗教の宿」において宗教的人間の自己実現というべきものが語られている。

宗教生活の渇仰憧憬してやまざるものは芸術の如く自然美の悦楽ではなく実に精神美の実現であります。その憧憬の対象は形態美にあらずして人格美であります。（略）芸術家が美の賞翫若しくは創造により一時人生の愛苦を忘るるが如きものではなく、あくまで現実の世界を聖化し、自我の最高完全を実現せんとの日夜の努力奮闘向上であります。[38]

いかにも当時の青年に典型的にみられる修辞に溢れる生硬な表現ではあるが、これは宗教的生活の優位とそこに於ける自我の陶冶の必要とがはっきりと謳われている信仰告白ともいえよう。さらに数年後、「メイフラワーの帰りを想う」と題された一文の中でははっきりと Hebrewism と Hellenism の争闘と矛盾の上に宗教的生活を建てることが述べられている。そして重要なことは、「宗教の宿」＝宗教的生活に入ればそれですべての争闘・矛盾が解決されるのではなく、むしろ「宗教生活の真髄はそれが苦悩のうちに成立っていること」が重要であるとする考え方が表明されていることである。[39] キリストへの信仰によって罪は許されても、現世における苦悩が解決されるわけではないこと、その解決は日々行われる自我の宗教的陶冶によるしかないことが語られている。例えば、内村鑑三も「基督教の目的は苦痛を除くに非ず、罪を除くにある」とはっきりといっている。[40]

住谷は二高を卒業し早稲田大学に一年在籍している。しかしそれは今風にいうならば「仮面浪人」というべきもので翌年東京帝国大学に再入学している。また件のM嬢との恋愛劇の顛末が住谷に訪れそれが彼の「人生の転機」をもたらすことになった。

学生の分際で経済的独立も出来ていないのに、ある女性を恋して失恋したことである。その女性が妻として適当であるかどうかという判断もなく、英語が素晴らしくよく出来る女性であったことに心ひかれたらしい(41)。

浪人中にM嬢が婚約したことを知り、この失恋の痛手により住谷はさらに一年間を棒に振って、赤城山の麓の親戚の家に籠ってしまう。一年後再起したとき、この失恋の苦汁から一個人の魂の問題よりも「社会問題」の方がより重要ではないかとの思いを強めたようである。この単純ともいえる感情の起伏こそ時代の若者がもっていたロマン主義的な生活態度の表われといえるかもしれない。

第二章 「大正デモクラシー」の申し子として

一 東京帝国大学新人会

一九一九（大正八）年九月、住谷は以前からの夢であった海外雄飛を外交官として果たすことを夢見て東京帝国大学法学部政治学科に入学した。この進路の選択には当時の子弟にみられた典型的な立身出世への志向が強く読み取れる。

住谷一彦の「吉野作造と住谷悦治――父の日記から」には、東大入学前後から一九二一（大正一〇）年までの住谷の心象が読み取れるいくつかの日記の抜粋がある。そこには、東大入学の喜びが「辛酸悒悩の一カ年。遂にわれに歓喜を齎《もたら》しぬ。……悲しみをしらざる者、何ぞ喜びをしらしむ」と今の受験生と大して変わらぬ率直な形で書かれている。(1) 東大の授業は九月からでありそれまでの期間、河上肇の『社会問題研究』を繙読し、知人と共に堺利彦を訪ね、そこで荒畑寒村らの話を聞いたりもする。また吉野作造の著作やケーベル、トルストイ、東大法学部教授の牧野英一らの著作をいくつか読んで講義に備えた。また九月に入ると、本郷追分町にある東大基督教青年会寄宿舎に入舎して、その理事長であった吉野作造に身元引受人になってもらう。

私が東京帝国大学の法学部に入ったのは、大正八年の九月でした。その頃は卒業が六月で、新学期は九月から始まるならわしで、講義がボツボツ始まるころには、本郷のあの正面からズッと両側に並んだ大きな銀杏並木の葉が正門の方から色づき始め、「秋、正門より来る」という、いいならわされた詩的な言葉を思い浮かべるロマンティックな一面があった。反面、帝国官僚養成所東京大学ともいうべき権威主義を象徴するような雰囲気もキャンパスにただよっていたような気がしました。(2)

当時の東大の総長は会津白虎隊であった山川健次郎、教授は小野塚喜平次、鳩山秀夫、穂積重遠、河津暹、牧野英一、美濃部達吉、土方亨、上杉慎吉、吉野作造、高野岩三郎、金井延、山崎覚次郎らであり、「そのうち小野塚、牧野、吉野、高野の四博士は進歩的な自由主義学者として新鮮味」があった。(3) だが全体的には保守陣営の牙城であった、と住谷は当時の東大教授陣の学問的雰囲気の一端を伝えている。

さて東大入学後の住谷の人生観あるいは社会に対する見方を大きく左右したのが、「新人会」への入会であった。住谷は新人会について「わが国の学生運動の黎明期を画したもの」とし、この新人会とそしてYMCA（帝大キリスト教青年会）での活動とが自分の人生を規定するものとなったと述べている。以下では主に新人会での活動に焦点を当てて記述していく。

私の生涯は（略）この二重の性格によって色づけられたものだといってよいであろう。（略）マルキシズムとキリスト教、唯物論と理想主義、この二頭立ての馬車に乗って、私の思想生活、精神運動、社会的生涯というものが驀進しはじめたのであった。「新人会」とＹＭＣＡの「申し児」ともいうべきもの、それが私の本質であると思う。(4)

「新人会」は、一九一八（大正七）年末東京帝大法学部法科の学生、赤松克麿、宮崎龍介、石渡春雄らによって発会したものであり、反官僚的・反頑迷思想を信条とする学生たちによって構成されたグループであった。その赤松による新人会綱領は二カ条からなる。

一、吾徒は世界の文化的大勢たる人類解放の新気運に協調し之が促進に努む

二、吾徒は現代日本の合理的改造運動に従ふ

「新人会発足の頃の指導的精神はもちろんマルクス主義ではなく、きわめて漠然とした素朴な社会主義・革命主義であり、組織原則という程のものも持たない集団であった」が、当時の大学の学生運動のひとつの中核として歴史的な意義をもつものと思われる。(5) 新人会は機関誌として月刊『デモクラシイ』を発刊し、また労働者教育の実践も行い、亀戸・日暮里などで宣伝・教育活動を展開し、渡辺政之輔、岩内善作らを育て、新人セルロイド工組合を組織するなどした。新人会の会員には、前記したものの他に、住谷の上級生に、三輪寿壮、平貞蔵、嘉治隆一、林要、細野三千雄、河西太一郎、蠟山政道、波多野鼎、新明正道らがおり、また住谷の同年に風早八十二《かざはややそじ》、河野密《みつ》、早坂二郎、山村喬、三宅鹿之助、小岩井浄らがいた。

住谷は「新人会」の会員になることで「社会問題」に対する関心をより深め、純朴なキリスト教的改良

▲新人会メンバー

思想からやがて社会主義者への途を選ぶひとつの契機とした。

ちょうどこの頃、時代は「大正デモクラシー」の高揚した雰囲気の中にあった。もちろんこの「時代」の雰囲気はかなり限定された範囲の人々が享受しえたに留まったにせよ、都市周辺の特に学生や知識人層の知的な解放感とその高揚は、おそらく戦後まもない頃の民主主義運動の高まりの基礎となったものであった。時代の流行語ともなった「解放」「改造」という標語は、まさに大正デモクラシーの体感温度を表わすものだったといえるだろう。

住谷が東大へ入学した一年前に、後に師となる吉野作造は、浪人会との立会演説会を行い、そこで大正デモクラシー史上に残る歴史的な言論の勝利を納めた。また同年末には、福田徳三らと共に「黎明会」を結成し、大衆討論会や出版活動などを通じて、学生・知識人らを対象とした一連の啓蒙活動を積極的に行っていた。時代の子であった住谷も、実にさまざまな討論会・講演会に赴き、そこで最先端の思潮に触れていった。内村鑑三の大手町再臨講演をはじめ、吉野作造、大山郁夫、長谷川如是閑《によぜかん》などのデモクラシーから、岩佐作太郎、大杉栄のアナーキズムの講演にいたるまで、さらに穏健にして啓蒙的な「新婦人教会」から「赤瀾会」などの社会主義婦人たちの講演まで聴き歩いた。(6)（略）

これら先駆的な婦人たちが、壇上に立つと男性たちのあるものは冷やかし気分で聴いていたと見え、下劣な野次を飛ばしたものである。九津見房子さんが壇上に立つと、聴衆の後ろの方から誰れかが、「いよう別嬪さん、しっかりやれ」というような野次を飛ばし、壇上から九津見さんが、男性の不真面目な態度に抗議したことを覚えている。(7)

戦後、『京都新聞』『夕刊京都』などで民主主義的な論説を展開する一方で、精力的に民主主義の啓蒙活動（講演会、民主主義展覧会、文化団体の統一運動など）を行ったのも、住谷が学生時代に体感した大正デモクラシーの時代的雰囲気によるところが多かったであろう。

また、大正デモクラシー期（大きく日露戦争後から普選法成立前後までを本書では意味しておく）は、自由民権期以降に日本が近代史上で迎えた一大「ジャーナリズム時代」でもあった。それは発行された雑誌・新聞などのメディアの増加に端的に示されていよう。太田雅夫によると、一九一八年頃から出版ジャーナリズムは大きく発展し、新聞・雑誌・単刊本の数も急増したとし、その購買層である知識階層が大正デモクラシーの担い手でもあったと指摘している。(8)

住谷は、このメディアの爆発的増加を以下のように記述している。

周知のごとく、第一次世界大戦（一九一四―一九一八）とともに、ロシア革命（一九一七年）ドイツ革命（一九一八年）が勃発し、国際的労働階級の解放運動は一大飛躍を遂げ、わが国もその世界的潮流の一環として、大小成金の続出、工場の拡大、労働者数の激増、労働組合運動、社会主義運動が組織的に展開しはじめた。大正七年八月の米騒動を経て、社会主義運動は売文社の分裂、高畠素之一派の『国家社会主義』誌発刊、大正八年堺利彦・山川均一派の『社会主義研究』（第二次）、吉野作造のデモクラシー（『中央公論』）、室伏高信の『批評』、大杉栄の『労働運動』、河上肇の『貧乏物語』と大正八年の『社会問題研究』の発刊、雑誌『改造』『解放』の創刊、長谷川如是閑の『我等』創刊、大正九年の「日本社会主義同盟」の創立、堺利彦の『新社会』を継承した『社会主義』の創刊、大正九年の婦人社会主義者の団体「赤瀾会」、大正十年前衛社の『前衛』、つづいて『無産階級』、『階級戦』、その改題『赤旗』等の発刊で、百花繚乱の社会思想に直面した学生たちはむせかえる思いであった。[9]

もっとも一般大衆（特に無産層）へのこうした各種メディアの普及は、一〇年代はもちろんのこと、二〇年代に至っても、可処分所得などの推移を見ればかなり制限されていたことは事実であろう。だから住谷の語るメディアの爆発的増加は、一部知識人と学生、また「新中間層」（サラリーマンや自営業者の所得中位層を中核とする）がその主要な担い手であったと考えられる。[10]

後年、住谷が同志社大学を失職した後に、すざまじい勢いで各種の新聞・雑誌に論説を書いたのは、もちろん生活の手段であったことが第一の理由であったろう。だが住谷にそのような文筆で生きる上での能力と関心があったのは、学生時代における上述の社会環境――「大正ジャーナリズム時代」とでも呼べるもの――が多分に大きく貢献しているのは間違いないことである。[11]

当時の新人会会員などの学生たちが共有していた時代的雰囲気も住谷が感得していたものと同じであった。

住谷は入学した年の一〇月に初めて新人会の集会にでて、生田長江、帆足理一郎の講演を聴き、また新人会会員の「鋒先」の鋭いことに感銘したと日記に記している。住谷が新人会に入会する上で大きな力になったのが、新人会の創設者である赤松克麿の講演会での弁論であった。後年、この講演が影響して外交官を志望していた立身出世主義が大きく変容していったと住谷は述べている。その赤松の講演の要旨は以下のようであった。

東京帝大は官吏養成所であり、立身出世の、まさに登竜門である。しかしそれが何だ。日毎に虐げられている多数の同胞無産階級を踏台としての立身出世に何の意味があるのか。大学卒業のとき、ぼくらは親しい、いく人かの友人と手を握って別れた。友人はぼくに言った。君は無産陣営へ赴いて直接解放の戦線に立つのか。ぼくは官界に立つ。しかし必ず官吏の立場から人類解放への協力をする。辿るべき究極の目標はぼくも君も同じである。大いにやろうと。ところがどうであるか。彼らはひとたび官吏となると支配階級の犬になり終って無産階級弾圧の一翼に加わり一身の出世に、栄転に、これつとめてるではないか。諸君、貧しい虐げられた同胞を見殺しにしてまで立身出世がしたいのか。[12]

赤松を含めて新人会会員はいわゆる「転向」者が多くでたことで知られている。また鶴見俊輔によれば、どのような弾圧・転向にあっても新人会会員は戦中・戦後を通じて社会的なエスタブリッシュメントとして社会的に復帰・成功したものが多いと指摘している。簡潔にいえば、結果として大なり小なり立身出世していというのがその評価だろうか。[13] 東大の伝統的な組織での立身出世主義がなんらかの形で反映しているのだろう。またH・スミスは、新人会会員が大学に属しながら大学を批判する「偽善」的側面に注意を払っている。

ここで看過できない一つの問題がある。新人会の大学に対してとった態度には矛盾と偽善があったのではなかろうか。彼等は一方で大学の特権を「情実因縁」と排しながら、他方ではその特権を享受していたのではあるまいか。門戸を「社会の各階級に開放」すると約束したのもかかわらず、会員は東大法学部の学生に限定されていた(略)さらにいえば、前期新人会のうち誰一人として大学のエリート主義に抗議して退学したものはいない。皆、順調に大学を卒業し、「赤門出」のレッテルを獲得し、社会の尊敬と特権を終生確保したのである。(14)

鶴見やスミスらの新人会会員への評価――特に立身出世について――が、住谷でもそのまま妥当するかは疑問ではある。なぜなら、住谷はこの赤松の演説に衝撃を受け、外交官への夢をもっていた「自分自身を省みながら悄然として帰路についたことを六〇年経た今でも思い出すことがある」と後々まで回想し、さらに赤松演説により社会主義と労働運動に新鮮な魅力を感じ、結局東大的な立身出世を断念するからである。(15)もちろん住谷も結局は大学に職を見出すのだからまさに「立身」したのだが、当事者の心情(たとえそれが自己の社会的身分についての客観的な把握に失敗していても)としては官吏の出世階段を一目散で駆け上がることとは一線を画していたことは認めておくべきだろう。

新人会では談論風発で、先輩・後輩で切磋琢磨に励む充実した知的サークルを形成していた。

私は一年に入学したころ新人会の末席に連なって、佐野学にカールマルクスの『共産党宣言』のドイツ原文を、ひそかに講義してもらったものである。そんなことから当時、学校なり世間なり、知られたら相当問題になったろうし、警察でも漏れたら、早速検挙されたことは疑いない。……私にはもちろん内容はよく理解されはしなかったが「主義者」になるには、こういう秘密な本を先ず熟読しなければならぬのだな、という一種の快い冒険、あるひそかなスリルを感じたものである。(16)

また入学前から購読していた河上肇の『社会問題研究』を頻りに繙読した。(17)『社会問題管見』、『祖国を顧みて』、『貧乏物語』などを次々と買い求め読破していく。一一月三〇日の日記には、「河上氏の人格にすっかり引き入れられてしまふ。読書もこう人格的になると愉快で堪らない。これは河上氏の人格とその筆致の力によること大なるは勿論なり」と書き、河上からの影響が徐々に強くなっていくことを伺わせる。(18)

住谷は一九二〇（大正九）年一月の日記に「森戸辰男先生、帝大助教授休職。留学生を免ぜらる。『経済学研究』にクロポトキンの社会観を研究紹介したるを宣伝とみとめられたるなり」と書き込んだ。(19)いわゆる「森戸事件」のはじまりである。

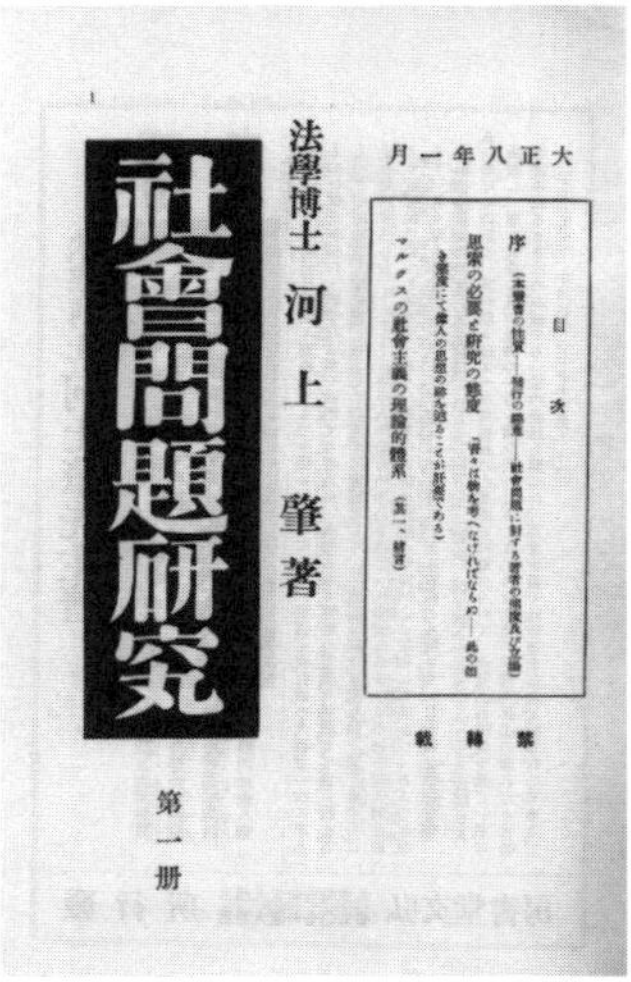

▲『社会問題研究』表紙

森戸事件は、経済学部経済学研究科の学術誌『経済学研究』創刊号に掲載された森戸の論文「クロポトキンの社会思想の研究」が「朝憲紊乱」のため、森戸と編集発行人大内兵衛が起訴された事件である。結局、森戸は三カ月の実刑を受け、東大を退職した。この森戸事件は、「言論の自由」「大学の自治」などを巡って知識人・学生の間で議論を呼び、大内兵衛は後に「これがデモクラシーのひろがりがおしよせてくる勢いに久しくおそれをなしていた政府当局の反動的思想弾圧政策の第一弾であった。これは前の幸徳事件（一九一〇年）と、後の三・一五事件（一九二八年）との中間における日本の思想弾圧史の一つの峠であった」と述べている。[20]

住谷は最初の記述の翌日（一月一四日）にも次のように書いている。

森戸助教授の休職につき学生間に批評喧騒を極めてゐる。今朝鳩山（秀夫）博士の民法講義前の注意に、「今度のクロポトキンの社会思想研究につき森戸助教授は休職となった。そして私としては政府の処置を正当と認める。森戸氏の論文は危険と信ず。諸君にして若し反対に対抗演説を以て言論自由の束縛を叫ばんとするなら、その前に一度森戸氏の論文を熟読して後にせられたし」という厳粛なる言葉あり。[21]

さらに一月一五日、進歩的学生による森戸辰男擁護の集会が開催された。吉野は東大三十四番教室において、森戸事件について講演を行った。学生に対して、この事件に怯えずに社会思想の研究を続けることを説いた。住谷はこの吉野の講演での感銘を後に次のように記している。

政府当局の森戸助教授への弾圧の最中に、吉野博士の為したこの一場の演説こそ勇気なくて克《よ》く為しうるものではない。従ってまた学生を啓蒙し、感激せしめたことは甚だ大きいものであったようだ。私なぞでもいまだその言葉通りでなくても、深く印象づけられ、心打たれるものであり、今でも不断に反省させられている。[22]

住谷は数日後、当の森戸論文を読み、そこに説明されている無政府共産主義に感動し、「吾人の究極理想は無政府共産主義にあらねばならぬ。そしてこれは一つの信仰である」と日記に書き記している。[23]

住谷の社会主義への傾斜とそれに伴う心理的葛藤は次第に強くなったようである。

二 住谷悦治の恋愛

住谷のロマンティックな側面は彼の恋愛体験に最も典型的に表れているといえよう。住谷は社会主義への関心を深めるだけでなく、若い青年らしく恋愛の「煩悶」も経験した。森戸事件が過熱する中で、住谷は休日を過ごした百花園でいく人かの若い女性たちを見かける。春の日差しが感じられる三月末のことである。住谷は東大入学以来、止んでいた熱情が急に湧き上がるのを感じた。彼は帰宅した後に日記にこう書いている。

恋するなら死ぬまで恋したいと思ふ。恋するに価する女がこの世に在ろうか。在つて而かも私と知合いになるだろうか。[24]

住谷の胸中に仙台時代のM嬢の面影がよぎる。

逢ってみたい様な心持がするけれど私の生活を少なくとも混乱した女故なるべく逢はずにゐたい。しかし、彼女のために、私は自分の女に対する心が深く且つ警戒的になったことは感謝に値する。私は女に迷いたい。しかしもう迷いも出来まいし、酔ふことも出来まい。ただ自らを潔くするのみである。[25]

叔父の天来にも住谷はM嬢のことを常々相談していたが、すでに東大入学後は過去の女性として割り切っているはずであった。友人に紹介された近隣の女学校の友人も増え交遊も華やいでいた。M嬢のことは住谷の心の奥に沈んでいく思い出となるはずであった。

四月になると森戸事件も沈静化し、住谷の生活も安定してくる。住谷は洋行をする友人を見送りに東京駅に行く。そこで偶然にM嬢と再会する。

私は凡ての軽蔑、凡ての憎しみを捨て、語れり(26)

住谷は時間のあるというM嬢と浅草に出た。「カフェーポーリスタ」でランチを食べ、電気館で映画「神に見離された女」を共にみる。上映中に急にM嬢は立ち上がり、劇場を飛び出した。追いすがった住谷にM嬢は無言のまま青ざめた顔を俯かせるだけであった。その夜、住谷は「自分の心の狂乱怒涛」のため興奮して寝つくことができなかった。

翌日、住谷はM嬢の宿泊先に出かける。しかし、宿ではMという女性は宿泊していないという。住谷が説明すると帳場の従業員は、その女性ならYという姓だという。住谷は眩暈を覚えた。その名前はM嬢の婚約者の名前であり、住谷にとっては失恋経験と深く結ばれた禁句ともいえる名であった。

捨てた恋人の結婚を知って心が乱れたと云ふことを今初めて味わった。どうしてこんな賎ましい私だ。自らの心の賎ましさを癒すために都を去るのだ……しばらく田舎におちつくのだ。(27)

しかし一時帰郷も住谷の「煩悶」を大きくするだけであった。だがその「煩悶」にはすでにいくばくかの演技性も加味されている。いわば恋愛の「煩悶」を冷静に味わう余裕さえも伺われる。住谷は帰郷している間、島崎藤村の『新生』を読み、主人公がヒロインを抱擁した苦しみをのがれてパリにいくエピソードを日記に記述し、「詩人の悩みを床しく思った」と書いている。(28)

郷里での滞在を手短に終えて住谷はいまやY夫人となったM嬢と東大近くで会う。Y夫人はそこでいまの結婚生活の不安と自殺まで考えたことを住谷に打ち明ける。それは誘惑と打算の再会ともいえた。しかし、このときの住谷には何人かのガールフレンドとの交際経験があり、いわば恋愛の耐性があった。彼はもはや赤城山に籠る男ではなくなっていた。彼のその日の日記を信ずるかぎり、ふたりの別れの情景は以下のようであった。

　私は「あなたの生活に干渉は出来ぬから」と云へば彼女蒼ざめし顔にて「あァ云ふのだ、……」と云って失望の色を現はす。ほんとうにあはれな女[29]

住谷は晩年、自分の回想記の欄外にこう書いている。「それっきり会ったことはない。いまは生きているのか死んでいるのかさえ知らない」と。

この別れの後、住谷の勉学は猛スピードにすすむ。新人会への入会。河上肇の著作の耽読。そして友人の阪本勝や風早八十二《かざはややそじ》、河野密《みつ》らと深夜まで談論を交わす日々が続いた。

▲住谷悦治と桔梗よし江
（1922年初夏頃，京都にて）

一九二一（大正一〇）年夏、住谷は友人から伊豆の保養所に仙台の老舗旅館の娘が来ているので紹介しようと誘われる。住谷は友人と連れ立って沼津に赴く。女性の名前は桔梗《ききょう》よし江。住谷が「エメラルドの眼」と形容した異国的な顔立ちの美人であった。住谷も和製ジャン・ギャバンと後に形容される美男子だったので、若い頃のふたりが並んでいると外国人のカップルのようであったと記憶を語るものもいる。

住谷は海岸によし江とでかけ、そこを背景によし江の姿を油絵に描いたり、海水浴をして穏やかな日々をすごす。ある日は避暑にきていた社会運動家の賀川豊彦をふたりで訪ねた。

> 午前中は室の玄関の風通しのいい所で語った。〔賀川の〕「裁きの神より許しの神へ」の所感を述べた。よし江ちゃんは自分の境遇を語って又涙をハラハラこぼした。……午後海で泳ぐ。よし江ちゃんが岸の渚の小石の上で日傘をさしてみている。私は心うれしく泳ぐ。[30]

その日から住谷とよし江は猛烈な勢いで手紙のやり取りを重ねる。はじめは五歳年上の女性であったよし江がとまどうほど住谷の情熱的なラブコールが続いた。以下はふたりの交際の記録であり、当時の帝大生がどんなデートを楽しんでいたかを示してもいる。

> 桔梗さんと二人。白木屋を方々と歩く。五階の食堂でウナギどんぶりを食べつついろいろ話する。……桔梗さんは幸福らしく見えた。私などの力で少しでも幸福になれるなら嬉しいと思ふ。ネクタイをプレゼントに貰ひ、手ぶくろを私から買ってやった。嬉しげに見えた。午後四時半まで白木屋にゐた。五時に帰り、その夜十一時に私の舎に泊めることにした。二人して西洋間に入る。凡てその夜のことはなつかしい記憶として永遠に私と桔梗さんの胸にのこることであろう。私は私の室に戻って一人ねる。[31]

桔梗よし江はやがて住谷と生涯つれそうことになる。

三　東京帝国大学での講義

住谷が影響を受けた東京帝国大学の教員として、主に三人の名を挙げることができるだろう。師の吉野作造は無論のこと、他に法学者の牧野英一、そして経済学者の金井延《のぶる》である。前二者が住谷の思想に深い影響を肯定的な意味で与えたとするならば、金井からの影響はむしろ批判的なものとしてのそれであった。ここでは主に金井に焦点を絞って住谷との関係を見ていくことにしたい。

金井延の講義題目の「社会政策」は、「大学時代の私の社会主義者への道にたいして逆縁」として「亡霊」のように付き纏っていると住谷は述べている。確かに金井の社会政策論は、後年まで住谷の経済学史の中でも重要な話題の位置を占めていたし、また後に書いた『社会政策本質論』（一九三八）では金井の広義と狭義の社会政策論の枠組みを説明の便宜としては踏襲してもいた。特に「逆縁」の側面としては金井が提起した社会政策と社会主義との区別の強調が重要だろう。金井が論じた資本主義体制の部分改良として社会政策を位置づけるという考えは、結果として権力や利益集団の既得権益を保全するものであった。金井の講義の思い出を

▲金井延

次のように住谷は振り返っている。

「大正九年から十年ごろにかけて、東京帝国大学で、はじめて金井延博士の『社会政策』の講義なるものを聴講した。社会政策という言葉は大学の科目や時間割ではじめて知ったのであった。それまで金井延という大学教授の名さえ知らず、どのような偉い学者であるかももちろん知らず、その淡々として低調極まる講義は徒に睡眠を催さしめるのであった。『社会政策は社会主義にあらず』ということの蜿々長蛇のごとき解説が」続いた。(32)

住谷は金井の授業で社会政策の概念や、また当時の代表的な学会であった「社会政策学会」について知ることになる。

金井はすでに学会・社会活動の全盛期（例えば日露戦争前に七博士の一人として時の桂太郎首相に満州地方の権益保護のためロシアとの開戦を促すよう働きかけた）を過ぎてはいたが、金井的な社会政策は学界に隠然たる勢力を持っていた。

日本経済の工業化は日清戦争後にその発展の帆を大きく広げだしたといっていい。政府の保護や助成をバックにして、先進諸国への輸出の好調もあり、紡績業、造船を中心として鉄鋼、機械などの重化学工業部門が急速に拡張していった。このような近代部門のテイクオフに伴って、近代的な労働力の育成や確保が政府や近代的資本家たちの関心となった。その典型的な現象として、社会政策学会や金井自身も大きく関わった工場法の成立・改正問題があった。工場法と金井の社会政策の関係は、次の河合栄治郎の説明に明瞭に描かれている。

社会政策主義者金井は労働者問題は富の分配の問題であると云った。それを別に言葉で敷延すれば、近代資本主義は国民を資本階級と労働者階級とに分けた、そして両階級の間に富の分配の問題即ち労働者問題を生ぜしめた、此の場合国家は弱者たる労働者を保護する義務を持つ、其の保護は労働者に対する慈悲恩恵ではない、国家のこうした義務から社会政策が行わなければならない、其の第一歩が工場法の制定であると云うのである。[33]

経済発展の進行と表裏一体をなす「貧富の懸隔」の拡大がもたらす「社会問題」や「労働問題」に対して「現在の私有的経済組織を維持し、其範囲内に於て個人の活動と国家の権力とに依て階級の軋轢を防ぎ、社会の調和を期する」(「社会政策学会趣意書」)ことが、金井や大半の社会政策学会の構成メンバーの意識であった。そのため基本的に私有財産制度の変革をせまる社会主義とは一線を画することが、金井らのような社会政策学派の保守(右)派には、理論的にもまた政治的にも必要であった。

「金井博士の社会政策論の特質は(1)社会政策は国家本位なること、(2)主体は国家と公共団体と第三者たることを認めていること、(3)社会政策は広・狭の二義に区別し、広義においては社会公共の一般の福利政策を意味し、狭義においては労働者階級への対抗とその福利政策とを意味するものであった。そして博士の社会政策講義には社会政策と社会主義との混同を極度に嫌われる言葉が多かったと思う」と住谷は金井の社会政策論の特徴を簡潔に整理している。[34]

金井の社会政策論の独自性は、「広義の社会政策」にある。広義の社会政策の目的は万人の人格の達成を「国家を通じて」実現することにある。資本家・労働者の階級対立を社会全体の利益の中で解消し、もって「全体社会の内部的調和・統一・発展に寄与し、社会成員の人格完成および文化の向上が確保されるが如き社会を構成するための努力[35]」が広義の社会政策の役務である。

金井の社会政策論は、住谷の指摘する通りに、階級対立をある種の「国家有機体説」でもって解消することを目的としている。個人の関心や利害は国家の利益の中に同一化されるのである。「まさに近代のビスマルク・ドイツ帝国イデオロギーであり、（略）さらに近代国家主義の伝統である、金井が日露戦争前夜における他の東京帝国大学の教授とともに七博士の一人である所以である。しかし国家有機体説の思想的特質ないし傾向は、近代ヒットラーのナチスにおけるローゼンベルグ。ムッソリーニにおけるロッコ、の国家有機体説と、全体主義哲学と、さらにファッシズムに共通する道であるといわねばならぬ[36]」と正鵠を射た説明を住谷はしている。

住谷の説明を補えば、金井の国家有機体説に基づく社会政策の帰結として、国内の「社会問題」「労働問題」の解決が帝国主義的な対外領土の拡張（そのひとつの形態が日露参戦である）と容易に結ばれるということも明らかであった[37]。国家の内部の問題を、その国家領域が拡大することで問題の解消を狙ったのである。

また金井を含めた社会政策学会の特徴について住谷は次のように整理している。

「わが国の資本主義の上向過程において、不完全ながらも工場法を始めとして、種々の労働立法が制定せられ、労働組合運動が相当に発展の余地を与えられ、官僚政治家も進歩的なることを証明せんためには社会政策を口にせざるべからずに至ったのは、該学会の没すべからざる歴史的業績である。ただ我々は、ここで、社会政策学会の存在を、社会学的・歴史的対象として考察し、結果において、彼らが資本主義秩序の矛盾、欠陥に対しては、ささやかなる反対、指摘を為しながらも、根本においては、支配階級の階級的利益を、その進歩的形態において、支持」したものであると評している[38]。

学生時代から「社会政策」を「人生の生き方における克服の対象として」住谷が見なしていたことは、

住谷の日本経済学史の基本的な観点を構成するだけに重要である。

四　社会主義者への途

森戸事件以降、住谷は急速に社会主義者として生きる覚悟を決めていったようである。しかし戦前の日本では「主義者」として生きることは、そのまま社会のアウトサイダーとなることを意味し、東京帝国大学のように社会のエリートを養成する機関の発想とはまったく異なる生き方を選ぶことでもあった。そして叔父の天来が「主義者」として苦難の生活を強いられていることを目の当たりにしていた住谷にとって、予想していた障害とそれに向かう覚悟とはどのようなものだったろうか。

▲石川三四郎

例えば、その住谷の心の振幅の大きさを石川三四郎との出会いから間接的に知ることが出来るだろう。石川は著名な社会主義者であり、一九二〇（大正九）年一一月一七日に新人会主催の講演会を東大で行ったが、その後の懇談会の席上でのエピソードである。

「席上いつもの懇談会のときのように、各人それぞれ自己紹介や感想を述べたのである。私はいま恥ずかしさに冷汗を覚えているが、妙に感傷的な態度で感想を述べた。自分は郷里に老いた両親と五人の兄弟がいて、私が東大法科を卒業してから大いに立身出世をすることを期待している。（略）しかし私はいま社会主義の思想に共鳴し、プロレタリアの解放への協力に意義を見出している。それへの道はいばらの道で、いま石川先生の仰言るとおり前途に弾圧と牢獄とがまちかまえている。私は危険な社会運動に投じたために父母兄弟と郷里の人々の期待を裏切るのが辛いし、私のいまの悩みであるということを述べた」、これに対して石川は「静かに感想を述べた」、「いまのかたの仰言ることはもっともだ。最高学府へ出ている若い方としては止むをえない悩みであろうと思う。しかし私たちが真実と誠意をもって行動したことには両親も必ず信頼するに違いない（略）とにかく親には誠実につくすべきですし、いっさいの解決はけっきょくその人の誠実さということに懸かっていますから、それさえ覚悟がきまれば、何も悩むことはない」とさらに石川自らの両親のエピソードも交えながら涙を浮かべて語った。(39)

住谷は非常な感動を覚え、この石川を「生涯の先生」と評した。後年になって住谷は「社会主義国家における自由」を論じた際に、「良心的な自責が強く深ければ、それとともに自由の獲得とその拡大が強く深くなる」と書いているが、この中に石川の「いっさいの解決はけっきょくその人の誠実さということに懸かって」いるとした発言の影響を見ることができる。(40)

大学在学後半になると社会主義思想の影響はより鮮明となる。仙台第二高等学校弁論部主催の演説会（一九二〇〔大正九〕年一一月二七日）において、住谷は「労働者運動の倫理及び其傾向」と題する、いわば社会主義者としての信仰告白とも言えなくもない内容の演説を行っている。

近世社会に於てはブルジョア及びプロレタリアの二階級が対立して居り、吾人の観る所によればゆきつまれる現下の状態を突破して、将来の文明を発展せしむる社会階級はプロレタリア階級なりと思うのである（略）然らば近世労働者の間には如何なる倫理意識が発酵して其の信仰と化し、労働者運動の根本原理となりつつあるかと云えば、第一平等の倫理、第二社会連帯の倫理、第三労働尊重の倫理、第四暴力の倫理、これである。(41)

住谷一彦は、大学二年のこの時期に、「父はハッキリと高等学校時代のロマン主義的な耽美主義的な生活態度から別れを告げつつあることが判」り、「父の思想がなお理想主義的・人道主義的な相貌を残しつつも、次第に社会主義への傾斜を深めていた」と指摘している。(42) ただこの倫理的要素をどのように自己の思想体系に組み入れるかは、住谷の終生の学問的関心であった。

住谷は人生の二六、七歳までにその人物の一生の性格が決まる場合があるといい、そのようなタイプの人間として自らを含めている。一九二二（大正一一）年、住谷二七歳の年、彼は東京帝国大学を卒業することになる。すでに住谷の心中には、社会運動家となって社会主義の実践の途を生きるか否かの選択が渦をまいていた。

二月の卒業試験の目前になっても住谷は就職を決めていなかった。後に『日本社会政策史』を著し、また社会政策的生産力論を展開した風早八十二と二人だけが東大ＹＭＣＡの仲間では就職が未定のままだった。

何故、決まっていなかったかというと、先の赤松演説に刺激されたためばかりとはいえないが、私たち新人会の仲間同士の間では、いつの間にか、官吏と資本家は民衆弾圧の陣営の第一線であるから、絶対になるまいという口約束のようなものが交わされ、心と心の誓いができあがっていた。〃官吏養成

所東京帝国大学〃の卒業生が官吏と資本家にはなるまいと誓ったのだから、当然就職の道はせばまらざるを得なかった。(43)

ある日恩師の吉野作造に住谷と風早は呼び出され、そこで札幌農科大学と同志社大学法学部のそれぞれの助手の話を切り出された。風早は札幌農科大学を選び、住谷は「同志社大学の方は、吉野先生の属していた本郷教会の牧師の海老名弾正先生が同志社総長として就任されていたし、また、同志社の創立者新島襄先生が私の郷里群馬県出身者であることで親しみを感じ」行くことを決意したという。(44)

その直後、同年二月に京都で京都大学・東京大学連合演説会が行われ、住谷はそこで「無産者階級の哲学者・ヨセフ・ディーツゲン」と題する講演を行った。ヨセフ・ディーツゲンの著作は新人会会員の間で広く読まれていた書物であり、また住谷はこの演題を「わたくしの大学時代の最後の思想傾向」を表わすものであると述べている。(45) 主内容は、マルクスの唯物論哲学の問題、特に物質的生産力と人間の心の性質との関係が不明確である点に論及したものである。ディーツゲンの学説よりも主にマルクスの思想をとりあげている。この論考に展開されたマルクス的な唯物論的哲学にどのように倫理や心の世界を組み込むことができるのか、この問題は住谷の以後の業績の中で通奏低音のように流れ続けるものになる。

合同演説会後、吉野や同志社大学の恒藤恭らの根回しによって同志社大学法学部の教授連からの厳しい「首実検」をかけられる。住谷は無事にこれにパスして、同志社大学の助手として採用されるのである。

京都には以前から著作を通してその学説を支持していた河上肇がいた。住谷は同志社では経済学史を担当することに決まった。吉野のもとで主に政治学を専攻していた住谷にいくつかの「迷い」が生じる。

現在群馬県立図書館に保存されている「経済学研究序論」と題された私装のノートには、講義のためのメモなどに交じって、就職前後の住谷の心境を窺うことができる断章や手記が記されている。
ちょうど京都で行われた合同演説会の終わった後、一九二二（大正一一）年二月一〇日朝の日付をもつ手記には次のように書かれている。

私は来る四月から同志社大学の研究室で経済学の研究を始める決心である。それは私の思想の変転と生涯の変転を意味する。専攻は経済学史であるけれど経済学の全般に亘って渉猟、研究する積もりである。生来愚鈍□《欠ク》私に果たしてどれ丈の研究が出来るか。それは未だ知られざる行程である。私の現在執るべき態度は真摯にして着実、不撓不屈の精進努力である。[46]

この手記を書いた後に、住谷は意を決して面識がなかった河上肇に宛てて経済学・経済学史研究のための助言を請う内容の手紙を書いた。
次は一九二二（大正一一）年六月三日の日付をもち、京都にすでに居た時に書かれた手記である。題名は「迷い」とある。

真面目に人生について考へる者は必ず迷ふ。真実に生きようと思ふ者は必ず迷ふ。而かもその真実の度合は熾烈であればある程迷ひが大であり深くある。これは古今歴史に照らしても分明である。東西、真摯に生きたる人の跡を尋ねていよいよその感を深める。

おお汝「迷ひ」よ。汝は人を真実にし深刻にする。そして真実なる人、深刻なる人に、――「迷ひ」、汝は来るのだ。

私は貧しき才能を享けてこの世に二十六年と六ヶ月生きて来た。迷ひは幾度か私を襲ひ私を悩ました。迷ひは、まことに私と離れることはなかったのだ。

私の為さうとする事――その何れの一つも「迷ひ」を通らずしては為し得ぬのだ。学海に棹して京都へ来た。私は何を為すべきかに又もや迷った。「経済学史」――おおそれは貧弱なる才能を享けた私にはあまりに荷重き研究である。私はただ自らを顧みて嘆ずる外はない。「迷ひ」は続いた。苦しみは重った。――その迷ひは、迷ひの中に私をしてアダムスミスと云ふ光を指示して呉れる。迷ひつつ苦しみつつ、私はアダムスミスの薄明の門を辿ろうとする。その門をくぐらねバ私にはマルクスの熾烈なる光を享けることが出来ぬのだ。(47)

住谷は河上の京都帝国大学での講義を聴講する許可を得ておそまきながらの経済学修業を開始した。また助手としての職務に励む（予科の経済学通論を英書で担当し、そこではR・イリーの『経済学』をテキストとして使用した）かたわら、次第に独自の経済学史に対する境地を開いていく。この同志社時代の記述に入る前に、住谷の二七歳の時に起きた二つのエピソードと、それに加えて簡単に家庭上の事件に触れておかなくてはいけない。

第三章　同志社時代と社会への眼

一　関東大震災と水平社運動の影響

家庭上の事件とは同志社大学に就職してまもなく、桔梗よし江と結婚したことである。二人の結婚式は東京帝大法学部卒の人間のものとしては質素なもので、下宿の一室で近親者のみで執り行った。いわば「ジミ婚」の走りでもあるが、その様子は新奇さも手伝って当時の『報知新聞』に掲載された。

新婚後まもなく住谷は徴兵され、宇都宮師団の六六連隊に配属された。以後一年間軍隊生活を送る。この兵役時代に、住谷は『神聖家族』や『経済学批判』などのマルクスの著作を読破する一方で、吉野作造に軍隊の内情を書き送り、それを吉野が『中央公論』（大正一二年九月号）に「兵卒に代りて」として公表（もちろんニュースソースは秘匿して）したという出来事もあった。

住谷が入営していた一九二三（大正一二）年九月一日、関東地方を中心にマグニチュード7以上の巨大地震が襲った。住谷はその時、「国家制度の末端が民衆と接触するその接点が、ざん虐な現象を呈するという事実」を思い知る。(1)

関東大震災のとき「社会主義者と朝鮮人が東京で暴動を起しているから帝都防衛のために出動」という命令で実弾十三発手渡されて、兵隊は緊張して出動した。九月一日の夕ごろ、連隊長以下、軍の正式出動のものものしさを初めて見た。年末に帰隊した兵隊が消灯ラッパのあと、寝台でヒソヒソ言い合っている。「中隊長が青竹で殴りつけていた男は早大生で、あとで中隊長と同じ町の者だとわかった」とか「＊＊駅のプラットフォームで、土地の自警団の青年に、避難民に交じっていた朝鮮人が三人引きずり出されてなますのように切り刻まれたなあ。ひどいもんだ」という話。あのとき、目もあてられぬ残忍な出来事は数かぎりなかった。(2)

戒厳令を布き、意図的に社会不安を醸成した当時の政府の首脳たちの悪質さ、さらに頂上から末端までの軍部、警察そして民間の自警団までもが加わった震災以上の恐怖としての社会主義者（大杉栄家族扼殺事件はその一例にしかすぎない）や朝鮮人を中心とする在日外国人への虐殺は、住谷に深刻なショックを与えた。(3)

大学で学んだ社会理論が、現実と矛盾していることを胸の痛くなるまでに痛感し（略）経済学史という歴史を研究しようという第一歩で、学問と現実との間の矛盾を感じて悩みはじめた。(4)

しかしこのような社会全体が不穏な空気に充たされている時でも、自らの学問的洞察を、そして知識の修得の目的が社会への実践であることを忘れなかったごく少数の人物が、住谷の間近にいたことを忘れてはならない。

関東大震災による朝鮮人虐殺については、当時のマスコミは完全に口を閉ざした。ごく少数の知識人（宮武外骨、柏木義円ら）が批判の声を挙げたにすぎない。またその実態もまったく調査されることなく放置されていた。住谷の叔父天来は、柏木義円の主宰する『上毛教界月報』で、震災の翌年ではあるが、「大震災と共に勃発した鮮人の虐殺並に自警団の暴行の如きは明治大正の開化の時代に在って何と曰ふ耻かしい野蛮極まる獣性の跳梁ではあるまい乎」と批判した例外的な人物のひとりであった。(5)

さらに住谷の師であった吉野作造は赤松克麿の助力を得て、「罹災同胞慰問班」の行った朝鮮人虐殺の実態調査の公表を試みた。当時の社会状況では調査を行うこと自体が極めて危険な試みであった。吉野調査は、同じ時期により徹底した調査を行った上海の独立運動グループ機関紙「独立新聞」社長金承学のものと双璧をなすものである（吉野調査では、二七一一名が、金調査では六四一五名が虐殺されたことが判明した）。

吉野はまた『中央公論』や改造社の『大正大震火災誌』に朝鮮人虐殺事件についての記事を投稿した。前者の「朝鮮人虐殺事件に就いて」では、朝鮮人虐殺を「大恥辱」な出来事であり、「国民的悔恨」であるとし、直接の政府・官憲批判が不可能な中で朝鮮統治についての疑義をも表明している。また虐殺事件について、当時の首相・内相などに直接異議を申し立てようと積極的に行動してもいた。このような吉野の行動は、大正デモクラシー運動の一方の旗頭である福田徳三が用心深く発言を控えていたのとは対照的である。

住谷の思想の師である天来と吉野のこのような社会問題に対する積極的なプロテストは、住谷の精神にも受け継がれていたにちがいない。「学問と歴史と現実との矛盾」とどう学究生活の中で向かい合うのか、どう行動すればいいのか。

そんなある日、中村甚也という青年が住谷を訪ねて来た。それまでまったく面識のなかったこの青年の訪問をきっかけにして、住谷は水平社運動に関与していく。後に暗殺される社会運動家の山本宣治、大学時代の友人阪本勝らとともに奈良県水平社の夏期講座で演説を行った。

この講演旅行は、住谷に学究生活と社会運動との両立を肌で実感できた最初の経験であった。

「そのときわたくしは国家論についてのべた。そのころ階級国家論などを講演するのはすこぶる危険であったけれども資本主義国家は、その本質上階級的であり、無産階級にとっては冷淡であり、無産階級の一翼である部落問題にたいしても冷淡であり、部落の解放の問題は、デモクラシー運動の一翼として参加すべきだ」と述べた。(6) このとき、住谷が語った言葉は、いまだデモクラシー思想のものであり、本人も述懐するとおり社会主義的学習の真っ最中の産物であった。(7)

だが「私が社会問題とか社会改造とか、社会主義とかいうことはもう空論であってはならぬ。こういう部落解放という切実な社会の現実から出発せねばならぬことを痛感した。水平社問題は、私の社会問題への関係を有った最初の実際の手掛かりを与えてくれた」。(8)

社会を直に見る眼が開かれようとしていた。

二　同志社アカデミズムの一員として

▲同志社大学

住谷が初めて奉職した同志社大学は、群馬出身の新島襄が国禁を犯してアメリカに密入国し、その後アメリカン・ボード（「アメリカ伝道協会」のこと。海外へのキリスト教布教活動を行った組織）から支援を受けて、帰国後日本で最初のキリスト教学校の設立を目的に開設されたものである。山本覚馬などから援助を受け、また初期のスタッフとして宣教師のJ・D・デビスやD・ラーネッドらが参加し、仏教の地京都で重なる苦難を乗り越えて発展した大学であった。

住谷が助手として採用された時の総長は吉野作造の師であった元本郷教会の牧師海老名弾正であった。海老名は、同志社の第一期の卒業生である有名な〝熊本バンド〟の一員であった。住谷は学生時代に海老名の講演を聴き、いたく感動した経験をもっていた。助手になってまもなく住谷は海老名の私邸に招かれ、初めてその人物に直に接することになる。まだ当時の同志

▲大阪労働学校のメンバー（1920年中頃）　前列左より新明正道，村島歸之，賀川豊彦，山名義鶴，松沢兼人，小岩井浄，丸岡重堯，後列左より１人おいて野坂参三，１人おいて住谷悦治。

社は規模が小さく、スタッフの間の往き来も密接だったようである。

その頃の同志社大学法学部の講師陣は、後に〃同志社アカデミズム〃と呼ばれるようになるほど多彩な人材を擁していた。住谷が京都に来る数年前（一九二〇年）「大学令」により同志社「大学」が設置されていた。海老名総長を人材面からバックアップするため、吉野作造らが力になり優秀な人材を次々と京都に送りだしたのである。中島重（憲法、法理学）、今中次麿（政治学）、和田武（財政学）、山本亀市（刑法）、永田伸一（社会学）、波多野鼎（社会思想史）、林要（経済学）、河野密（刑法）、能勢克男（民法）、長谷部文雄（経済学）、宮川実（経済学）ら多数が『同志社論叢』を中心に数多くの業績を積極的に発表していた。

また一九二二（大正一一）年には、大原社会問題研究所の所長高野岩三郎が支援して大阪労働学校が開設されていた。校長は賀川豊彦、主事を松沢兼人が務め、一般労働者の教育・啓蒙活動を行った。住谷は、ここで夜間に労働運動史などの講義を受け持った。大阪労働学校には前記した同志社の同僚である河野・林・波多野ら東大出身でまた新人会の旧メンバーが講師として参加した。

住谷が最初に公刊した著作『新社会の夢と科学』(一九二五)は、この大阪労働学校の関係機関である大阪労働問題研究所から出版された。それは対話形式で書かれた啓蒙的な労働問題の解説書であり、平易に空想的社会主義と科学的社会主義について概説したものであった。だがこの処女作は、当時国禁の書であった『共産党宣言』の内容を紹介する部分があったため刊行即発禁となった。

またその後に書いた架空の労働者の体験談の形をかりた『プロレタリアの使命——或る労働者の手記』(一九二五)も即時ではなかったもののやはり発禁処分を受けている。三冊目である『プロレタリアの社会学』(一九三二)は唯物史観の解説書であり、これは戦後『社会科学の基礎理論』(一九四八)として復刊する。

住谷の労働学校での講義やそれを通して知った賀川豊彦らの労働運動の実践の様子、また前記した水平社の活動や山本宣治との出会いなどが、住谷の学問と社会運動の実践との密度の濃い連関を生みだしていたにちがいないだろう。

この研究者としての旅立ちから数年ほどで、自らの専攻である経済学史の分野で代表作『唯物史観から見たる経済学史』(一九二五)、『経済学史の基礎概念』(一九三〇)を始め、『社会主義経済学史』(一九二九)、『経済学説の歴史性・階級性』(一九三〇)を公刊した。これらの著作の基本は、河上肇の『近代経済思想史論』や『資本主義経済学の史的発展』をベースに、それらの著作に対する櫛田民蔵の唯物史観からの批判、河上の応酬をおそらく前提にした上で、いわば「河上・櫛田論争」の直接の成果といえる性格をもつものであった（河上と櫛田からの影響については後に議論する）。

ところで『唯物史観から見たる経済学史』の序文には、林要や河野密らが編集していた月刊『社会思想』への謝辞が見える。この雑誌『社会思想』は、旧新人会グループで構成された社会思想社によって発刊されたものである。『社会思想』について語るにはその前史である新人会のジャーナリズム活動をみておく必要がある。

三　『デモクラシイ』から『社会思想』へ

新人会は大衆と学生層の啓蒙のために機関紙『デモクラシイ』を発行した。

「デモクラシイ」という二十頁ほどの雑誌をハリ切った論調と汚い下駄の歯で点々たる雑誌となって市場に出た。(9)

『デモクラシイ』の第一巻第一号の一面には、ルソーの肖像画が掲げられ、「ネオ・ヒューマニズム」と題した主張が掲載されている。主張の内容は、（かなり曖昧なものだが）唯物論的観点からの人道主義の称揚と、また生活組織の改変の必要が書かれている。マルクス主義的な内容ではなく、むしろ温厚な社会改良の趣旨を述べたものといって差し支えない。象徴的なのは、毎号の一面に掲載された肖像画や写真であり、創刊号のルソーに始まり、トルストイ、マルクス、クロポトキン、リンカーン、ザメンホフ、ローザ・ルクセンブルクらが並び、まさに思想のごった煮で、あえて共通点を探せば、既存の組織・人性の改良者という、かなり漠然とした人選である。そしてまさしく新人会、そして『デモクラシイ』自身の当初の性格もこのような人道主義的な社会改造、またそのための啓蒙と実践という色彩が色濃いものであった。この点は、次の「発刊の辞」の一文が端的に表わしているだろう。

> 我等は高貴なる文化価値の創造生活を希求する。それが為めには自由平等なる経済的政治的国際的の解放を得なければならぬ。然るに現代人の経済生活、政治生活、国際生活は人間をして人間らしく正しい軌道を歩ませるには夥しい欠陥を有する。正当な人間生活を構成するがためには、現代生活の全般に亘って徹底した合理的改造を試みなければならぬ。[10]

『デモクラシイ』そしてその後継誌である『先駆』、『同胞』、『ナロオド』には、住谷の書いた原稿が掲載されていた証拠はいまのところない。これは後年の住谷の旺盛な文筆活動からいっても不思議な点であるが、新人会の会員であったにもかかわらず、新人会の創設メンバーや『デモクラシイ』などでの主筆陣と比べて、入学年度が若かったことなどが影響しているのだろう。

▲『デモクラシイ』表紙

ところで住谷が東大を卒業し、同志社大学法学部助手として京都に赴任したころ、新人会内部では、いわゆる「前期新人会」（卒業生グループ）会員と、在学生からなる「後期新人会」会員との内部対立・軋轢が目立っていた。ついに一九二一（大正一〇）年冬、マルクス主義的な色彩を鮮明にし、

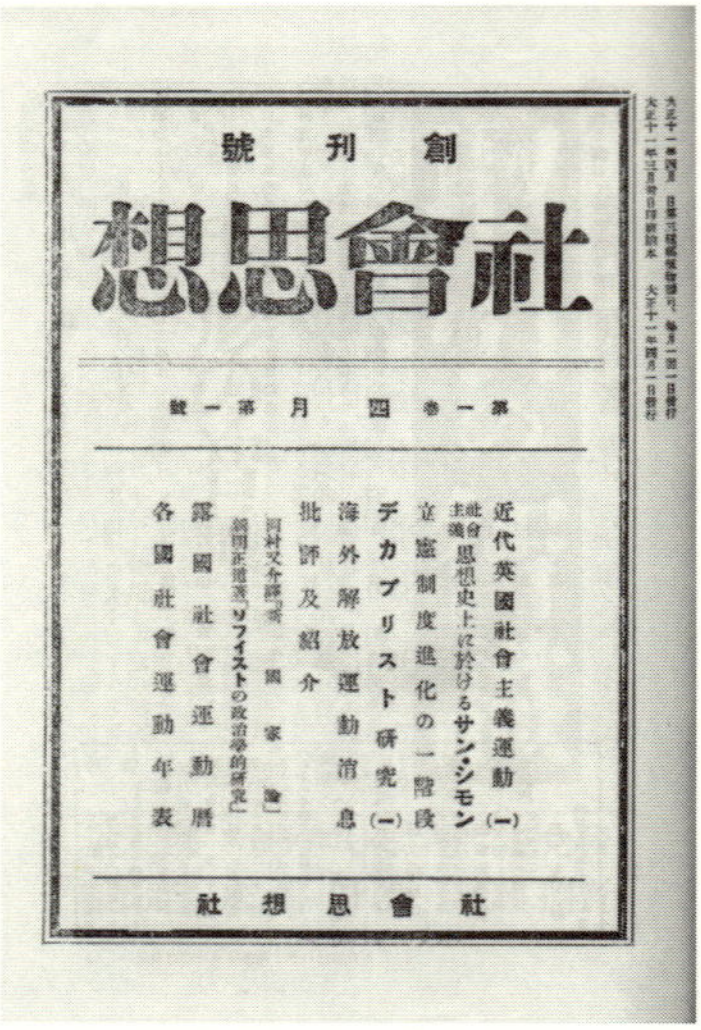

▲『社会思想』

また赤松ら卒業生からの圧迫を嫌った新人会の現役学生グループが、機関誌『ナロオド』（一九二一年一二月号）にいわゆる〝ナロード宣言〟を掲載し、マルクス主義共産党系の色彩を鮮明にし、赤松らの前期新人会グループと一線を画するようになった。『デモクラシイ』から続いた新人会の機関誌の系譜は、ひとまず『ナロオド』一九二二年四月号で終止符を打った。だが新人会の卒業生からなるグループは、同年「社会思想社」を結成し、そこで月刊『社会思想』（一九二二年四月創刊）を刊行した。(11)(12)

H・スミスによれば、「この雑誌（『社会思想』のこと）は新人会機関誌の様式に忠実に従い、研究・翻訳・紹介に重点を置き、大正末・昭和初期を通じて非共産主義的社会主義知識人の重要で影響力のある代弁者となった(13)」。

『社会思想』の当初の同人は、石浜知行、蠟山政道、波多野鼎、細野三千雄、河村又介、嘉治隆一、田中九一、平貞蔵、後藤信夫、佐々弘雄、三輪寿壮、新明正道であった。彼らは東大一九二〇年の卒業組であり、活動の中心者は、初期のうちは、平貞蔵（一九二二年から法政大学教授）であった。『社会思想』は、一九二二年から一九三〇年初まで継続した。(14)『社会思想』創刊号の「発刊の辞」には次のようにある。

昨年（一九二二年）の秋、新人会は其の創立三周年を機会として、組織を変更し大学生のみに会として留まることを宣言した。其の結果として同会員で無くなった者の中、志を共にする私等のみが茲に相集り社会問題の研究に進んでいく事になった。[15]

住谷は、一九二四年頃までには『社会思想』同人に加わっていた。林要、小岩井浄、河野密ら住谷に縁深い同学年（林は二年上）のものが多く参加している。『社会思想』の紙面の特徴は、ロシアでの共産主義の実践をほぼ全面的に支持し、また他方で資本主義の部分的改良・修正の試み（例えば米国・日本での社会政策の実施など）には批判的な見地をとる論説が多いことが指摘されている。[16] 住谷は『社会思想』にコンスタントに寄稿しており、その内容は、当時書いていた『唯物史観からみたる経済学史』に見られた弁証法的唯物史観に基づく論稿が多い。住谷は同志社大学に職を得てから、本人も認めているようにマルクス主義の学習を本格的に開始しており、その学習の成果が『社会思想』への投稿から伺い知ることができる。[17] 例えば、ブハーリンの『史的唯物論』、レーニン『国家と革命』、マルクスの『経済学批判』、エンゲルス『反デューリング論』などからの影響を各論考から知ることができるだろう。

住谷の『社会思想』への最初の登場は、「社会発展過程に於ける飛躍」（第三巻第五号、二四年七月）であり、「階級闘争」の必然的な飛躍としての「政治革命」についてが詳述されている。他の論稿としては、「大塩平八郎と空想的社会主義」（第五巻第八号、二六年八月）、「スターリン『無産政党論』――スターリンの政党論」（第六巻四号、二七年四月（発禁））、「土方博士の経済理論の誤謬と反動性――舞出教授との論争所感」（第六巻第八号、二七年八月）、「新ロシア当面の人々」（第六巻第一一号、二七年一一月）、「ロシアにおけるプロレタリア音楽」（第七巻第八号、二八年八月）、「社会主義の倫理化についての一考察」（第七巻第一一号、二八年一一月）、「資本主義社会の止揚と理論経済学」（第八巻第五号、二九年五月）、「『生存権ノ社会政策』批判――福田徳三博士の画期的論

▲福田徳三

文に対する感想」（第八巻第一〇号、二九年一〇月）が掲載されている。(18)

ここでは、『社会思想』の紙面の特徴——資本主義システムの改良・修正への批判——とも重なる、住谷の最後の寄稿論文『生存権ノ社会政策』批判——福田徳三博士の画期的論文に対する感想」の内容を見ておく。住谷のこの福田徳三批判は、代表作『日本経済学史の一齣』（一九三四）や戦後の『日本経済学史』（一九五八）などにもそのまま論旨が引き継がれているので、その点からも注目に値するだろう。

福田徳三は日本の近代経済学の生みの親として知られている。また住谷がその論文を書いたときは、日本社会政策学会の中心メンバーであり、さらに吉野作造とともにかつての黎明会など大正デモクラシー運動の主要喧伝者のひとりであった。住谷の批判の矛先は、もっぱら福田の社会政策論（生存権の社会政策）に向けられている。住谷は次のように福田の生存権の社会政策の論旨をまとめている。

「博士曰く『社会ハ人アリテ存シ人ハ生存ノ資料ヲ得テ活ク、生存ノ資料ヲ社会以外ニ求ムルコトハ問題以外トシテ社会ノ内ニアリテ之ヲ求ムルハ生レタル限リノ人ニ共通ノ要求ナリ。強キモノ、優レタルモノ、富ルモノ、権アルモノノミニ限ラレタル要求ニアラズ』と。そして博士によれば、社会あり、文化ありて存する生存権の要求は、此の自然事実を打消すことはできないから、従って這箇《しゃこ》の一大自然法則の下において、文化法則として立つるものが即ち生存権であると云ふ。換言すれば、生存権の認承は生存必存の保障ではなく、生者必存の要求の承認であり、社会が一つの文化価値として、一のア・プリオリとして此認承を受取ることであるといふ。だからかかる普遍的基礎の上に打ち立てられたものが博士の生存権の社会政策」であり、また福田の生存権の社会政策は、「私法の公法化」という形で私有財産制度の公的な制限を伴うものであると要約される。(19)

簡を得た整理であるが、住谷は福田の生存権の社会政策を次の諸点から批判する。

第一に生存権は超歴史的で特定の社会組織に依存するものではないという意味で「普遍」的原理だが、「結局は、ただ普遍的な原理といふ一見巧妙な弁解と粉飾を為し、その陰に隠れて、現実には、社会の階級的構成を抹殺しようとし、或いは之を全然無視して、抽象的に、その妥当性を空想したに過ぎないものである」。したがって、福田の主張は資本主義擁護のイデオロギー的産物にすぎない、と住谷は批判する。

第二に、生存権の趣旨を完徹するには、私有財産制度を否定して国家にすべての所得を徴収する必要があり、「従って自由競争と私有財産制度とを前提とせる社会政策論者が、生存権の確立を徹底せしめることは甚だしき矛盾撞着と言はねばならぬ」。

第三に、「私法の公法化」あるいは「私法の社会化」ということであるが、近代の法律はそもそも所有権と契約の自由を保障するものであるが、この法律自体が「持てるもの」の利益に沿うものであり、階級的性格を帯びているものだから、その法律の修正という福田の社会政策は、「以てそれが如何に無産労働者に対して、過酷にして、支配階級の歓迎する理論である」かがわかる。

以上の住谷の批判の一々については、今日における福田徳三に関する研究の水準からみて反論の余地は多分にある。例えば、今日の社会政策の前提が、なんらかの意味で「生存権」の保障を目指すものである以上、住谷の批判とは異なり、福田の生存権の主張の先駆性の意義は、単に資本主義擁護のイデオロギー以上の価値をもっていると思われる。しかし本書では、住谷の福田批判の妥当性云々よりも、住谷の批判が『社会思想』同人たちと同じようなスタンスで、資本主義の擁護や修正を図る論説に対して厳しい意見をもっていたことが確認できればいいであろう。

住谷のこの時期の立場は、左翼系の学生・知識人の間で大流行したいわゆる「福本イズム」とははっきりとした一線を画していた。

「福本イズム」とは、当時松江高等学校教授だった福本和夫が、ヨーロッパ留学を終え、帰国後雑誌『マルクス主義』に投稿した一連の論文、その後に続々と出版された著作で表明した考えかたを通称したものである。福本イズムは、主に共産主義者グループに甚大な影響を与えた。長岡新吉は、福本イズムの特徴を「一口でいうと、唯物史観の哲学的基礎を強調する独特の唯物弁証法解釈、マルクスの『経済学批判』の『序説』に依拠した当時としては斬新な経済学方法論（「下向＝上向法」）、日本資本主義急激没落論と結合した革命運動の組織論ないし運動論としての『分離＝結合』の理論、そしてそれら全体の合成」と簡潔に書いている。特に福本イズムの中核は、その「分離＝結合」の理論にあった。これは、革命を目指すために日本の無産階級運動を質的に先鋭化する運動論であり、まず「そのためには無産階級運動の内部に脈打っているマルクス主義的要素をその他の雑多な要素から理論闘争を通じてまず分離して、それを前衛組織まで高め」、「いったん分離した上で、それを無産階級の大衆運動と再度結合すること[20]」を内容とした。

当時、京都の左翼運動に絶大な影響力を持っていた河上肇や山川均らは、この福本の仮借ない批判にさらされ、また河上らのシンパ学生も公然と河上らと手を切り、福本イズムの信奉者となった。「京都大学の河上肇博士の影響裡にマルクス主義に立った京大社研〔京大社会科学研究会のこと〕はやがて河上博士と手を切り、福本イズムに拠った。（略）『マルクス主義』によったグループとははじめから思想的に対立していた。旧新人会、社会思想社同人内部もマルクス主義共産党系のものと、デモクラシーを主張するものと、マルクス主義の研究をすすめるものといったふうに、色分けができるようになった。この内部矛盾の顕在化とともにやがて社会思想社は解消せざるをえなくなってしまう」と住谷は述懐している。(21)

住谷は福本イズムとは一線を画していたようだが、それは住谷が吉野流のデモクラシーや河上の人道主義（ヒューマニズム）的要素が色濃く残る経済思想などから受けた影響が強かったため、福本イズムのような先鋭で党派的・選別的な思考にはなじまないものがあったと思われる。このことは感情レベルでも、京大社研の学生が河上から離れたことを、別な表現で「捨て去った」と形容していることにも住谷の憤りを窺うことができるのではないだろうか。

住谷は先ほど列挙した一連の経済学史研究などが評価され、一九二七年に同志社大学法学部教授に昇格する。研究者としての実りを迎えつつあった住谷の学者としての進路に、大きな暗雲が広がったのは、いわゆる京都帝国大学の「瀧川事件」を契機としてであった。

四　瀧川事件から失職へ

同志社大学法学部教授として順調に研究者・教育者としての階梯を登っていた住谷を失職に追いやった

原因となったのは「瀧川事件」に関連してのものだった。しかし瀧川事件以前も、住谷はマルクス主義を支持する若手の研究者として注目されていて、官憲側も指弾の機会を伺っていたにちがいない。例えば、大宅壮一が編集し、人気を博した雑誌『人物評論』には、若手教員住谷の姿が次のように描かれている。

住谷悦治は、現在同志社助教授、唯物論研究会の会員であり、「社会思想」同人中、何等かの形で今もマルキシズムと縁のつながっている唯一の存在ともいふべきか。(22)

ところで瀧川事件とは、一九三三（昭和八）年、京都大学教授瀧川幸辰《ゆきとき》教授の著作（『刑法読本』『刑法講義』）が発禁となり、文部省（文部大臣鳩山一郎、次官栗屋謙）の圧力による瀧川幸辰教授の辞職強要にからんで巻き起こった、京大教職員（主に法学部教師陣）・学生を中心とした反対運動のことを言う。(23) この瀧川事件を契機に、京都地方の言論・文化活動に対する当局の警戒・監視はより厳しいものとなり、住谷自身も共産党へのカンパ事件をでっちあげられ、過酷な拷問を受け、ついには同志社大学の辞職さえも強要されたのである。住谷の事件と拷問の実態、また同志社を去った経緯は次章で触れることにして、ここでは瀧川事件についての住谷の論説を追ってみよう。『文藝春秋』などの総合雑誌への瀧川事件に関する記事が、住谷を窮地に追い込んだひとつの契機をつくったという。(24)

住谷は瀧川事件が総合雑誌などで話題になった当初から積極的に寄稿していた。満州事変以来の言論の圧迫に危機感を強めていたジャーナリズムは、瀧川事件を契機に反攻に転じたかのようであった。(25)『改造』、『中央公論』、『経済往来』などが続々と瀧川事件を特集した。住谷も『中央公論』一九三三年七月号の特集「京大紛擾事件総評」で、恒藤恭、末川博、平野義太郎、大森義太郎らとともに、「京大法学部今昔物語」を寄稿している。また『文藝春秋』は、大森義太郎、池崎忠孝、戸坂潤、そして住谷を起用して特集を組んだ。住谷は、「京大瀧川問題渦中の人々――そのプロフィール」を書いている。住谷の論説を含めて、これらの総合雑誌での論説の大半が文部省批判一色であった。

住谷は後者の論説の中で、彼一流の歴史的手法（今日の問題をその由来や系譜を辿ることで問題の核心を取りだし、さらには批判する際の一論拠ともする手法、とここでは整理しておく）で、京都帝国大学法学部の由来から、また各スタッフの業績や事績を時系列的に整理し、豊富なエピソードを交えながら、法学部内の人間相関図を描いている。さらに住谷は『文藝春秋』一九三三年一〇月号に、堀江友広（義弟の名）の筆名で「京大第二学期開始」を書いている。総合雑誌以外での活動で注目すべきなのは、「京都日出新聞」から出された住谷と服部之総共編『瀧川教授事件――京大自治闘争史』（一九三三年六月下旬刊）であり、京都市民へ京大問題への関心を広く促した[26]。

住谷は瀧川事件が単なる一教授の問題として終わるとはみていなかった。事の推移を見るに大学の自治や学問の自由に関わる重大な危機をもたらすだろうという予感があると、住谷は書いている。

　誰かが冗談に「この流れ、源を河上〔肇〕に発し、今は瀧川になって波瀾をまき起っているのだから、結局は末川〔博〕にまで漕ぎつかねば大海には出られまい」などと言ったことが万々一実現されようものなら、それこそ大変である。いまもし、激流が僅かに支へ来ったこの砦を押し破るならば、その氾濫は、大小無数の玩具箱のような砦などまたたく間に洗い去ってしまうだろう[27]。

しかし、激流は彼方のみではなく、住谷自身にも襲いかかったのである。

第四章　『現代新聞批判』とジャーナリズム修業

一　拷問と失職

法事で郷里から京都の自宅に戻った日、一九三三（昭和八）年七月九日未明、住谷は突然訪れた刑事たちによって下鴨署に連行される。その日の断片的だが印象深い情景を、息子の一彦は後に書いている。

全く突然の出来事でした。二階に寝ていたと思いますが、急に障子があいて人が入って来、パッパッとフラッシュがたかれました。あわてて寝床で起き上がり、母に着物をきせてもらったような覚えがあります。写真をとられたのは、或いはもっと後だったかも知れませんが、記憶では寝ているところをたたき起されたような感じでした。母は私たち〔息子の一彦と磐〕に「何も心配しなくていいんだよ」と言って出ていきました。非常に緊張した顔でした。（略）ただこの一瞬のシーンだけが闇夜に一条の光が走るときのごとくに非常にはっきりと脳裡にあり、母があわただしくふすまを閉めたときの音が耳に残っています。(1)

住谷に対する下鴨署の刑事たちの拷問は苛烈を極めた。後遺症は、毎冬になると思い出したように激しい痛みとなって足腰を襲った。最晩年、老化が進んだ住谷をこのときの拷問の幻が襲ったと、磐は後に書いている。

私の印象に残ることの一つは、父の体の均衡がとれず、ときどき転倒することがあった。朝、気がつくと廊下の大きな一枚ガラスが大きくわれていることがあった。それより、父の倒れる音がしたので飛んで行くと、私の顔を見ながら、「ここは下鴨署か」といった。「戦時中の下鴨署か」といった。当時の下鴨署での拷問がよほど身にしみたらしく、苦痛のあまり、本気でそう思ったらしい。(2)

取り調べと拷問の様子を住谷はリアルに再現している。私はこの記述の中に住谷の人間としての真価がはっきりと表わされていると思うので、長いものだが引用することにしたい。

取調室に這入ると、紙と鉛筆とを渡され、今までしたことを書けという。今までしたことと云っても、漠然として取つきどころもない。そう答えると、何か心に覚えがあるのだろう。それを書けという。四五人の刑事は夏むきな半裸体で将棋をさしている。（略）バカらしい話である。私は書くべき何事もないので三時間ほどぢっとしていた。

突如！「強情な奴だ。やろう。」という誰かの声がするとともに桜満直〔取り調べの刑事〕が私をその場に引き据え、両手を後ろに廻して麻縄で縛し、電光石火、とんでもない速さで、私の膝、ももをいやというほど、ぐちゃぐちゃになるかと思われるほど踏んだ踏んだ。何回踏んだか数えられる筈もなかったが、これには私も驚いて飛び上がってしまった。痛いの痛くないのって、気が遠くなるほどであった。また引き据えられると、今度は、初めて見る鼻の曲がった四角の顔をした下品な男が、剣道の竹刀でもって、私の膝、ももを叩いた。こしも何回ピシャリ、ピシャリ叩かれたか全く覚えがない。私は逆上して気が遠くなってしまった。しかしそのゴツイ顔をした刑事が「河上肇でも佐野学でも容赦はしなかったのだぞ。貴様一人の生命が何だ！」といった声をたしかに耳にした。それが私への拷問の最後の、かすかなる人間の声としても今も耳の底に残っている。この遠く消えさるような刑事の声を耳にしつつ、そのとき私は、はじめて屈辱を感じた。河上肇だって佐野学だって、私だって同じ人間である。それらの有名人の名を挙げて、有名でない私の足腰立たぬまで私を蹴る、踏む、叩くことの弁解にするとは何事だ[3]。

検挙されたきっかけは、知人を通じて紹介されたある未知の一人の青年に旅費を貸したことであった。その青年が共産党活動の容疑で検挙され、住谷は共産党のシンパであるとの疑いから拷問を受けたことになる。当時、共産党への資金提供などを理由に、共産党活動とはまったく無縁な大学人が多く拘留・逮捕されたことはよく知られている。

住谷は、獄中で理不尽な強制を受けて同志社大学への辞職願を書かされた。辞職願はすぐに受理されてしまい、住谷はまったく生計の道を閉ざされてしまう。

▲同志社最後の講義の日の住谷悦治

私は大正一一年から昭和八年まで一二年間も同志社に勤めていました、いざ退職となると九〇〇円（大正一一年の初任給が前に述べたように一二〇円でしたから、その八カ月足らずですね）を、当時の庶務員が、私の家の玄関に置いて帰り、同志社はこれっきり挨拶にしてくれませんでした。そればかりか、学生たちが一人二円ずつ私の歓送会のために募金をしていたらしのですが、「住谷さんのためにカネ集めなどすると引っ張られるぞ」と事務員に言われて、結局、集まっていた少額のおカネも、みんなもとの学生にもどしたということです。そんなわけで、本当に一人きりで生きていく手段、家族の生活を維持する方策を見つけださなくてはならない状況に立ち至ったのである(4)。

私の手元に一枚の写真がある。写真には、住谷の筆で、「おもえばこの日が、私の同志社最後の講義の日であった——ゼミナールの日」と書かれている。写真の住谷は、同志社の校庭で、彼の特徴である背筋をピンと伸ばした背広すがたで立ちすくんでいるのだが、心なしかその顔は生気に乏しく、前途の不安を予見しているかのようである。

同志社を辞職後、住谷が従事したのは、ジャーナリズムでの執筆活動であった。住谷のジャーナリズム活動は、以前から総合雑誌に寄稿していたとはいえ、そもそも職を失ったための一時的な生活の資を得る目的から本格化したといえる。しかし住谷のジャーナリズム活動の頂点のひとつともいえる『現代新聞批判』での執筆活動が、住谷の名をメディア史に残すことになったことは、今から考えれば一種の僥倖といえるだろう。

『現代新聞批判』は、元大阪朝日新聞記者の太田梶太を編集発行人として一九三三（昭和八）年一一月に神戸で発刊された、新聞批判を中心とするタブロイド版の新聞（発行部数約五百）である。住谷は義弟の堀江友広を通じて太田の知己を得た。住谷の回顧によれば「人物として信頼できる人柄に敬服」して交友を結び、それが『現代新聞批判』の創刊に結びつくことになる。(5)

現代新聞批判

THE PEN IS MIGHTIER THAN THE SWORD

創刊號

創刊の辭

現代新聞批判同人

新聞道と記者根性

岡成志

今月新聞記事日誌

祝創刊

▲『現代新聞批判』」表紙

住谷は後に『現代新聞批判』について次のように書いている。

昭和八年（一九三三）に治安維持法によってシンパサイザーと判定され同志社を退いた頃、同じような事情で朝日新聞を退いた太田梶太氏が『現代新聞批判』というタブロイド版四ページの評論紙を発行した。わたくしは著名な新聞人岡成志、美術文芸評論家辻辺政太郎、堀江友広、その他の諸氏と太田氏に協力し毎号寄稿した。その頃、左翼教授のレッテルをはられた者を雇う所はどこにもないので、わたくしは毎号東大、京大の明治創立当時からの有名教授を数十人遠慮会釈なしに批判した。(6)

住谷は、この『現代新聞批判』での執筆活動を通じて、彼なりの時局への批判の手法——歴史的方法——を洗練し、また門奈直樹が指摘したように、社会や個人への怒りと憤りを、公表された論説の形態で、「公憤」に転化する術を修得していったといえよう。(7)

二 『現代新聞批判』の特徴——新聞人の啓蒙の役割

以下では、『現代新聞批判』の主要な内容について簡単に展望してみることにしたい。(8)

太田梶太は、『現代新聞批判』の「創刊の辞」において次のように書いている。

「現代新聞批判は現代のジャーナリズムに厳正なる批判を加え、その純化と向上を図るために創刊された」、なぜなら「現代の所謂大新聞は今や資本主義的経営による商品として、読者と大広告主とに阿諛《あゆ》迎合し、また権勢の前に摺伏して、言論に報道に著しく権威と品位とを失墜しつつある。而して新聞読者大衆は常に新聞の低劣にして扇情的なる標題　軽率なるニュースの扱い方とに迷わされ動もすれば実相に対する認識と批判とを謬らんとしている」からである。(9)

太田と住谷たちが意図した新聞批判の形をかりた社会・政治情勢への論評という手法は何人かのジャーナリストが採用していたものであった。たとえば大型総合雑誌のレベルではS・V・C（鈴木茂三郎のペンネーム）が『文藝春秋』で連載したもので、後に『新聞批判』（一九三三）としてまとめられたものがある。またよりラディカルな形でしかも『現代新聞批判』と同じ小型新聞としては、東京で発行されていた長谷川国雄の『時局新聞』などがあった。

『現代新聞批判』は、より新聞批判を精細・高度にし、また記事の内容も単に新聞界内部の暴露記事に留まらず、新聞の在り方の改善を実現していこうとする目的を持っていた。

以下では、太田梶太の論説の内容とその変遷を中心に、『現代新聞批判』の特徴を見てみよう。住谷自身の論説については本章の次節以下で取り上げる。

太田自身が署名記事を最も多く書いたのは、創刊直後とまた日中戦争の勃発後であり、どちらも『現代新聞批判』の存亡がかかっていた時期に、自らが中心になって論筆を揮わざるをえなかった緊張感が伝わってくる。

太田の論説をおおざっぱに分類すると、（1）新聞人の啓蒙、（2）新聞経営のあり方への注文・批判、（3）新聞記者の待遇改善、（4）新聞の紙面批判、（5）言論統制や言論テロについて、の大きく五つに分けることが可能であろう。ただ日中戦争以降の論説には、同じ切り口であっても「大東亜共栄圏」であるとか「総動員体制」への支持とともに語られているケースが過半を占めている。そのため例えば、（1）の新聞人の啓蒙であってもそれは日本国「臣民」のあり方をも同時に啓蒙する論調に変化している。

太田の論説とまた『現代新聞批判』が題号の通りに、まさに「批判」たる資格を持っていたのは、ほぼ日中戦争以前の一九三七（昭和一二）年初めまでではないだろうか。以下では主に一九三七年までの論説を中心に『現代新聞批判』の歩みを追っていくことにしたい。

創刊から数ヶ月は、初期の担い手のひとりである岡成志が新聞経営や新聞記者の啓蒙に関する記事を多く書いている。創刊号では、岡が「新聞道と記者根性」を書き、権利に屈せず、営利に走らず、また扇情的な記事を書かないことを「記者道＝ジャーナリズム」のあり方として説いている。岡の論説は、精神訓話的なものが多く（「新聞社長とは何ぞや」（第三号）、「新聞と精神運動」（第五号）、「新聞と諷刺文学」（第七号）など）、それらの記事が初期の『現代新聞批判』の巻頭を飾っていたところに、少なからず『現代新聞批判』の微温的な批判精神を伺うことができる。もちろん岡も「軍部は機関新聞を出せ」（第二号）で、満州事変以降、新聞紙上などで思い切った軍部批判ができない状況を憂いているが、その程度の憂慮の表明はこの時期では多くのメディアで見られた。

太田も岡と同様に、新聞人の精神的・倫理的な姿勢について注文をつける論説を創刊当初から多く書いている。以下の引用には、太田のイメージする記者像が端的に示されているといってよい。

サラリーマン中で資本家に最も隷属的で反無産階級的であるのは、新聞記者である。彼等は全然組織を持たぬ。だから、彼らには生活権擁護の組合もなく、従って階級的な闘争はあり得ない。偶々資本家の暴圧に遭い、不当解雇の運命に泣く記者があっても、彼らは徒に悲憤し、慷慨するのみで、敢然立って抗争し、互助の手を差し伸べての武器と力を持たない。サラリーマンの中の最も弱き者よ！汝の名は新聞人である。（「気魄なき新聞人——隷属的精神を清算せよ」（第二号））

この太田の新聞人観の前提には、当時流行していた唯物論的な観点からの新聞論が採用していた「新聞＝資本主義の商品」という見方がある。また新聞がその商品性を追求するために、いきおい新聞は資本主義擁護のイデオロギー的産物にならざるをえないという論理を太田はとっていた。以下では、『現代新聞批判』が誕生した当時に流行していた新聞批判についての唯物論的な見方を通して、しばらく『現代新聞批判』の紙面に展開された新聞人に対する啓蒙の意味を考えてみたい。

新聞を資本主義のイデオロギー的産物として見なす観点は、代表的には『総合ジャーナリズム講座』の巻頭を飾った長谷川如是閑の「ブルジョア・ジャーナリズム」論や、また『現代新聞批判』の主要寄稿者となった早坂二郎が大宅壮一の編集になる『社会問題講座』に書いた「社会組織と新聞雑誌」などに顕著であろう。また『現代新聞批判』紙上でも、戸坂潤「新聞の本質的批判」(第八号)や梯明秀「ジャーナリズム主義」(第一一号)などを挙げることができる。

戸坂は、論説「新聞の本質的批判」の中で「新聞の問題と云えば実はジャーナリズムの問題であり、そしてジャーナリズムの問題と云えば、吾々によればイデオロギー論の問題に帰着するのでなければならぬ」と指摘している。それゆえ、新聞の問題は、階級性の問題と考えることができる。[10] 戸坂は別の論稿で次のようにも述べている。

新聞のイデオロギー性は、(略)新聞が単に新聞会社の主体的な財布条件に制限されるということではなくて、それであるが故に社会全体の客観的な経済関係に制約され、従って又それ故にその政治的諸勢力に制約されているということにあるのである。[11]

戸坂は、また新聞記者は「新聞出版資本家」と「記者」に分かれ、さらに後者は「営業部員」と「編集部員」に分かれるとしている。一般のイメージの新聞記者である「編集部員」は、戸坂によれば「終局に於ては新聞社インスティチュートの経済的・資本主義的・物質的基礎に貢献することを原則としなければならぬ」と明言している。それゆえ、新聞の「報道」は、もっぱら新聞の利益の「広告」的反映という性格をもっており、また記者の書く社会記事の「批評」性もまた新聞の利害によって制限されたものであると指摘している。

だから太田が先に書いたように、一般の「記者」は、「新聞出版資本家」からの不当解雇や生活権の侵害の危険性に直面していながらも、まさにそれゆえに彼のジャーナリズム活動は本来的に「イデオロギーのエージェント」になっている。

ではどのような角度から新聞自体の「批評」すなわち「新聞批判」が可能であろうか？　もちろん戸坂の議論では新聞のイデオロギー性を暴露することで新聞の批判が可能になるのだろう。梯明秀の言い方を借りれば、「批判の問題がではなく、批判そのものが、問題にされなければならぬ。さて現実の歴史的矛盾の問題を、あたかも階級問題として把握しうるものは、ただプロレタリアートのみであった」し、資本制社会の「自己疎外」（現実的形態としては失業）を問題視するのは、まさに「プロレタリア・インテリゲンチア」の使命であるとしている。(12)

このような唯物論的なジャーナリズム論の中で、太田が積極的に論陣を張った一線の新聞記者たち（戸坂の「編集部員」、梯の「プロレタリア・インテリゲンチア」）への啓蒙は、両義的な性格をもっていたと考えられる。一方では、資本主義擁護のイデオローグの一機能としての役割からすれば、新聞人の啓蒙自体が意味をなさない行為といえる。しかし他方で、梯のいった意味での「プロレタリア・インテリゲンチア」の使命を自覚することによって、本来的な大衆の利益に合致するジャーナリズムを作りだすという点で積極的意味をもつ可能性もあるかもしれない。そして『現代新聞批判』の基本的なスタンスは、この後者のはなはだ難しい選択肢を採用したといえるものであった。

それゆえ新聞人の啓蒙は、また新聞経営陣への批判や人材育成の要請に連なる問題であった。後者の問題は、経営的観点からの望ましい人材育成では無論なく、組織からある程度独立した批判的精神の持ち主たる記者の養成に力点が置かれて論が展開されている。

新聞経営陣への批判としては、太田の「新聞を支配する力」(一九三四年一月一五日)、「朝日の重役に与えふ」(一九三四年三月一五日)などが挙げられる。これらの論説では利益第一主義への批判や広告主への過剰な配慮が非難されている。また人材養成論としては、太田の記事だけみても、「新聞記者の待遇」(一九三四年二月一五日)、「新聞の幹部養成論」(一九三四年四月一五日)などがある。

良き新聞を作るための良き記者養成の不可欠の条件は待遇にある。ウンと月給を奮発して、生活に弾力を持たせ、同時に時間的の余裕を与えなければ決して良い記者は生れない。(「新聞の幹部養成論」)

門奈直樹は、生活権の保障を求める記者たちの連帯的運動が、やがてファッシズムの潮流に抗するジャーナリズムの集団行動として高まることを、『現代新聞批判』は遠回しに試行していたと解釈しているが、それは確かに言えることだったにちがいない[13]。

例えば、太田は社説欄の貧困を説く時にも、安易に外部の著名著者に書かせるのではなく、内部の人材を活用しなくてはいけないと主張している(「社説欄を大改革せよ」(一九三四年六月一日))が、これもまた人材育成がいかに新聞の質の向上と結びついているかの認識を示すものといえる。

次第に厳しさを増してくる政府と、また新聞自らの言論の統制・自粛の圧力に抗するためには、独立した批判精神の持ち主たる記者がどうしても必要になると、太田らの眼には映ったにちがいない。言論統制を論じた論説は、当然ながら枚挙できないほど多いが(「言論自由の聖戦へ」(一九三四年一月一日)、「言論統制の問題」（一九三四年二月一日）、「通信の統制と新聞」（一九三四年九月一日）等）、非常時ジャーナリズムに直面して十分なる言論と公正なる論議を尽す「勇敢なるジャーナリズム」を、太田は切望していた（「創刊三周年を迎えて」（一九三六年一一月一日））。

論説「反動の嵐に抗して――ファッシズムと新聞」（D・E・F、一九三六年一月一日）には、太田が述べた「勇敢なるジャーナリズム」への時代的要請が次のように表現されている。

「五・一五事件を契機として醸し出された所謂非常時の圧力によって日本のデモクラシーは危機に瀕している。言論と報道の自由は極度に制限を受けている」とし、また大阪朝日や大阪毎日などの新聞経営者も無抵抗である。それゆえ、「新進気鋭の自由主義的な若手記者」に大きな期待が寄せられるのである。

確かに、太田やまた『現代新聞批判』の多くの論説は、今から見れば常識的で、また微温的な性格が強かった。それは『現代新聞批判』のスタンスである大新聞内部からの改造に期待を寄せるという選択の帰結であったともいえるだろう。だが、それでも『現代新聞批判』は、日本的な〝ファッシズム〟の嵐の中で、それに抵抗する最後の砦のひとつとして機能していたことは疑い得ないことでもある。(14)

三　『現代新聞批判』における住谷の新聞批判

住谷が新聞自体への批判的論説を書いたのは、『現代新聞批判』が初めての経験である。瀧川事件に際して時論的なテーマで書いていたとはいえ、不慣れはぬぐえないことだろう。しかし住谷は次に整理するように、実に多彩な切り口から数多くの論説を『現代新聞批判』に寄稿している。

（1）新聞紙面への批判（一般論）（2）新聞紙面への批判（時事的問題との関連において）（3）新聞経営の問題点（4）言論統制（テロ問題を含む）関係（5）戦局報道のあり方（6）挿絵評（7）ニュース映画関係（8）書評（9）人物評論（10）学界論争史（11）統制経済論関係（12）地方のジャーナリズム（13）ファッシズム批判

このようにおおざっぱに区分することができようが、以下では（1）から（10）までのいくつかの論説を検討しておきたい。（11）、（12）については松山時代を扱う第七章で、また（13）は次章で取り上げていくことにする。（1）から（5）は、住谷の論説だけでなく『現代新聞批判』自体の基本的な特徴にもなっている。

住谷は創刊当初からのメンバーであり、その寄稿期間は一九三三（昭和八）年一一月一五日の創刊号「大朝大毎の挿絵評」から一九四一（昭和一六）年一月一日の「河村瑞軒の行動と統制経済」まで、座談会を除くと百件を軽く超える原稿を書いている。

住谷の『現代新聞批判』における投稿の特徴をおおまかに見てみると、渡欧前は新聞批判自体を主流にし、渡欧中は特にナチスドイツの文化・社会の批判、渡欧後は大学人・文化人の批判が主流と、主に三つの区分をすることができる。ただ渡欧で見聞した記事を抜かせば、どの記事も直接住谷が取材活動を行ったものではなく、学究肌らしいデスクワークのみの産物であったことは一定の限界を生んでいたように思われる。しかし「多少の言語の制約はあったもののテーマによっては自由な執筆ができたので楽しい思い出のジャーナリストの第一歩であった」と述懐する通りに多彩で闊達な筆で書かれたものが多い[15]。

住谷自身のジャーナリストとしての方法論の特徴は、先にも指摘した通りに、一種の「歴史的方法」であり、現在の問題を過去の由来（すなわち責任の典拠）を明白にしながら批判的に検討する手法である。この「歴史的方法」は、前記の分類の（9）人物評論や（10）学界論争史では如何なく発揮されている。

次に前記の分類にしたがって個別に住谷の論説の内容をみていくことにしよう。

（1）の新聞紙面への一般論からの批判としては、主に新聞の公共に対する信用性を要求することと、また新聞紙面の定型化の弊害を指摘することの二つが主要な論点であるといえよう。

「新聞と嘘の公認」（一九三四年三月一日）では、大新聞が「客観的報道主義」を喧伝しているにもかかわらず、それは単に安易な事実の伝達にしかすぎず、批判的に報道の内容をチェックするものではないとし、むしろ「その報道の中には良心を麻痺させている報道の仕放しがあり、嘘をも公認して報告して平気でいる」事態の深刻さを問題にしている。

「新聞におけるシンシリテイー——信用回復への一つの問題」（一九三八年一月一日）でも、「大衆には大衆の良識なるものがある。それは高級なる学問研究の結果獲得したものではない。われわれの現実の社会生活の事実が教えたものである。この良識は批判する。如何なる権威を装ふた大新聞をも批判するのだ。それは何よりも新聞での記事の嘘か本当かを殆ど直覚的に批判するのだ」として、ここでも大新聞を中心にしたジャーナリズムの信頼性について警告を発している。ある意味で自明なほど単純な理屈で、新聞に報道の真実への真摯な態度を促すのは、それほど大新聞の信頼性に疑問がもたれていたのかもしれない。当時、流行していた匿名記事について、住谷は匿名記事の信ぴょう性に疑問を呈しながら、「新聞匿名批評の貧困」（一九三七年一一月一日）と題して書いているのも同じ趣旨によるものである。

このような観点は、時事的・具体的な事例にあてはめてさらに議論が深められていく（（2）分類の論説）。

二・二六事件や廣田内閣組閣に際しての新聞報道のあり方について、次のように住谷は述べている。

二・二六事件が勃発したとき、新聞は一様に黙りこくって、事件の真相を伝える努力を怠った。廣田内閣が生誕すると、新聞はそのまま客観的に報道した。馬場蔵相の抱負がそのまま印刷され、寺内陸相の見識がそのまま放送され、地方官会議における各大臣の政策が印刷され、国体明徴や自由主義排撃のかけ声に恐れをなして文相の引き受け手がなく、やっとこさで平生氏が乗り出すと僅かに新聞は、どこかに希望様のものをつつましやかに少しばかり書いて責任を果したつもりでいる。その日その日の論説欄で最も痛切な問題を必ずしも取上げて論ずるわけでもなく、よし立派なテーマを問題としても回りくどい遠慮がちの議論を述べてささやかなお茶を濁しているに過ぎない（略）新聞に最も重要な堂々たる政治性はどの新聞にも見られない。新聞はすべて一様に定型化した印刷物であるかの観が濃い。（「新聞の定型化　批判精神の欠如」（一九三六年四月一五日））

新聞自体の「社会の木鐸」としての指導性や批判性が著しく欠如しているとし、現今の新聞が「徒らに賑やかに多面的に興味本位に盛り上げ万人共通のセンセーショナリズム」に陥っているとする。批判精神の欠如はまた、新聞紙面の定型化を生んでいることも指摘し、「最近の新聞における政治経済財政への批判的な立場よりせる記事は多くは社外の署名入りの論文であり、新聞社の新聞的見地よりせる批判は多くは曖昧な責任回避的な回りくどい論文」であると辛辣に断定する。

このような新聞の批判精神の欠如の原因は何に由来するのだろうか？　住谷は、大新聞の経営体制や経営方針にその因を求める（（3）の分類の論説）。

「俗名を買被る新聞」（一九三四年五月一日）では、新聞社が、総合雑誌などで有名な人士を「突如として高給社員格」として招聘し、「爾来の多数無名の平記者の犠牲」を強いてまでそのような人気取りに走ることは「新聞道の邪道である」と書いている。これは太田らの論説の内容であった、新聞社経営陣は、もっと身内の記者たちに金をかけて養成を図るべきだとの論旨と通ずるものがある。同じ論説では、続けて次のように経営陣の人事政策の過誤を突いている。

明治の大記者岸田吟香、柳河春三、福地桜痴、栗本鋤雲、成島柳北、藤田茂吉、末廣鉄腸、沼間守一、福沢諭吉、島田三郎、黒岩涙香そしてその頃の徳富蘇峰等々が、それぞれの個人的特質を以て自己の新聞を輝かしいものに為し得た時代と時代が違ふ。現在は商品としての新聞を作りつつ社会の木鐸たることを期さねばならぬのであるから、ただ資本力と組織的活動が必要なることは言うまでもなく、某々個々の名士によって如何とも為しえぬのである。それにも拘らず大新聞の重役諸公の如上の人事は、再び言ふ新聞道の邪道である。

新聞が外部の権威に頼るとき、それは新聞社内部の人材の払底に繋がるだろうし、それが結局は新聞の批判精神の欠如、また新聞の「社会の木鐸」としての指導性の欠如にも繋がると住谷は考えていたのだろう。時代が降って、日中戦争以後、時局批判が実質上不可能に近い状況になっても、住谷は次のように新聞の指導性について述べている。

この予測を許さぬ非常時局に対して、単に政府の対支諸政策や日独文化協定の客観的報道を大々的に為し、或は朝野の名士をして、個々の抱負・対策を語らしめるに止まらず、積極的に時局対策をリードする覚悟があって欲しい（略）この際における新聞の積極的活動こそ望ましいものであり、官僚政治家・学者等々の個別的見解の客観的報道や紹介を以てこの大転換期のイニシアテイヴを採るべきである。これが新聞が社会の真の木鐸としての使命〔である〕(「新聞よイニシアテイヴを採れ」(一九三八年一二月一日))また新聞が「挙国一致体制」や「全体主義」の「美名」を借りて、その裏面では自らの会社の利益獲得を図るという行為を、住谷は『本社』イデオロギーと全体主義」(一九三八年六月一五日)で非難している。この時期(一九三八年以降)における住谷の新聞批判のスタンスは、「上からの統制」への限界を、国民の「経済倫理」や「イデオロギー」の変更によって打ち破り、一層の総動員体制への編入を促し、そのための啓蒙としての新聞の指導性を求める、という論説の構成をとっている。しかし、力点は、むしろ安易で狂信的ともいえる日本主義への回帰を、慎重に自制するように、新聞が率先して指導すべきだという所に置かれていることに注意したい。

(4)の論点に関わる論説は、滞欧時代のナチスの言論・文化統制批判などにも見ることができるが、国内の動向に関連して、住谷は言論テロの勃発や、政府のさまざまな言論統制のあり方に、ナチス政権と同様のファッシズムによる力の脅威を重ねて描いた。

「言論圧迫の妖怪」(一九三九年五月一五日)では、東京朝日新聞への暴徒の切り込み騒動を題材に言論テロを批判している。当時の東京・大阪朝日は、陸軍を中心に「反軍・朝日」と睨まれていた時期でもあった。まだかろうじて軍部批判への途が開いていた、その可能性を潰す手段としてのテロを、住谷は「言論を圧迫しようとする暴力団の妖怪」と非難している。

政府による言論の自由への圧迫については、住谷は「特別議会と言論の自由」(一九三六年六月一日)でその抱懐する主張を丹念に述べている。この論説は、二・二六事件後に開かれた特別議会の様子を題材にしたものである。特別議会では斎藤隆夫の有名な「軍部批判」の演説が行われた。

国家はその本質上よりして言論に一定の限界を設けて置くわけであり、たとひ立憲主義の国家の議会においてさへも、言論の絶対的自由が許されるものではないことは、今更言ふまでもない。しかし如何なる程度に言論が自由であるかといふことは重大なことであり、特に議事公開を原則としている一国の議会においては現実に言論の自由が如何なる程度に許されているかは、その国の真価を測定する契機たるものである。従ってまた明朗にして正常なる国民生活を営まうとする国家の構成員のすべての不断の努力も亦、言論の自由の範囲の拡大に向かっているわけである。

以上の観点からいえば、斎藤の反軍演説も一定の評価はされるが、結局「斎藤氏の演説と寺内陸相の答弁によって、国民大衆は、二・二六事件に関してどれだけの明確な事実を知り得たであろうか」、と疑問を投げ掛ける。大新聞も斎藤演説はとりあげるが、一方でより具体的な軍部将校への批判を行った津村重舎や「尾崎行雄氏の聖旨奉載決議案への賛成演説」については口を閉ざしている、と指摘する。「今度の特別議会」を「言論の自由の限界への一つのテスト」とみなす住谷の眼には、議会と新聞の安易な問題回避の態度だけが映ったにちがいない。

日中戦争後は、住谷は多くの戦局報道論を書いている。その趣旨は、美談製造中心の新聞報道やニュース映画のあり方に疑問を投じ、華々しい戦局の第一線より戦争の舞台裏を伝える「第二線」以降の戦局を報道すべきだというものが多い。それは暗に戦局報道の客観性が著しく損なわれているとする認識を、可能な範囲で言葉にしたものにほかならない。「支那軍への認識」(一九三七年八月一日)、「低調極まる文壇人の通信」(一九三八年一〇月一五日)、「皇軍の日常生活を報道せよ」(一九三八年七月一日)、「戦局の全面的報道」(一九三七年一一月一五日)、「朝日特派員と『支那兵のつよさ』の認識」(一九三八年一月一五日)、「戦争目的の推移と大陸版発行」（一九三九年一月一五日）などが書かれている。例えば「戦局の全面的報道」では次のように論じている。

「これら〔新聞とニュース映画〕における戦局ニュースなるものは、各社挙げて、戦線第一主義の報道である。最前線の勇壮美談であり、これと結ばれた国内の壮絶美談である」が、しかし「われわれはあくまで事実の正しい観察と把握を希ふ」、「われわれは戦局を全面的に正しく知りたい。第二線以下において、我軍が如何に人の知らない労苦を、如何なることに傾けつくしているか」を知りたいのだと書いている。

しかし、このような住谷の戦局報道批判も、必ずしも首尾一貫しているわけではなかった。弟の画家住谷磐根《いわね》が従軍画家として揚子江河畔を軍艦出雲で遡航している時の場景を、あたかも「勇壮美談」のごとく『現代新聞批判』紙上に書いてしまうこともあった（「神技—出雲の射撃—上海戦ローマンス」（一九三八年一〇月一日）、「海風の射撃は那須の与一かな——揚子江遡江ローマンス」（一九三八年九月一五日））。その意味では、親族には甘い住谷の脇の弱さを責めることはできよう。

住谷磐根（一九〇二—一九九八）は、悦治ら八人兄姉弟の五番目であり、画才の豊かな兄弟の中でも飛び抜けてその天賦の才を見せていた。県立勢多農林学校を卒業後、しばらく家業の養蚕業に従事するが、やがて決意し画家となるため一九二二（大正一一）年に上京した。主に未来派・表現派の影響の強い画風を習得し、各種の公募展に入選し、また前衛絵画運動（マヴォー）にも積極的に関与した。磐根は、海軍の従軍の経験を機に、その著作『布衣《ほい》』の略歴によれば、「民族意識たかまり、東洋画に逐次転向」したという。(16) 磐根は、自らも『現代新聞批判』に従軍記録を寄稿している。

住谷はニュース映画を重視しており、『現代新聞批判』でも「ニュース映画の統制」（一九三八年九月一日）、

「ニュース映画と写真画報——日支事変について」（一九三八年一月一日）などを書いていることが注目されよう。このニュース映画を扱った記事は、映画好きな住谷の関心に合うものであったが、趣味からいえば、絵画に対しても相当なものであり、その蘊蓄は『現代新聞批判』の記事にも活かされている。

特に挿絵評は、住谷の得意分野であったらしく、創刊号への最初の寄稿が「大朝大毎の挿絵評」（一九三三年一一月一五日）であったし、それ以降も『三家庭』の挿絵」（一九三四年二月一日）、「新聞小説挿絵評」（一九三五年九月一五日）、「新聞と挿絵の魅力」（一九三五年一一月一五日）、「新聞小説家と挿絵画家相互の内的コンビ」（一九三六年七月一日）、「新聞挿絵評」（一九三七年二月一日）と多い。『現代新聞批判』は、挿絵以外にも、新聞のデザインや写真評などにも多くの紙面を割いており、住谷の論説はその特色の一角を担っていたといえよう。

住谷の書いた書評についても簡単に触れておく。代表的なものは、書評というよりは広義の戦争論ともいえるものだが、「武藤貞一氏著『戦争』を読む——国民必読の書」（一九三六年一二月一五日）がある。この書評には、住谷自身の「戦争」体験について言及がされている。

時代はさかのぼるが、一九三一（昭和六）年に上海事変が勃発し、当時同志社大学に在職していた住谷は、後備役召集を受けた。(17) 盛大な京都駅での同志社全学の歓送を受けて、住谷は入隊のために上京した。その時の情景を、弟の完爾は次のように書いている。

京都から帰って来た兄は、入隊の為に髪を丸刈りにした。その丸刈り頭のてっぺんに直径二糎程の禿が出来ていた。今でいえばストレスによる脱毛であったかも知れない。召集ということが極度のストレスであったのではないかと思うが、兄はこの禿を気にして、村役場へ挨拶に行くのに羞ずかしかったのであろう、「完ちゃん、この禿に墨を塗ってくんない」と言うので私は濃く摺った墨を禿に塗ってやった。つるつるした禿の肌に仲々墨がうまくのらなかったことをおぼえている。幸い痔を持っていたとかで即日帰され、夜になって家のくぐり戸を開けて這入って来た。家ではてっきり入隊したものとばかり思っていたので、母は幽霊ではないかと「悦治かい！」と言ってびっくりしたが、「幽霊じゃないよ。証拠に饅頭を食べて見せようか」と言ったとかで、親戚までこの話が伝わったという。[18]

実は入隊が取りやめになったのは、同志社法学部の林要が、配属将校の高木大佐に依願して手を回していたからであった。[19]しかしこの召集をめぐる体験が、住谷に上記したような重い精神的重圧を与えたことは疑いない。上記のエピソードには今から見るとユーモラスなところもあるのだが、本人の苦悩は大きかったのだろう。武藤『戦争』の書評にも、「私は軍隊生活の経験もあり、上海事変に動員されて一時死を決したつきつめた気持ちも体験した」と書いているほどである。

このような「戦争」体験ゆえに、「私はただ非常時のかけ声に調場を合せて戦争を云々するのではなく、真剣に戦争そのものを、戦争の真相を知りたいのです」という住谷の切実な発言につながっているのだろう。

四　『現代新聞批判』における人物論

大宅壮一は『ヂャーナリズム講話』(一九三五年)の中で、現在は「人物論時代」であると、大宅らしいレトリックで時代の批評のあり方を論じている。大宅自身そのものズバリの月刊誌『人物評論』を手掛け、当時のジャーナリズム、学界、政界に活躍する有象無象の人物を軽快に痛罵し、閉塞しつつあった言論界の一服の清涼剤たる役割を果たした。大宅はなぜいま「人物論時代」なのか、次のように説明している。

一般的にいうと、平和な時代には原理原則論が盛んで、動揺期、変革期には人物論が栄える。（略）ファッシズムには、行動はあっても、原理、一貫した思想体系はないといっていい。問題になるのは、行動の理論的背景ではなくて、だれが行動するかということである。[20]

ありていに言えば、思想に切り込むリスクよりも、個々具体的な生活的・下半身的なゴシップの方が取り締まられたり、言論テロに曝される危険性が少ないというわけだろう。実際に、『人物評論』が刊行された時期を前後して、評論界では人物評論が隆盛であった。例えば、馬場恒吾は保守派政治家や財界人らの人物評で根強い人気を博していたし、また大宅自身も「ニセ・マルクス四兄弟」、「遊蕩『人格』四兄弟」などを書いて評判を得ていた。[21] 大宅は、先に見たように新人会を扱った人物評論の中で、住谷について「マルクス主義」に立つものと論評していた。[22] また『人物評論』の他の記事中では、住谷の批評スタイルは「住谷式総花主義」であると揶揄してもいた。[23]

住谷は戦後、自らの人物批判の基準が、「歴史における個人の地位」にあったと述べている。

人物の歴史的価値・歴史的意義という観点から、ある個人が歴史の流れに阻止的であったか、促進的であったか、歴史の車輪を逆に廻すことに終始したか、前進への努力を注いだかに人物批判の価値を求めるようになった。もちろん個人に対する尊重とか、温かさとか、思いやりというようなことを軽視した覚えはないが、筆端走って時に酷評に近きことも少なくないであろう。しかしそれはその時、そのままの自分の論評者としての水準の高低を示すものであって敢えて現在に及んで懺悔する必要もなく、懺悔する気持ちも有たない。歴史によって批判されることを俟つのみである。[24]

住谷が書いた人物論は内容的には大学を中心にした社会科学専攻の学界人を対象としたものであり、つまりは言ってみれば住谷にとっては事情を熟知している身内の話題であった。それだけ記述は細微に亘り、具体的で説得力をもつ文が多い。また原稿の数は膨大なものがあり、こと『現代新聞批判』に表題として挙げられたものだけでも約六〇人について論評を行っている。『現代新聞批判』における住谷の人物論には、主要な連載ものとして、「大学教授華想曲」、「大学総長論」、「日本学者転向物語」、また「学界論争史」がある。この他に連載以外の「ＸＸ印象」とした人物評もある。住谷の『現代新聞批判』における最大の貢献は、次章で見るファッシズム批判とともに、これらのアカデミズム批判・学者批判にあるといっていいだろう。以下では、順を追って人物論の特徴と主要内容を見ておきたい。

五　人物論の諸相

人物論の連載としては、「日本学者転向物語」が最初で、いわゆる佐野学・鍋山貞親の転向声明を契機として時代の流行語ともなった「転向」を主題にしている。

この頃「転向」ばやりである。いつぞやの佐野・鍋山などといふ御連中の転向をきっかけに天下「転向」また「転向」。一時華やかりし左翼社会運動家の見事なる転向振り、左翼文士の転向振り、つづいて左翼思想家の転向。その名を一々あげるならば数十指を屈するも尚ほ足らざる有様である。その見事なること、日本海大海戦において、バルチック艦隊を迎へ打ったる東郷司令官の敵前大旋回以上である。（一九三五年一〇月一五日）

こと学者の転向の思想・論理的矛盾は、一種の「悟り」の境地にも似ていると皮肉る。「精神の自覚、乃至信念の飛躍による転向学者」は、「論理の糸を辿って、その変説の跡を調べることはできない。一つには主観的な自覚という点においてのみ、理解するの外はない」（一九三五年一一月一日）。住谷が暴いていく「主観的な自覚」とは、立身出世への欲求や自己保身といった「自覚」である。

住谷はこのような学者の転向のケースとして、加藤弘之が史上最初の人物だと論じている。加藤の転向は、立身出世を目的とするものであり、思想的な転換のために自由民権運動家から極端な国家主義者になったのではないと住谷は指摘する。立身出世主義に対する住谷の厳しい批判が、以後の「学者転向物語」の主調音をなしている。

「学者転向物語」で対象となった人物は、加藤弘之を初めに、上杉慎吉、今中次麿、中島玉吉、黒田寛、谷口吉彦、石川興二、田島錦治、岡田良平、五來欣造らである。既存の体制の中で時流を見ることに長け、自らの立身出世のためには信条や思想的立場を変更することも厭わない学者たちに対する住谷の舌鋒は、軽快な中にも毒をふんだんに帯びたものとなっている。例えば、ここでは住谷の学問上の師たる吉野作造と河上肇から離れていった人物——今中次麿と石川興二の二人——についての住谷の論評ぶりを見てみよう。

初めに、住谷と同じ吉野作造門下の先輩にあたる今中について。

「故吉野作造博士の愛弟子の政治学者は相当に多いが、今中次麿教授はそのうちの派手な学徒の一人」「吉野博士のデモクラシーの伝統を継ぎ自由主義教授」として評判が高かった。「同志社大学から欧州留学をし、帰りの船の中で偶然読んだケルゼンに傾倒した教授は、少なくともケルゼンに共鳴する程度の進歩性があった筈である」。しかし「北九州の反動的、右翼的人士からいたく非難され攻撃され」、今中は自らの保身のために次のような立場に転換する。「即ち手取り早く言えば今中教授の政治学思想、公法的立場の実現のために、ファッシズム独裁が必要であるといふのである。驚きいった転向振りであって、素人のわれわれには到底論理のあとを辿って行くことができない」「今中教授によると、ムッソリーニやヒットラアは自由主義を防衛するためにファッショ的独裁をやっているといふのだ」「ヒットラア内閣で最近つぎつぎに発表し、強行している新聞紙条令や、人種問題など、あれでも自由主義の防衛になるわけである」（一九三五年一一月一日）。

住谷は、今中と戦後も親密な交友をしており、この論説の趣旨は知友なるがゆえの論戒といった意味を持っているのかもしれない。

石川興二に至っては、思想的なはっきりとした発言に対してよりも、その人物の親交のあり方や人柄、また学問の水準に亘って疑問を投げ掛けるものになっている。

「氏は、声を大にして思想転向を兎や角言はれるほどの転向も改宗もしていないらしいからである。それにも拘らず、「変だなア」といふ感じ、割り切れないあるものを懐《いだ》かせる一つの存在である」、「氏の経済学上のうん蓄」がかなり怪しいものだと断定し、また石川の師であった河上肇への冷淡な態度についても批判を加えている。

住谷の学問上の師であった吉野や河上へのつれない態度が、今中や石川の人物評が批判的となった背景にあり、その意味でも住谷の私憤が前面にでているといえた。

「大学教授華想曲」は、ほぼ批判一色ともいえた「学者転向物語」に比べて、住谷自身の盟友、師や同僚など好意的に論評できる人物が多く登場している。また相変わらず攻撃的論評も冴えをみせているので、肯反織り交ぜたまさしく一場の「華想曲」にふさわしい論説といえる。住谷はこの連載の意図を次のように述べている。
大学教授のナンセンス狂想曲は、しかし今に始まったことではなく、大学なるものが誕生した抑々《そもそも》の始めからの伴奏曲であったらしい。貧弱な大学教授が特別な尊敬を払われたり、不当の利得をしたり、世間からチヤホヤ甘やかされたり悪らつな陰謀をめぐらせて他人を陥入れたり、立身出世のために下劣、下等のあらゆる限りの醜態をも敢えて厭わなかったりした数々の歴史生きた事実を、ここに展開して、読者諸君と共に、大学教授の世界の正体を正視したいと思ふ。社会人は、いまこそ大学教授を再教育して、彼等の愚劣とナンセンスからの純真な学生大衆を救ふことに努める必要があろう。

（一九三六年三月一日）

論評された大学教授（及び関係者）は、伊藤博文、穂積八束、織田萬、山田三良、千賀鶴太郎、松波仁一郎、岡田朝太郎、勝本勘三郎、河合栄治郎、土方寧、高野岩三郎、ここから一時中断して、牧野英一、山本一清、成瀬無極、末弘巌太郎、矢内原忠雄、新明正道、天野貞祐、富井政章、穂積陳重、梅謙次郎、大内兵衛、田中耕太郎、小野清一郎、吉野作造、和田垣謙三、黒正巌、湯浅八郎、末川博、瀧川幸辰、田村徳治、田尻稲次郎、宮崎津城、井上哲次郎、戸水寛人、高橋作衛らである。全体的には当初の執筆意図とは異なり、住谷が肯定的な評価を下している人物が並ぶことになる。

ここでは天野貞祐についての論評を見ておこう。天野の著作『道理の感覚』（一九三七）にまとめられることになるが、天野は高田保馬の貧乏論を批判した。高田は独自の観点から失業やまた一国経済の衰亡は、過度な消費に主な原因があるとして、「貧者」の生活が経済の発展の基礎であると唱え、また倫理的な意味でも正しいと主張した。この高田の貧乏論を、カント哲学の研究で著名であった天野は、「教授〔高田のこと」の議論を読むと生活が低くあればあるほど大なる報謝を意味し、低き生活は即ち道徳である、という意味に解せられる。もし仮に社会的享受が少なくありさえすれば報謝の道に適うというのならば、死んでしまうのが最上の報謝とならざるを得ない。またもし『貧乏が即ち道徳である』とするならば換言すれば貧乏という事実が直ちに道徳的意味を有するならば、我々の社会は有徳者の多きに苦しむわけである」と痛烈に皮肉る。[25] さらに高田は貧乏であることが生産費の安さに通じ、それが日本製品の国際競争力につながる、と主張している点についても、そのようなダンピングがもたらすものは、『貧者必勝』というも必勝者は貧者ではなくして貧者を利益の方便とする少数者だ」と断じている。[26] 住谷は、このような天野の高田批判を全面的に支持している。住谷は高田の貧乏論については、戦後も『夕刊京都』などで数回批判的な記事を書いている。

▲高田保馬
（高田保馬博士追想録刊行会編『高田保馬先生の生涯と学説』創文社, 1981年）

> 貧乏というのは食べないということではない。虚栄心が充たせないことだと仰言る。だから虚栄心を捨てれば貧乏問題の解決などへっちゃらである、というわけである。（略）なるほど大阪駅の前等には痩せこけて黄色い顔したヒョロヒョロの少年がたくさん生活標準を下げてうろついている。（略）これがあの〔高田の〕邸宅内からの世の中の貧乏解決論である。
>
> （『夕刊京都』第四号）

住谷の大学教授に対する批判や評価は、関西を中心とする知識人社会の噂をベースにするものが多く、決して事実の丹念な取材に基づくものではなかった。例えば、師の吉野作造についてさえも、事実の誤認を身内といえる鈴木東民から『現代新聞批判』紙上で指摘されるなど、誤りも多いと思われる。それでも住谷の人物論は、この時代の知識人社会の複雑な人間関係をある程度写しだすことに成功しているといえるだろう。

別の連載物の「学界論争史」は、いわば日本経済学史のダイジェスト版ともいえる側面を持つもので、住谷が『現代新聞批判』に書いた記事の中で最も学術的・歴史的な話題が並び、また野心的な内容といえるものになっている。この連載の通奏低音というか方法論は、表立ってはいないが、弁証法的唯物論であり、その意味でも住谷の学説史の方法論が採用されている。

歴史は創造的過程であり、それは矛盾の発展である。世界は矛盾をそのうちに内包しているが故に不断の「動」である。固定静止することがない。矛盾が運動を促し、運動は生成となる。生成の過程は創造の過程である。かくて世界は創造の過程において同時に矛盾の発展して成立しているのである（略）ここで論理は一足飛びに飛躍する。学問の発達史上矛盾はつきものである。矛盾は現実には論争となって現われてくるわけで、学問の発達史即論争と云ってもいいほどであろう。もちろん、論争は時と所によってそれぞれ異なった形を採るであろう。（一九三八年一二月一五日）

「学界論争史」で採りあげられた話題は、金井延とボアソナードとの社会・労働問題に関するものをはじめに、登張竹風と坪内逍遥のニーチェ論争、高山樗牛と坪内逍遥との歴史画論争が続く。また社会政策学会の論争を簡潔に紹介し、河上肇についても多くを書いている。後に『排曲学論』の解説と編集にまとめられることになる、都筑馨六と酒井雄三郎とのデモクラシー論争も二回にわけて連載されている。後半は、左右田喜一郎の経済哲学、河合栄治郎らの大学論争が続き、いわば同時代史が綴られていく。最後は、大河内一男と北岡寿逸との社会政策の本質をめぐる論争で、当時の住谷の社会政策に対する立場も反映していて興味深い。両者の論争点を、戦時下の社会政策の性格がなんであるか、さらに突き詰めて社会政策の本質は何か、を巡るものであると指摘する。住谷は大河内の社会政策の立場を以下のように整理する。

　社会政策は経済機構とは超越的な関係に置かれるべきでなく、まさに社会政策を経済機構の再生産との連関において把握し、従って経済社会の再生産における人的要素の確保・保全並びに強化・陶冶という点において、即ち経済機構の再生産過程の社会経済的の裡からこれを理解しなければならぬし、そういう立場からのみ社会政策は経済機構のうちにおいて、正しい位置を与えられるのであるというのである。（一九四〇年三月一五日）

▲大河内一男

住谷は大河内の主張に賛意を示し、「頗るガッチリした理論的組立であると思う」と評価する。また赤城和彦のペンネームで書いていたので、大河内的な社会政策を支持する論稿として『松山高商論集』に掲載された自らの論文「戦時統制経済と社会政策との交渉」

等をあげて、「戦時社会政策への新しき反省の所産」と自画自讃している。住谷の社会政策論の特徴については、第七章で改めて検討しよう。

「学界論争史」のように学術的な要素をもった記事も多かったが、住谷の書いた『現代新聞批判』での人物論の底に一貫して流れる感情は、組織の力を利用して理不尽に他者を攻撃する者に対する怒りの感情であった。その怒りの感情は、時には自らの体験と重なることで激越な一文となって表われることもあった。

例えば、学者の社会の頂点のひとつともいえる大学総長について書いた「大学総長論」の連載の中で、同志社の前総長(当時)で故人となっていた大工原銀太郎を取り上げた際には、その怒りは頂点に達していた。「首切り総長」といわれ、住谷自身も退職したときに総長であった大工原は、「美しき家族主義を看板にするキリスト教大学に於て、甚だしく非家族的、冷酷無慈悲の処置(左翼的な教授の首切りのこと)を敢えてしているのである。かくの如く、厄介者は追い払えば済むという官僚主義的な処置をして、しかも『敬天愛人』をモットーとし、隣人を愛せよと説教し同志社の家族主義を高らかに振りかざしていたことは彼への千百の頌徳表も熊公の放屁一発にも値しないと言ってよろしかろう。特に偽善・虚偽を蛇蝎視する厳格なるキリスト教道徳よりの裁断に照合はしたならば。以上はQ・P(住谷の筆名)の単なる無責任の放言ではないのである。地下の大工原博士よその胸に手をあてたまま克く考えられよ。アーメン」(一九三六年一〇月一五日)。

戦後、住谷が奇しくも同志社総長に就くことになったが、そのことは「首切り総長」への最高の皮肉であったかもしれない。

第五章　滞欧の日々――ファッシズム批判

一　欧州への旅路

住谷は同志社大学を辞職後、いったん義弟の堀江友広の居宅に家族ともども身を寄せた。住谷は『現代新聞批判』に関わる一方で、かねての念願であった欧州への見聞旅行を目論んでいた。友人であった恒藤恭が奔走して、文藝春秋の菊池寛や京都新聞社長であった後川晴之助に住谷を紹介し、欧州特派員として資金を提供することを約束させることに成功した。また堀江が積極的に動いた末、当時日本労働総同盟の海員組合長であった米窪満亮に話が行き、その結果海外航路の汽船に運賃ゼロで行く手筈が整ったのである。米窪は、かって若き住谷に海外雄飛の夢を膨らませた小説『海のロマンス』の著者であった。結局、住谷の船員になる夢は、商船学校の受験に失敗したために果たせなかったが、不思議な縁で米窪の助けによって欧州への船旅が可能になったのである。

『現代新聞批判』と『文藝春秋』などには、住谷の欧州ルポが断続的に掲載されることになる。住谷はこの旅で、以前よりも幅広い視点から国内の動向を批判的に見ることができるようになったと思われる。また国内を離れて書かれた原稿は、いままでになく明るい筆致のものが多い。

住谷の旅路からの最初の報告は、『現代新聞批判』の「照国丸より——第一信」(一九三四年六月一日)である。「この照国丸はご存知の通り、現代造船技術の極致を示したもので、その設備の完璧と相俟って名実ともに欧州航路の最新鋭です。聞く所によると昭和四年十二月に進水、同五年六月にその処女航海に就いたものだといふ話で、総沌数一万二千沌、船の長さ五百二十七尺、平均速力十七ノットです。船客収容数は一等一二一名、二等六八名、特別三等六〇名だそうで、防火、救命設備は何れも最新式のものを採用整備してあるとのことです」等々、チャップリンが日本に来たとき利用したとも書き、住谷の饒舌な描写に、渡欧への興奮が伺われる。

照国丸は、最初の寄港地上海にしばし繫留する。住谷は、エクスチエンジ? エクスチエンジ? と喚声をあげて船上に乗り込んでくる現地の両替屋をかき分け、新聞連合通信社上海支局の部員に案内され、初めて異国の地に降りた。その胸中は感慨深いものがあったようである。

中でも私の一番胸を打ったのは、上海事件の際、よく新聞に出た激戦地閘北《チャペー》です。大きな建物が未だに倒れたままです。残っている建物には蜂の巣の様に砲弾の穴が空いていて、煉瓦や石が崩れて山とつもったままです。ゾクゾクとして鬼気が身に迫ってくるのを覚えました。[1]

住谷は戦災の跡の荒涼とした風景を、すべて将来への一つの負債だと考えつつしっかりと凝視した。あの上海事変で動員されたときの言い様のない心理的圧迫、死を覚悟したときの記憶がまざまざと蘇った。

上海事件に動員されて以来の私の全生活は「儲けもの」であるかのようです。同時に棺桶の蓋をうちつける音が不断にきこえます。そして胸が痛むような、うづくような感じさえするのです。[2]

香港では、同船していた三谷隆信、ヒルトン・デッドレー夫人と共にビクトリア・ピーク登山に出掛けた。三谷は内村鑑三の弟子でもあり、これからフランス大使館に赴任する途次であった。住谷の叔父の天来が訳したカーライル『英雄崇拝論』を読んだ感銘を三谷は船上で口にした。

ところで三谷の兄は著名な時代劇作家の長谷川伸であった。この長谷川伸の処女作『明治曽我』(一九一七(大正六)年)は、住谷の遠縁の一族が一八七三(明治六)年に起した〃住谷兄弟敵討ち〃に題材を求めたものであった。またデッドレー夫人も天来と旧知の仲で二〇年近く群馬の前橋で宣教師として活動していた女性であり、ヨーロッパ経由でアメリカに帰国する予定であった。

一行は途中、インドやエジプトなどに立ちよりながら順調な船旅を続ける。住谷がロンドンに到着したのは、一九三四(昭和九)年六月のことであった。

住谷はロンドンで四カ月間すごすことになる。東大ＹＭＣＡの先輩であり、横浜正金銀行ロンドン支店に勤務する久米邦武の邸に下宿した。

ロンドンでは、住谷は市街の見学や散歩それに文化史の学習に時間を費やしたようである。ロンドンの食料品店の日本食品の値段の法外な高さに驚き、街頭芸術家に感激した。また社会施設の研究のために、ニュー・クロッス・ゲートの労働者街やトインビー・ホールを、わざわざ労務者風のいでたちで見学に訪れたりもした。また週に三回はカール・リンデマンという老学究から古代文化史を中心とした講義を受講した。

住谷はロンドンでヒットラーのナチ党内における電撃的な粛正行動を知る。

「私は六月三十日の夜の十時ごろ、横浜正金銀行ロンドン支店のKさんから、ドイツでヒツトラアやゲーリングが、ロエム等の突撃隊の幹部や、シユライヘル将軍等を逮捕或は射殺したといふことを聞いて、これは大変なことをやったわい」と興奮を覚えた。(3) やがて住谷自身、ナチの横暴を目の当たりにすることになる。

二　ヒットラーの国へ

ロンドンからパリ、ブリュッセルを経て、ドイツ国境を越え、住谷はケルンに到着する。ケルンでは、ちょうど「ヒットラア青年の一周年記念日」であり、市内は祝賀でハーケンクロイツの旗が往来を埋めていた。ヒットラー率いる「新興ドイツ」の意気を住谷は感得する。ケルンで目前にしたドイツ青年たちの活力にあてられ、住谷は宿舎で興奮した一夜をすごした。

「経済的には或いは困っているかもしれませんが、ドイツの青年――将来のドイツの偉大さは決して馬鹿にできません」と住谷は書いている。(4) しかし、ナチス・ドイツに対するやや好意的な見方も、ベルリン入りしてからはまったく批判一色に変わる。

住谷が書いたナチス・ドイツに関する記事は、『現代新聞批判』では「ヒットラア清党行動の謎」(一九三四年一一月一日)が最初である。その後、主要なものとしては、『現代新聞批判』では「文化の逆転を強行するナチス」(一九三五年一月一日)、「ナチスの文化闘争」(一九三五年二月一五日)、「ナチスに荒らされたカールとローザの墓」(一九三五年四月一日)、「ドイツ新聞の没落」(国府亮一名義、一九三五年四月一五日)、「破壊されたドイツの医学界」(国府亮一名義、一九三五年五月一日)、「ヒトラアを取りまく華やかな女性たち」(国府亮一名義、一九三五年五月一五日)、「ドイツ新聞の観たる東洋の危機」(一九三五年六月一日)、「非常時ドイツにおけるゲーリング将軍の結婚式」(赤城和彦名義、一九三五年六月一五日)、「ナチスのインチキ　失業退治のからくり」(赤城和彦名義、一九三五年七月一日)、さらに『文藝春秋』に書き送ったものとしては、「ヒットラアの閃光的行動」、「ナチスの秘密警察」(国府亮一名義)などがある。これらの記事の共通点はナチスの文化政策や新聞マスコミ対策についての批判であり、言葉の端々に日本の現状とが重ねられていた。

「現在、ドイツでは、国内政治の批判が許されていませんから、尤も徳富蘇峰の日本政治批判の如き自由(?)な批判ならドイツでも許されるでせう……無言それ自体は批判です」、そして政治批判を行ったものは「労働陣営、まア態のいい懲治監獄」に連行され、強制労働に従事させられると書き、その横暴を批判している。またユダヤ人排斥にも触れ、それを「狂気沙汰だ」と非難した。(5) この記事にかぎらず、ナチス批判の舌鋒は日本での新聞批判等の記事とは比べようもなく自由で直裁なものが多い。

いまドイツ国内においてはナチスの資本以外の金によって新聞は経営され得ないし、ナチスの思想以外の思想を新聞に書き立てることは出来ないし、ナチスの記者以外の記者はペンを執ることを許されない。新聞の没落！　ハイル・ヒットラア！である。外の国でこんなのを真似られては堪らない

▲ローザ・ルクセンブルク

といふ気がする。[6]

またナチスの失業対策が、極めて劣悪な条件下での公共事業などへの強制労働にしかすぎず、「突撃隊」の監視下にあるので抗議の声も上げることができないと指摘した。しかも言論機関もナチス批判を禁じられている現状では、その失業対策のからくりも「民をして知らしめる」ことは不可能であると絶望的な状況を批判する（「ナチスのインチキ　失業退治のからくり」)。

論説「ナチスの文化闘争」では、宣伝大臣ゲッペルスとドイツの代表的指揮者フルトヴェングラーとの対立を描き、「非ドイツ的の一切のものを排斥し、ドイツ的なものの創作と宣伝につとめている」ナチスの文化政策を非難している。

これら一切のナチス批判は、日本でのファッシズムの活発化への警鐘であり、危機感の表明でもあった。ベルリンで目にした数多くのナチの暴行のうち、住谷がもっとも印象に留めているのは、ローザ・ルクセンブルクとカール・リープクネヒトの墓荒しの目撃であった。ローザとリープクネヒトは時の政府の兵士たちに撲殺され、遺体はウスレー河に投げ込まれた。後に、二人の亡骸はベルリン市民の手により、郊外のフリードホーフに記念碑《デンクマール》を建立すると共に、手厚く埋葬された。ローザは、住谷のまさに熱烈なる「尊敬愛慕」の対象であり、一目その墓地を見に行こうとカメラを片手に外出した時（一九三五年一月一五日）のことである。

フリードホーフへの雪道をとぼとぼ歩いていると、反対方向から労働者風の男が近づいてくる。男は住谷に、フリードホーフに行くのであればカメラを隠して行くように忠告した。共産党員のデンクマールを破壊しに、ナチの官憲が大勢来ているというのだ。住谷は礼を言いながらも強い好奇心に突き動かされて墓地へと向かった。

勇壮ともいえるデンクマールの上に労働者風の男たちが立ち、煉瓦を取り崩しているのが見えた。墓のまわりには制服、私服の官憲が数十人たむろしていて緊張した空気が流れていた。住谷は危険を承知で、遠方からその様子をポケットに隠しもっていたカメラに納めた。

後日、再度ローザの墓を訪れると、墓石はデンクマールと共に跡形もなくとり崩されていた。寒風が砂塵を吹き上げ、荒れ果てて無残な風景であった。住谷は、「ナチスの乱暴さに呆れ果てて立ち尽」しながらも、数枚の写真を撮った。そこへ五十歳ほどの初老の労働者風の男がやってきて、ローザたちの墓のあったあたりを涙と共に凝視した。やがて男は、住谷（と同行していた住谷の友人）の方を振り返ると、〝これこそ実に死者を辱かしめる仕業である！〟と繰り返し叫んだ。

若し官憲がこれをきいたなら、彼の男は、コンツエントラチオンス・ラーガー（態のいい監獄である）へ拘引されることは受け合いである。挨拶に「ハイル・ヒットラー」を言うのを拒み、或は忘れただけで失職した人のあるドイツである。ナチを罵る労働者の助かりよう筈はないのだ。M君と私とは、撮影したら用事はないと言った調子で大急ぎで帰途についた。遠くから振り返ってみたら、その

▲荒されたローザの墓（上）とそれを凝視する老人（下）

男はまだ荒らされた墓場の前に立っていた。(7)

この墓荒しの記事と写真は、『現代新聞批判』の巻頭で「特ダネ」として大きく扱われた。戦後（一九七六年）、住谷の撮った写真は西ドイツのマルクス・レーニン研究所に歴史の証言として保存されることになる。

ベルリンでの住谷の生活は、書かれた記事に見る以外にも、いくつかのドラマがあったようである。戦後、ウィーン大学に留学した息子の一彦は次のように書いている。

この間、新聞でウィーンのユリウス・マインドル会社の社長の奥さんであった田中路子さんが亡くなったことを知りましたけれども、あの田中路子さんは当時、ベルリンで歌姫であった。その歌姫として田中さんを『文藝春秋』誌上に最初に紹介したのは父であったのです。ですから、父からそのことを聞かされておりましたし、私もウィーン大学に留学した時に、ウィーンに当時、田中路子さんがいらっしゃったので、父のことを思って訊ねたことがあるんですが、田中さんは、私に会うと、「あなたの顔は見たくない」と言われた。それで、あまり長くお会いはできなかった。私の顔を見ているとベルリンで会った頃のことが思い出されて哀しくなるというわけですね。自分の父と田中路子さんとのおそらく二人だけしか知らない関係が、そこにあったのでしょう。そういう昔の関係があって、改めて自分の年が思い知らされることになる、その子供に会うのはイヤだという気持ちだったんだろうと思います。それほど、田中路子さんとは親しくベルリンでは付き合っていたようであります[8]。

ベルリン滞在中に台湾帝大教授で友人の堀豊彦から手紙を受け取る。台湾帝大での就職についての話が書かれていた。このときの堀への返信を記した日記には、当時の住谷の心のあり方が克明に記されている。

田畑忍君から『公報』と『同論』への論文二つ送ってきた。もう同君も立派な学者になったといふ気がして嬉しい。これに反して僕は学界から姿を消すことになろう。それで結構だ。日本現代の鳥か猫かのようなジャーナリズムへの色気、学界への未練を捨てよう。そして愛する妻と子供達と共にささやかに暮そう……。さう思ふ。この考へは何も人を白眼視するものではない。ただ自分への正しき深き反省である[9]。

ささやかな希望と諦観を胸にして住谷は台湾への就職の段取りをつけるため、ベルリンを一九三六（昭和一二）年三月に発つ。シベリア鉄道で帰国の途についたのである。

三　『現代新聞批判』とファッシズム批判

『現代新聞批判』では、ドイツやイタリアのファッシズムによっていかに言論が弾圧されていたかを、住谷と鈴木東民の記事を中心に伝えている。[10] 以下ではこれらのファッシズム批判についての論説をみておこう。鈴木東民の「言論に対するテロ」（一九三五年三月一五日）、「絞首台上のドイツ新聞」（一九三五年六月一日）、「イタリーの新聞（1）（2）」（一九三五年九月一五日、一〇月一日）、「ドイツの新聞弾圧（1）（2）」（一九三七年八月一五日）などは、日本の状況と重ね合せて切実な警告を発するものであった。

住谷に先だってドイツに電通の特派員として滞在したことがある鈴木東民は、当時の日本の危機的状況への懸念を怒りとともに書き表している。

ナチ・ドイツにおける新聞の悲惨な運命を、日本の新聞経営者は自分等には遠い世界のことと考えてはならない。東朝が自由主義的傾向の故に反乱軍の襲撃をうけ、下村宏は自由主義的思想の持ち主であって、入閣を拒まれた事実から、日本の新聞経営者等はいずれも恐慌を来たし、ファッショ転向を準備していると伝えられる。少なくとも二・二六事件に報道を遠慮していた大新聞等はXXX〔反乱軍〕が勝ったらそのお先棒をつとめようと、洞ケ峠を決め込んでいたことは事実である。だがファッショとは果たして新聞の守護神であるかどうか。彼等がファッシズムの進出を助成することはやがて彼等の命脈を自ら断つものだということに気がつかないか。ナチ・ドイツのかうした生々しい事実を鼻先につきつけられてもお前達は目が覚めないのであるか。[11]

また日本国内のナチス賛美者や、また日独提携論者への非難も積極的に紙面を飾っている。鈴木東民「黒正教授に答ふ――大朝紙上のナチ礼賛論を読む」(一九三六年七月一日)、筑紫明「日独提携論者に與ふ」(一九三六年一一月一一日)などがある。住谷自身も『大毎』の日独提携論」(一九三六年一〇月一五日)を書いて、『大毎』の社説でのドイツ文化と日本文化との密接なつながりは他の国の及ぶところではない、とする主張を徹底的に批判している。住谷らしい歴史的な手法で、日本の明治以来の文化活動が、フランス、イギリス、アメリカなどいかに多くの国の人々の努力で活性化したかを実名を次々に列挙して『大毎』の社説を攻撃している。

このような『現代新聞批判』のファッシズム批判の流れは、三六年以降の人民戦線運動の報道と関連して、紙面の特徴を大きく規定するものになる。海外(フランス、スペイン)での人民戦線の動きは、主に長島元一と筑紫明によって紹介され、論評が深められていく。長島は、「スペイン内乱の報道」(一九三六年一〇月一一日)、「カタルニア政変の真相」(一九三七年二月一日)、「外国新聞切抜帖――人民戦線ヴァラエチ」(一九三七年三月一日)、「バルセロナ市街戦の背景」(一九三七年五月一五日)、「英国のスペイン干渉」(一九三七年六月一日)で刻々と変化するスペインの内情をルポした。他方、筑紫は、「ファッショ戦線異状」(一九三七年一月一日)、「積極外交SOS」(一九三七年一月一五日)、「日本の新聞に載らぬスペイン内乱表裏」(一九三七年五月一日)などで長島と相補いながら人民戦線運動の動向を書いた。この時期、日本国内でも『改造』や『文藝春秋』で人民戦線に好意的な特集が組まれており、『現代新聞批判』もまたその波のひとつであったことは確かだが、その持続的な関心は特筆に値することだろう。

『現代新聞批判』の基本的な立場は、A・B・C名義の記事「ジャーナリズムと人民戦線」(一九三六年九月一日)で、ジャーナリズムがファッシズムへの反抗と、さらに日本の「プチブル層」と農民、労働者の統一行動によるデモクラシーの確立を促すよう努力すべきだとする主張に明白に語られている。

しかしこのような『現代新聞批判』の活動も、多くの雑誌・小型新聞と同じように日中戦争を境に、社会運動の媒体としての役割という点では、その生気をまったく失ってしまうのである。

第六章 『土曜日』の周辺で

一 ズボラ組斎藤雷太郎との出会い

欧州から帰国した住谷の活動を追う前に、彼の周辺で欧州からの帰国直後に始まった一つの出来事を述べておきたい。

住谷家は「鴨川と高野川とが合流する出町柳のデルタ地帯から北へ、鴨川に添うて、いわゆる松竹撮影所通りのアスファルト道路のドン詰り、植物園に近い中川原町という昔は河原であったらしい小石の多い土地」にあり、和洋折衷のモダンな建物であった。(1) その住谷邸に松竹撮影所から未知の来訪者があった。

客の名前は、斎藤雷太郎。斎藤は松竹下加茂撮影所で、「ズボラ」組と称する売れない大部屋俳優であった。だが、斎藤は自らの才覚で『京都スタジオ通信』（一九三五年五月発刊）という、撮影所仲間の親睦新聞を発行していた。斎藤は当時人気を博していた第一書房の文化雑誌『セルパン』の大衆版を目標に、『京都スタジオ通信』を、時事問題も書ける新聞（当時、国債を保証金に「有保証」でないと時事問題をメディアで扱えなかった。斎藤は薄給を積立、無保証から有保証にしたばかりであった）に発展させる夢を描いていた。

斎藤は『文藝春秋』の筆者紹介欄で、住谷の住居の所在を知り、『京都スタジオ通信』への執筆を依頼するために来訪したのである。一九三六（昭和一一）年四月頃のことであったと思われる。当時、住谷は欧州から帰国したばかりで、生活を支えるための執筆に追われていた。住谷は斎藤の企画に興味を魅かれたのだろう。自分の名刺を渡して、斎藤を能勢克男に紹介した。

当時、元同志社大学教授の能勢克男は住谷邸の近くに居を構えていて、弁護士を開業していた。能勢は住谷と同じく二高・東京帝大法学部の卒業生であり、住谷の一歳上の先輩であった。能勢はまた住谷と同じ年に、同志社大学法学部に教員として採用され、経済学部の住谷とは当時の総長海老名弾正の家ではじめて顔を合わせて以来の旧知の仲であった。能勢は住谷が失職する以前に、一九二九（昭和四）年におきた「同志社騒動」に遭遇して、大学を追われることになる。同志社理事会主導の土地買収に関連して、能勢や林要ら教師グループが、理事会への抗議行動を行った。同志社内の施設であった有終館の失火事件や、また海老名と理事会との対立など複雑な背景のからむ学内騒動であったが、海老名総長の退任、そして側近の中島重や、能勢、林らの若手教員の退職につながる一連の事件を「同志社騒動」といった。

この騒動の中で能勢は理事会への抗議文を書き、それを学内に頒布した。住谷はこの抗議文の「文章力」

に敬服し、「重みと深さと、けんらんたる表現とその中に包含された文意の高さとは、常人のちょっと真似できない」ものであったと評価していた。[2] そのため、斎藤が目指すような「時事問題」を書くには、自分よりも能勢の方がより適任であると思ったのであろう。

能勢は同志社を辞職後、弁護士を業とする一方で、また京都家庭消費組合を設立していた。京都家庭消費組合は、能勢が同志社在職中に経験した同志社消費組合でのノウハウをもとに、京都市北部を対象に大学人・文化人を中心的な組合員にして設立した共同購入を中心とした消費協同組合である。会員として、田辺元、西田幾多郎、末川博、柳宗悦、住谷らが名を連ねていた。平林一の指摘によれば、この京都家庭消費組合の経験が、後に『土曜日』の紙面に反映されたという。[3] またこの生活を基盤とする一種の知的ネットワークは、戦後の能勢や住谷ら左翼的文化人のジャーナリズム・文化活動などを支える人的な源泉ともなった。[4]

能勢は斎藤の原稿依頼を承諾するのみか、知人の中井正一を紹介し、あまつさえ『京都スタジオ通信』を引き継ぐ、新しい新聞の提案をもちかけたのである。この斎藤の当初の希望を大きく上回る、能勢の対応には理由があった。そこには能勢や中井らが発刊していた『世界文化』という雑誌をめぐるある事情が作用していた。

和田洋一は『灰色のユーモア』の中で、自身が同人のひとりでもあった『世界文化』の特徴について次のように書いている。

『世界文化』の重要な特長の一つは、人民戦線内閣の成立したフランスにおいて、知識人、芸術家がファッシズムに抗してはなばなしい活動をしている姿を、日本の読者に伝えたいという点、当時のジャーナリズムがサボっていたことを進んでやったという点。単にフランスの事情を伝えるだけでなく、自分自身もフランスの知識人、芸術家にならって反ファッシズムの運動を推し進めようとした点であろう。(5)

『世界文化』は、和田の記した目的をもって、一九三五(昭和一〇)年二月に創刊された。『世界文化』には決して短くはない前史が存在する。『世界文化』は、京都大学文学部の中井正一の周辺の学生・学者を中心に、新しい芸術運動を模索した『美・批評』(一九三〇年九月創刊)にその源を辿ることができる。この『美・批評』は、瀧川事件を境に、いったん休止し、しばらくして中井正一、久野収、真下信一、新村猛、和田洋一らが中心となる第二次『美・批評』が再開された。かれらは瀧川事件を契機にしてその人脈を形成したが、それを反映してか、第一次の『美・批評』に比較して、平林一の整理によれば、ヒューマニズム、学問の自由や、知識人の主体的実践を重んじる記事を多く掲載した。この第二次『美・批評』のメンバーが中核になり、論説と海外情報に重きを置く雑誌『世界文化』が発刊されたのである。

『世界文化』の一九三六年五月号に掲載された、新村猛の「週報『金曜日』——創刊から今日まで」を、能勢は読み、フランスにおける人民戦線の成果であるこの雑誌『金曜日』のコンセプト、「アンドレ・ジッドからジャック・マリタンまで」に感銘を受けたという。新村は、その時の『世界文化』同人の様子を次のように書いている。

確か五月号発刊の翌月、楽友会館小集会室でわれわれ同人が開いた合評会で、出席者たちの感想や談論の対象が三段組みの情報欄に向けられるや否や、能勢さんが真先きに発言され、『金曜日』の創刊」を読んだ時の感激と亢奮からまだ醒めやらぬ様子で、《すばらしい。自分たちもこういうものを出したいなあ》とまで付言され、テーブルの同じ側——私が東側、能勢さんが向かい側＝西側——に腰掛けていた中井さんも全く同感だといわんばかりの面持ちであった。(6)

いわば、斎藤と能勢の出会いはまさに運命的であった。日ごろから交流のある住谷が、能勢の『金曜日』への感動を承知した上で、斎藤に紹介の労をとったと推測できる。斎藤、能勢、中井、林要、新村猛らは集って、『土曜日』の創刊に走ったのである。

二　『土曜日』の始まりと終わりに

『土曜日』が創刊されたのは、一九三六（昭和一一）年七月四日のことであり、『京都スタジオ通信』の号数を引き継いで、十二号となっている。タブロイド版六頁で、初回は二千部を刷ったという。『京都スタジオ通信』（月刊）が千部だったので、部数は倍になったわけである。

『土曜日』は、当時の日本の言論界にあって、独自の文化活動を実験的に繰り広げ、しかも営業上の成功も治めたユニークな文化新聞である。この『土曜日』での実践が、戦後の『夕刊京都』や各種の文化活動につながっていくことになる。

戦後、住谷は『土曜日』の特徴を次のように書いている。

この半月刊、タブロイド型六頁の小型新聞が一部三銭というのは、当時（昭和一一、一二年）でも破格の廉価であった。すべての働く者の手に、というのがねらいで、表紙には毎号画家伊谷賢蔵の本格的な美術作品といわれる画（さしえとかコマ画とかではなく）を大きく刷り出した。これは戦後『週

▲『土曜日』表紙

刊朝日』や『サンデー毎日』がまったく新しい美術の大衆化として如何にも大資本らしくすこぶる大掛かりでやりだしたことをすでに一五年前に着手したものであって、美術のもつ調和とか、均衡とか、創造性とかを民衆の側に奪還しなければならぬことが目指された。同時にしかし、これは当時映画雑誌スタアがすでに男女優の顔を刷り出していて、本屋の店頭にポスタア代わりにぶら下げるやり方を取り入れたもので、伊谷賢蔵の作品が店頭のあっちにも、こっちにも吊り下げられた。『土曜日』という表題のゴチック文字は画家小栗美二の構成するところであった。タブロイド版紙面を四折りにたたんでポケットに入れると、この「土曜日」の文字だけがはみ出して、歩く広告がタダで雇えるというのも、万事斎藤雷太郎の無鑑札自転車流であった。(7)

斎藤の営業・広告のセンスは抜群で、販売の方式も駅のスタンドとか書店を中心にするのではなく、出稿している喫茶店に置いてもらうといった方式を採用した。斎藤は次のように回顧している。

もともと内容には自信があり、かならず売れると思うし、また売れる『土曜日』にしなくてはと思った。売れるということは、読まれるということでもあるのでした。それが赤の他人で

ある世間の人々が、参銭出して『土曜日』を書店で買う、その売れる部数と新聞の内容に問題のカギがあるのです。(8)

今でこそ、常識的な判断だが、戦前の左翼的な諸メディアにおいて営業の成功と読者の支持とをリンクさせてとらえる視点は、稀なことであった。実際に、『世界文化』の諸同人たちは、そのようなセンスに欠けていたと戦後述懐している。斎藤の嗅覚の鋭さを裏付けるように、『土曜日』は平均四千部、多い時には七、八千部にも販売数は達した。この斎藤の読者層を把握しようとする努力は、他のアカデミズム側の人間たちと微妙な対立をよぶことになる。

『土曜日』は、巻頭に毎号モットーを掲げ、それは編集を担う中井正一と能勢克男が交代で書いていた。創刊号は、中井の手で「花は鐵路の盛り土の上にも咲く」とある。巻頭言として、創刊号では『土曜日』発刊の趣旨が書かれている。

営みが巨大な機構の中に組み入れられて、それが何だか人間から離れたようである。明日への望みは失われ、本当の智恵が傷つけられまじめな夢が消えてしまって。しかし、人々はそれで好いとは思っていないのである。何かが欠けていることは知っている。

しかし、何が欠けているかはさだかには判っていないのである。人々は歪められた営みから解放された時間、我々が憩う瞬間、何を知り、何を夢見て好いかさえもが忘れられんとしているのである。それは自分に一等親しい自分の面影が思い出せない淋しさである。(略)『土曜日』は人々が自分達の中に何が失われているかを想出す午後であり、まじめな夢が瞼に描かれ、本当の智恵がお互いに語り合われ、明日のスケジュールが計画される夕べである。はばかるところなき涙が涙ぐまれ、隔てなき微

笑みが微笑まれる夜である。(9)

平林一や荒瀬豊の指摘の通りに、『土曜日』は当初から読者参加をうたい、投稿を中心に紙面を構成するといった実験的で、また意欲的な内容であった。(10) 久野収も書いているように、『土曜日』は「読者自身が執筆する新聞」であり、見本ともなった『金曜日《ヴァンドルディ》』が「知識や文化の専門家たちの大衆啓蒙新聞」であったのとは対照的であった。(11) 第一九号(一九三六年一〇月二〇日)の巻頭言では、読者参加の趣旨を次のように謳っている。

この『土曜日』は、今新しく、凡ての読者が執筆者となることで、先づ数千人の人々の耳となり、数千の人々の口と成ることで新たな言葉の姿を求めている、

数千の人々が数千の人々と話合うことの出来る。新たな話題を発見しつつある。人間の発見しなければならないのは、機械と装置ではない。人間の新たな秩序への行動である。

この『土曜日』の数千の人々の話声は、やがて数万の、数千万人の、お互いの話声となることがどうしてないと云えよう。何故なら我々は、集団的な言葉を獲つつある聾唖者であったからである。(12)

中井は、かつて論文「委員会の論理」の中で、消費社会の中での大衆の疎外を問題視し、その疎外を打破するための実践的参加を主張していたが、この『土曜日』はまさにその実現への第一歩であったといえよう。(13)

ところで、住谷は、この『土曜日』の編集同人ではなかった。理由としては、他の著述に忙殺されていたことと、また左翼的な活動にはメンバーを分散して参加した方が、官憲側からの圧力などに抗しやすい、という判断からだった。(14) ただ能勢は自宅が近いのも手伝って、この『土曜日』の編集について頻繁に住谷

と相談していたという。[15]

住谷の『土曜日』への寄稿は、『土曜日』自身の性格である読者参加型にもよるが、それほど多くはない。「宝石と香水に埋ったヒットラー〈彼をとりまく女たち〉」(一二号)、「『科学追放記』後日ものがたり——三瀬周三のこと——★シーボルトの播いた種子はたしかに開花・結実した」(三八号)、「文化遺産を蔽ひかくしたナチスの教科書」(三九号)、「シーボルトの孫娘と語る」(四一号)が確実なところであり、他に「ニュース映画のほんとうの強味」(四二号)など住谷の筆になるとおぼしきものがいくつかある。住谷は、ちょうど『土曜日』のはじめと終わりによく寄稿したことになる。

上記の記事の話題は、『現代新聞批判』などでも書かれたものであったが、『土曜日』の読者層を意識してか、かなりこなれた文体でわかりやすいものである。読者をいかに考えるかについて、『土曜日』内では、斎藤とそれ以外のメンバーで微妙な対立があったようである。現在からの眼で見るならば、斎藤の方が読者層をより具体的に捉えており、また中井、能勢らのスタンスをも理解する度量があった。斎藤は次のように述べている。

　読者の目標は、小学卒から中学卒位までの一般庶民で、良い内容を平易に書いて、親しみやすいもの、学生やサラリーマンでも興味をもてるもの、これは私の希望でした。独善的な強がりや、先走ったことはさけ、良心的な商業紙としてのたてまえをとった。(略)先生がたの原稿を通じて感じられることは、先生がたの意図は学生、インテリ階層を念頭においた、格調の高いもので、あかぬけした紙面の構成を考えて居られたようだった。(それはそれでいいのですが)私は小中学卒位の一般庶民を基準にして、学生やインテリも興味を持つものを念頭にしていたので、上等なお菓子を盛ったお皿に、駄菓子をまぜた感じでしたが、「職場の作文」「床屋ろん談」「ロケ・バス」等を書いた（略）「斎藤氏は『土曜日』を下へ下へずりおろそうと心がけているが、出身層の影響というものは、強く働くものだ」と、中井さんはよくいって居られたが、私としては、学生やインテリは読書の機会も多くあり、よき助言も身近に居るが、小中卒前後の一般庶民には、勉強する機会も助言者も少ないので、なるべくその人達の役に立つものであってほしかった。[16]

斎藤の読者層の設定の明晰さに比較して、他のメンバーは従来の惰性ともいえる感覚で記事を書いていた。それが『土曜日』と『世界文化』の読者の広がりの差にもつながっていたのだろう。しかも戦後においても『世界文化』の参加者は、単なる営利的な感覚の欠如としてしか問題をとらえておらず、斎藤のように編集的嗅覚から読者層の設定を真剣に考察していたとはいえない。[17][18] 例外は、早逝した中井正一で、疎開先で連続講演会を開いたところ、あまりの反響のなさ（毎回出席したのは中井の実母だけ）に反省を深くし、戦前の文体とはかわってシンプルかつ明瞭に書いた『美学入門』（一九五一）を戦後ものした。[19]

『土曜日』は、一般読者以外の執筆者を見れば。同人や住谷のような実質上の同人を含めて、「〃加賀耿二から淀川長治まで〃を含んだ反ファッシズム文化運動」（久野収）を、現実の可否はともかく、当事者の意識の上では志向していた。しかし、このような「人民戦線」型の文化運動について、住谷らのグループの中でも評価に関して微妙な差異があった。瀧川事件を契機に創刊された『学生評論』の編集であった西田勲は、『学生評論』の別動隊の新聞『カレッジ・セレクション』で行われた一九三六年暮れの座談会についての思い出の中で次のように書いている。

住谷さんは、また、この年〔一九三六年〕、文化運動がさかんになったことをあげ、これは政治批判をやれなくなった進歩派の人々が文化運動に逃げ込んだためだろう、と分析しました。

だが、この分析にたいしては、中井正一さんが反駁しました。文化運動は政治批判の代用品ではない。政治批判は、今日、少数の国民にしか関心をもたれていない。(略)一般に、政治批判は、社会批判や文化批判全体のなかに組み込まれないと、浅薄なものになる。そして、人々――とくに青年――の社会や文化をみる目をやしなうのは、その人たちの教養だ。ファッシズムは大衆がそういう教養をもつことを好まない。反ファッシズム運動の中心は、人々がそういう教養をもつようにすることにあり、したがって、文化運動にあると思う。(略)すべての出席者〔住谷、中井の他に梯明秀、草野昌彦、田中直吉、冨岡益五郎、蜷川虎三、能勢克男ら〕は中井さんに賛成し、住谷さんも文化運動の積極的意義をみとめました。[20]

『土曜日』同人、さらに『世界文化』『学生評論』の同人たち――新村猛、中井正一、真下信一、斎藤雷太郎、草野昌彦、和田洋一、武谷三男ら――は、一九三七年七月七日から翌年にかけて次々と検挙され、実質上、この京都地方を中心とした文化運動のか弱い試みも潰えてしまった。

収監された能勢は、次のように当時の心境を書いている。

いっさいの風物のすべてが、冬の来ることを用心しろ、用心しろといっていた。わたしは足袋をなるべく遅くはくことにした。出来るだけ薄衣で、冬のためには体内のエネルギーを貯めこもうとした。いろいろの外物に頼ることを最小限にとどめようとした。そのうちに、冬が来て、去って行った。[21]

第七章　松山時代——生涯最良の日々と楽園追放

一　松山高等商業学校への就職

住谷は同志社を失職後、イギリス・ドイツなどに一年ほど滞欧し一九三六（昭和一一）年帰国の途についた（第五章参照）。ドイツ滞在中に、東京帝大時代の友人である台北帝国大学の堀豊彦、岡田謙が動き、台北帝国大学への就職の可能性があることを住谷に連絡してきた。住谷は急遽帰国し、就職のために社会政策論についての論文を書き、台北帝国大学教授会に提出した。この論文は評価され、就職は決まったかに見えた(1)。

だが就職話は土壇場で壊れてしまった。台湾帝国大学総長であり台湾総督府評議会員であった幣原坦《ひろし》が反対したからであった。当時、植民地であった台湾は最も右傾化しており、台北大学の教授でさえも式典にはみんな腰に短剣をさげていたと言われており、絶対的な権力を持っていた台湾総督府の幣原坦の一言によって就職が駄目になったと住谷は述べている。(2)

責任を感じた堀は、東大ＹＭＣＡの友人田中忠夫に、住谷の松山高等商業学校への就職を依頼した。田中は当時、松山高商の校長であった。田中は教授会に住谷を推薦し、この議は承認されることになった。いわゆる「赤化教授」のレッテルを貼られた教員を雇うことは、当時きわめて難しい情勢であったが、田中の勇断によって住谷はようやく安定的な生活の資を得ることが可能になった。

その頃の松山高商は、田中忠夫のリーダーシップと、また他方で教員の意見を広く反映する運営方針とで、スタッフも充実し、意欲的な研究環境が芽生える土壌が出来ていたと思われる。(3) その証左に、住谷が率先して提案した独自の紀要（定期刊行物）の発行も可能になり、『松山高商論集』が発刊されている（一九三八年一二月）。

住谷は、経済学と文化史などの担任となり、一九三七（昭和一二）年の四月に講師として赴任し、やがて一九四二（昭和一七）年七月に退職するまで、約五年あまり松山の地に居住したことになる。

住谷の松山時代は良き思い出にあふれ、また教員・学生らと充実した研究・教師生活をすごすことができた。

「松山高商では実に愉快に毎日を過すことができました。そんなことで、この学校の空気も松山の風俗人情も、私にとって、まことに生涯を過すにふさわしいところだと思われました。

松山高商では、何よりも若い優秀な生徒たちを毎年度各クラスに見出し、教えることに大いなる喜びを感じました。生徒たちも、文化活動中心に映画鑑賞も絵画展覧会もいろんな面で、私を頼って親しくついてきてくれました」と住谷は述懐している。(4)

二　松山時代の研究(一)――三瀬諸淵研究

住谷の松山時代の著述活動は、主に統制経済論の研究や台湾の実状報告である『台湾紀行』、重要な歴史研究である三瀬諸淵《もろぶち》（周三）の研究などに結実する。

三瀬研究には、「本当に生き甲斐といえるほどに」魅せられていた。当時の新聞にも、住谷が三瀬の研究や遺品などの資料発掘にかける情熱や、さらにはその生涯の映画化を熱望している様子などが報道された（映画化は結局不首尾に終わった）。(5)

松山時代に、住谷が書いた三瀬諸淵関係の論文は多く、雑誌『開化』に「三瀬諸淵の訳書『日講記聞薬物学』の発見」（一巻四号）、「シーボルトの孫娘と語る」（一巻七号）、「維新当時の外交と三瀬諸淵（1）（2）」（一巻八号、九号）、『松山高商論集』四号に「尊皇開国主義の政治的性格――蘭医・三瀬諸淵への一考察」、『校友会誌』一五号に「明治文化と三瀬諸淵先生」、『医海時報』（一九三七年六月―八月）に連載した「三瀬先生の訳書を発見して（1）―（3）」、地元の新聞『海南新聞』（一九三七年六月二六日、七月三日、七月一七日）への寄稿「三瀬諸淵先生の訳書（日講記聞薬物学）を発見して」、さらに『土曜日』に「シーボルトの娘伊豫のことども」（一九三七年八月五日）、「シーボルトの孫娘と語る」（一九三七年九月二〇日）がある。また資料として、

『三瀬諸淵先生遺品・文献目録』（一九三七年、松山高等商業学校商事調査部）を編纂した。これらを総合する形で、はじめ『三瀬諸淵研究』（一九四二）を著し、さらに資料や記述を刷新して、賀川英夫編『日本特殊産業の展相――伊予経済の研究』中の「三瀬諸淵の研究」（一九四三）にまとめられた。この三瀬研究は、松山時代の住谷の業績としては最も秀逸なものといえるだろう。

▲三瀬諸淵

三瀬諸淵（一八三九―一八七七）は、愛媛出身の医師であるが、シーボルトの通詞として彼と親交を結んだ。三瀬の思想的な立場は、尊皇開国を採るものであった。また徳川慶喜に大政奉還を進言し、明治維新後は、病院・医学校の設立や各種の法律の制定作業に携わるなど多彩な活動をした。

住谷は三瀬の存在を、当時盛んであった日本資本主義論争（マニュファクチュア論争）に関連して知ることになった。しかし住谷を「本当に生き甲斐といえるほどに」とまで感じさせた理由は他にもあるちがいない。三瀬はシーボルトとの交友を幕府に咎められ逮捕・下獄される。このときの三瀬の立場を、住谷は「幕府側の誤解や偏見にもよるが同時に尊皇開国といふ思想――尊皇攘夷と佐幕開国との中間思想を懐く政治的変革の実践から遊離している良心的知識人の不可避的な歴史的運命である」と書いている。[6] この三瀬の思想的立場に当時の住谷の置かれた状況――「中間思想を懐く政治的変革の実践から遊離している良心的知識人の不可避的な歴史的運命」――を重ねることは無理なことであろうか。

三瀬研究や当時他に書いた統制経済論や『台湾紀行』、それと後述する『大東亜共栄圏植民論』など、松山時代の著作に共通する特徴は、「時局」の制限からほとんど現状批判すら言えなかった時代に、住谷はこれらの著作で日本の精神上の傲りの危険性を示唆していることである。これは当時の言論統制の状況で許されるぎりぎりの発言であったろう。以下長いが重要なので「三瀬諸淵の研究」より該当部分を引用しておく。

私はここに三瀬諸淵伝を書くに当たって、ただ漫然と復古的・国粋的精神を説いたり、文献考証を事として独り高しとする意図はない。できるだけ正しき歴史観・社会観・文化観を基礎として幕末・明治における三瀬諸淵を眺めようとするもので、それは過去への凝視であるが、同時に切実な現実の私たちの問題と関係あるものとして取扱うものである。(略) 日本的なるものといえば、端的にその差別性においてこれを挙示し、強調し、陶酔するといふ傾向がむしろ支配的であった。もちろんそれは日本的なるものに相違なかった。しかしそれが単なる回顧的なものであるかぎり、それは日本の外国に対する差別の挙示であり、それへの偏愛であり、執着であり、無理論的な、排他的な民族主義の誇張であるにすぎない。いま復興され、発展され、新東亜の指導者として世界に立ち上がろうとする日本民族にとって、その眞の伝来的文化における論理性と日本文化の個性への深き認識や把握は、外来文化との差別性を強調するだけの無理論な排他的な立場からしては到底不可能である。また同時に、日本の民族と日本の社会とを、単に世界的共通性において抽象し、日本文化を世界一般性のうちに埋没せしめてしまふ公式主義的な世界主義的論理によっては、日本的なるものが把握されることはできない。

日本の民族性と日本文化の特殊性とは、世界的関連において、すなわち世界的普遍性を生かしている日本文化的個性として把握しなければならね。日本民族はその文化的・歴史的発展の事実において、外来文化を摂取しつつ、世界的普遍性の理念を把持しつつ、特殊の文化を創造し来ったのであって、儒教や仏教の日本への浸潤を抹殺し去ったり、明治維新を画期とした欧米文化の包摂を無視して、あるひは軽視しては日本民族の優れたる文化的発展性を理解することはできない。(7)

三瀬研究と並んで、松山時代の注目したい仕事は、台湾視察旅行(一九四〇年一二月中旬から末)の研究報告である『台湾紀行――東亜・日本の新政治体制と台湾』(一九四二)である。一見すると、近衛内閣の「大東亜共栄圏構想」に則った外見をもってはいるが、随所に三瀬研究と同じ視点から排他的な日本主義、ナショナリズムへの警告が書かれている。もちろん大半が、台湾の植民地化政策の紹介や、また「皇民化運動」についての記述なので手放しの積極的貢献があるわけではない。それでも、台湾政策の行方が、「結局は創造されて行く日本文化と日本人の高さに懸かっているように思ふ。謂はば日本人全体が真に尊敬と信服に値する国民」になることである、と書いているところに、現状ではとても日本人に対する「尊敬や信服」が存在しないと住谷が言おうとしていた、と読み込むのは検討外れの深読みであろうか。

三　松山時代の研究(二)――経済学関係

松山時代の経済学に関する業績としては、統制経済論を中心に、財政学、社会政策、農業政策、日本経済学史、さらにF・リスト研究の業績など多彩である。中心的なものは、統制経済論と社会政策、F・リストについての論述である。

統制経済論を論じる著作を書いたそもそもの動機は何か明白ではないが、専攻のひとつでもある社会政策との関係から書かれたと思われる。また時流にのったテーマの著作なので書きやすかったという理由もあるだろう。

論文「戦時統制経済と社会政策の交渉」(一九三九)では、社会政策と統制経済との関係が次のように要約されている。

戦時統制経済下にあって、社会政策は、その経済的疲弊乃至停頓を調整し、戦略において現出する経済社会の欠陥を補足・救済するのみならず、同時に戦時統制経済体制そのものが、却って社会政策を刺激し、社会政策そのものの活動領域を拡大し、その経済社会における重要性を増大し、その本来の使命を発揮せしめるといふ結果となると云ってよい。(8)

戦時下だからこそ、人々の厚生を政府の介入で改善するという社会政策の必要性がある、とした一見すると逆説的なこの発想は、当時、大河内一男や風早八十二らのいわゆる「生産力論」にも見られる考え方である。

統制経済論については、一九三九(昭和一四)年から翌年にかけて、『統制経済論』(一九三九、非売品)、『日本統制経済論』(一九三九、非売品)、『日本統制経済論要綱』(一九四二)を出版している。『統制経済論』には後に「名目的」な退職の契機となる論文「統制経済と経済学的範疇」(一九四〇)が収録されている。二番目と三番目は題名は異なるが内容は全く同じものである。

日本の統制経済の特徴は、「支那事変完遂といふ臨時的・必要的経済であるというところに、その一応の特殊性があることは明らかである」とし、具体的な政策課題として次の二つを挙げている。(9) 第一に、軍需品の供給の確保、第二にインフレの抑制である。第一の課題については、生産力増大と輸入力増大を、また第二の問題に対しては物価統制と公債消化改革が検討されている。

だが住谷は、これらの統制手段は、問題の根本的解決にはなっていないとし、企業や家計の「新しき経済倫理」の必要性を述べている。いわば政府・官僚主導の「上からの」経済統制の限界を、民間部門（＝下からの）の経済動機の改良によって打破しようとする発想は、いわゆる「近衛新体制」になってから、一部の経済学者たちから声高く主張されたものである。住谷もある意味では、その流れに沿って発言しているわけであるが、早急に結論する前に、住谷の考えた「新しき経済倫理」の中味を見ておこう。

> 謂ゆる統制経済なるものは資本主義経済における必然的矛盾に対して考察せられ発生したものであるが、経済統制が資本主義経済―経済的自由主義の精神と摩擦を生ずる所以のものは、統制経済の中に存する全体的利益を考慮する計画性、個人に対する社会の優越性、社会に対する個人の犠牲等の共同社会の社会的原理が真に社会における個人本位的精神と調和せざるがためである。別言すれば、将来、統制経済の辿るべき道は、その社会的原理においては、共同社会原理と利益社会原理との総合による、より高度な共同社会と相応ずるものでなければならぬ。(10)

住谷は、先の論稿「戦時統制経済と社会政策の交渉」でも、戦時下の社会政策について、従来の「狭義の社会政策」（階級対立を前提とした生産政策と分配政策からなるもの）から「広義の社会政策」の必要性を主張している。これは、住谷の思想的立場からすれば「逆縁」ともいえた金井延の主張する「広義の社会政策」と同様の考えであり、国家が中心となり、万人の人格の達成を目指す政策を意味している。換言すれば、階級対立や個人的利害を越えて、社会=国家全体の利益を図ることであり、強力な国家有機体説（住谷の用語では、共同社会）を前提にしているともいえる。(11)

ただ住谷は金井の議論をまったく鵜呑みにしているわけではなく、まさに眼光紙背に徹すところで金井との微妙な主張の差異（金井が強調しなかった点）が見られる。「赤化」教授として厳しく言動や論説の内容がチェックされていたという背景も考えれば、上記の社会政策論や統制経済論は、「奴隷の言葉」とはいわないまでも、多くの留保が付されて深読みされるべきものである。

一九三七（昭和一二）年、前年に成立した「思想犯保護観察法」により住谷は保護観察下に置かれていた。この「治安維持法全面改正の縮小版」は当時の知識人の「転向」を促進するための事後的・訓育的目的をもつ法規であった。(12)

住谷は、「二週間に一度、保護観察所へいって係員保護士に近況を報告」する生活、常に第三者の視線を気にかける日々を終戦まで続けることになる。(13) このような住谷の状況を加味しなければ、松山時代の著作の特色と本質を逸する恐れがあるだろう。

では金井にはなく、住谷の著作にはある主張とはなんだろうか。『日本統制経済論要綱』には、近時の「日本的なるものの強調」が、経済学の場でも過去への復帰・回顧として見られるとする。

しかしそれが単なる回顧的なものである限り、それは日本の外国に対する差別性の挙示であり、それへの偏愛であり、執着であり、無理論的な、排他的な民族主義の誇張であるにすぎない。(14)

深読みすれば、安易な日本主義への傾斜を求める当時の国家のあり方に疑問を投じているわけだから、

▲F・リスト

そこに注目することで金井のような強力な国家有機体説を採用することへの批判の糸口が見えているように思われる。

リスト研究においても、住谷の日本主義批判は止まない。著作として『リストの国家主義経済学』（一九三九）としてまとめられているが、小林昇も指摘しているように、この著作は「リストの主著（『経済学の国民的体系』）の平易な解説」であり、「没理性的なナショナリズムがこの古典を利用することを斥けている」[15]。

このように、社会政策論、統制経済論、リスト研究、また先の三瀬研究や植民地論をも含めて、住谷の論説は、一見すると日本主義に迎合しやすいテーマを採用して論を展開していても、内容を精査すれば、むしろ逆に日本主義への執拗ともいえる批判精神が伏在しているのが読み取れるであろう。

他に重要な論文として、戦後『日本経済学史』に書き改められて収録された「黎明期日本社会政策思想」（『松山高商論集』の創刊号に掲載された）がある。また講義録を製本したと思われる『財政学』（一九三八）や『日本農業政策』（一九三八）などがある。『日本農業政策』には、目次のみ書かれた章で、ナチス・ドイツにおける農業政策の実状を、授業で口述するとあり興味を引くものである[16]。

四　松山時代のジャーナリズム

住谷は、松山に移住してからも、様々な雑誌・新聞に投稿を継続している。ここでは、『現代新聞批判』への執筆の内容と、また松山高商の各部・研究会会誌、そして『開化』への寄稿を見ておく。特に『開化』については、発行の母体ともいえる「京都愛書会」、「明治史談会」との関係も合せて触れておくことにしたい。

『現代新聞批判』については、ここでは統制経済論関係と、四国のジャーナリズムについての寄稿を見ておきたい。前者では、「統制経済の哲学的基礎の貧困」(一九三九年七月一日)、「東亜共同体か東亜経済ブロックか」(一九三九年七月一五日)、「河村瑞軒の行動と統制経済」(一九四一年一月一日)が挙げられよう。面白いのは最後の論文で、文部省検定済みの国語の教科書に採用された河村瑞軒の行動(江戸の大火の時、木材を買い占め利を得たこと)を、「自由営利」なものとして批判し、「新しき経済及び社会倫理」にそぐわないと述べていることである。文部省推薦図書に、以前猛烈な批判を行っていたことを考えれば、ここでの住谷の意図が、相手の手段を逆手にとった文部省への間接的な批判であることは明白であろう。(17)

四国地方の新聞論評としては、「四国の新聞——愛媛県の場合」を三回に亘って連載している(一九三七年五月一日—六月一日)。また全国紙の地方版の批判記事「研究記事の取扱ひ　大朝愛媛版の不見識」(一九三八年五月一日)も書いている。最後の記事は、三瀬研究の先駆性についての同紙の事実誤認を糾したものである。

松山高商の学生の部会誌や研究会誌にも、住谷は積極的に原稿を書いている。松山高商映画研究会発行の『会報』誌上には、「『蒼氓』を観る」（第一巻第二号）、「戦局第一線主義のニュース映画」（第一巻第三号）を書いている。後者は、住谷の長年の主張であるニュース映画の重視、という観点から、遠回しであるが、美談や英雄報道しかしない日中戦争関係のニュース映画に対して、戦争の実状をもっと見せるべきであると書いたものである。

住谷の映画好きは相当なものであったが、松山時代でも多くの学生たちを相手に映画の批評会を自宅で行っていた。[18]

「住谷家はそこに集う学生たちにとって初めて真の教育、真の文化というものに対して開眼される場所であった。そこでは例えば、森鴎外の小説『雁』をテーマとする文芸批評会があったり、『五人の斥候兵』とか『土（長塚節）』のような我国最初の『芸術映画』や『舞踏会の手帖』や『ベルク劇場』のような外国映画の批評会が、市内で上映される度に、おこなわれた」（岩山三郎の回想）[19]。そして「語り尽せば、近くの道後温泉にくりこむ」（藤崎秀雄の回想）学生たちとの親密な日々が続いたのである。[20]

『開化』は、「京都愛書会」の機関誌である。住谷の古本漁りはかなりのもので、今日群馬県立図書館にある「住谷文庫」に保存されているものは、「明治（特に初期）の社会経済思想は先生の最も力を入れた研究領域であるから当然とはいえ、大学の図書館でも容易に見られぬ稀覯本」（杉原四郎）を含んでいる。[21]

このような水準の高い古本蒐集は、友人の絲屋《いとや》寿雄の勧誘が大きかったようである。絲屋の回想によれば、「その頃（一九三四年頃）、河原町御池のあたりに古書籍商の会館があり、その二階で毎月、古書展がひらかれた。明治の社会主義文献や自由民権の古典に興味をもっていた私は欠かさず出掛けたものだがその都度住谷先生をお誘いした」、「古本あさりは発展して『明治史談会』（一九三五年）、『京都愛書会』（一九三六年）が生まれることになった」。[22]

「明治史談会」は、住谷、絲屋、重久篤太郎、尾佐竹猛らを中核とする歴史研究会である。藤谷俊雄の回想に基づくと、藤谷らの京大国史学科の学生（歴史学研究会京都支部）が、「市民的な歴史の研究団体」を作ることで住谷に相談したことから、「明治史談会」は発展的に「京都愛書会」になった。[23]「京都愛書会」は、ナチスの焚書事件に抗議する反ファッシズム運動の一環として構想されていたらしいが、その会規では会の目的を「京都在住愛書家の親睦、愛書趣味の普及、近世史並に明治史関係史料の攻究」としていた。同人は、住谷、小泉苳三、寿岳文章、川端道一、重久篤太郎、尾佐竹猛、田畑忍、新村出（会長）らであった。

機関誌『開化』には、松山移住前後にかけて積極的に寄稿しており、主要なもので、既述の三瀬関係の論文の他に、「富評無水岡田開闢法附録　天地人三田論」（一巻二三号）、「高野長英の一挿話」（一巻六号）、「ツエッペリン伯よりの手紙」（一巻九号）などがある。

ところで、住谷は小説やまた詩歌をも能くした。[24]松山高商文化部の雑誌『学芸』にも、「興亜奉公日」と題する小説を書いている。題名に使われた「興亜奉公日」とは、国民精神の高揚と統一を目的に制定された国威発揚の日である。小説は、この日に行われた防空訓練を題材にしていて、同じ家に住む叔父と遠縁の娘の日常的な会話が中心となっているものである。ただエロチックな情景描写が含まれていた。防空訓練のために電球に貼った遮光紙をはがす時の描写である。

「だめ、電灯は見つからないわ。叔父さん、ほらここよ。あたし」。下から両手を祐三の方へ差し出しているらしかった。祐三は静かに椅子の端に片手をかけて右手で八百子の手を闇に探った。二人の手は闇の中で行き合った。八百子は祐三の両手を下から必死に支えた。四つの手がしっかり握り合わされたまま、祐三が椅子から降りた拍子に、勢いあまって、二人の体は闇の中で強く抱きあった……。[25]

住谷の意図は、「興亜奉公日」への風刺にあったことは明らかであった。官憲側も承知したもので、『学芸』の編集担当の学生だった土岐坤は警察に呼びだされ、「時局がら軟弱でけしからん」と注意を受けた。そのため、小説を掲載した『学芸』の当該号は、さきほどの記述が掲載されている頁を削除することで発行を認められた。住谷文庫に保存されている『学芸』のその頁は、無造作に手で千切られたように無残な姿をさらしている。そして、住谷の楽園松山での生活もまた同じような終局を迎えるのである。

五　楽園松山を追われて

徐々に緊迫する「時局」の中でも穏やかな研究・家族との生活を送っていた住谷とその家族にまたもや不幸の翳りが見え始めた。

一九四二（昭和一七）年、住谷は、松山高商を辞職するはめに追い込まれてしまったのである。名目的ともいえる理由は、住谷亮一の筆名で三笠書房から発刊した『近世社会史』（一九三六）が以前発禁となったことが再度蒸し返されたこと、さらに『松山高商論集』に掲載した「経済統制と経済学的範疇」（一九四〇）という論文が当局からみて「穏当ではない」という指摘を受けたことだった。

しかし直接の理由は、「松山高等学校の行本方円という教授が、私の職を奉じていた松山高商教授西依六八氏を通じて、『住谷が松山高商に教授としていることは松山地方の思想善導に障碍となる』」とその放校に動いたことが原因であった。[26]

田中校長は、文部省や軍の善通寺師団に決定権がありそうだと直接交渉に奔走し、また住谷に題名と体裁だけは時流受けしそうな『大東亜共栄圏植民論』(一九四二)を書かせた。[27] その上思想善導の本拠ともいえる国民精神文化研究所に、田中は住谷を行かせて釈明させるなどしたが、結局辞職する結果となってしまった。

この当時の住谷の心境はどのようなものだったのだろうか。住谷は、盲腸の手術のために一九四一(昭和一六)年の年末に松山赤十字病院に入院した。見舞いに行った息子の磬は次のように述べている。

入院中に第二次大戦が勃発し、真珠湾攻撃が大々的に報道されたが、父はただ「えらいことになった」と小声でいった。[28]

おそらく戦争の暗澹たる終末を予期していたのではないだろうか。
また住谷は、次のような歌を入院中に詠んでいる。

腰痛し妻よさすりてと言いかねし——深夜寝顔のあまりに疲れたる[29]

住谷は、妻子を松山に残したまま、再就職の先を求めて、「楽園」を去らねばならなかった。そして時代そのものも楽園などどこにも求めようもないものへと突入していくのである。

太平洋で戦争がはじまって間もなく、私は松山を去らねばならなかった。昭和十七年三月、四国を離れ宇品行きの船の中で、読んだ新聞に、真珠湾攻撃の海軍特攻隊九名の大きな肖像写真が載っていたのが、きわめて印象的であった。そして、当時の、そのような世の中の動きから、隅っこの方へ踏みにじられた雑草のように払いのけられた自分のみすぼらしい姿に、しみじみした「もののあわれ」を感じたのであった。[30]

六　家族の肖像――戦争と平和

単身京都下鴨の自宅に戻った住谷は、そこでさまざまな生活の辛酸を嘗めることになる。義弟の堀江友広から斡旋してもらい大阪のチッソビルの一室でチッソ販売の仕事を手伝い、また森戸辰男の紹介で代議士の西村栄一の代筆原稿やまた翻訳の仕事を得て糊口をしのいだ。

住谷は、自宅の狭い台所を、書斎と併用して、そこで食べつつ原稿書きに精をだす生活を続けた。「わたしは毎日のようにウドンを醤油で味をつけてうまい工合に煮て食べていた」[31]が、四三（昭和一八）年の末に妻のよし江が京都にやってきてようやく住谷の生活も改善した。他方で、本土への空襲が本格化してからは、バケツリレーや避難訓練などの「愚にもつかないことにエネルギーを費やし」た。

子供の一彦と磬はそれぞれ松山にいたが、四四（昭和一九）年の夏に磬は肋膜炎を患い、京都に帰ってきた。また一彦は、松山高等学校を卒業し、東京帝国大学に入学するものの直ぐに招集されてしまう。住谷は、旅順に招集された一彦に手紙を書いている。

　ところが父からの手紙は、現在の情勢分析、世界情勢の分析と日本の国内事情の様々な出来事の紹介と、その意味付けが書かれています。配給事情はこうなったとか、戦局は次第に日本に不利になりつつある、平和な時代が来るのはもう直ぐだ。お前は無駄死にをするな、出来るだけ工夫して生き伸びろということが手紙に書かれている。それを軍隊には検閲がありますから、私の上官は読むわけですね。そうすると、必ず呼び付けられて、「住谷、お前の親父はどういう親父だ」、「こういうことを書くというのは、何たる不心得か、股開け」ということで殴られるわけですね。毎回殴られるわけです。[32]

弟の磬もまた加療をしに来た医師に、反戦論を語る父の思い出を述べている。磬は肋膜炎の治療中であったにもかかわらず、招集された。

私は二十年七月に招集され、千葉県我孫子の工兵隊に入隊し、本土決戦用員として九十九里浜の成東に廻され、対戦車の猛訓練を受けた。その頃の軍隊は食べるものもなく、銃も分隊に半分ほど配分される状況で、私は肋膜の療養中の招集であり、終戦が遅れれば肋膜が悪化するか、衰弱で生きていられなかったと思う。[33]

また一彦は、旅順から横須賀の基地にまわされ、特殊魚雷艇「震洋」の特攻要員であった。関東に向かう途中に、一彦が京都に立ち寄ることを知らされた住谷とよし江は面会に駆け付ける。

京都駅への行進のあとをついてプラットホームに入ったが、遠くから、隊中の長男の姿を探しだしては、これが最後の見納めだ、と心に誓い自分に言い聞かせていた。[34]

後に住谷は、松山高商時代の教え子たちが、息子たちと同じように出陣学徒として戦地に赴き、そこで没した知らせを次々受取った。住谷はただ暗然たる沈痛の気持ちをもって学生たちの死を思うほかはなかったのである。

ここで、私が住谷とその家族の肖像として、最も象徴的な情景であると思う出来事を書きたい。そこに、住谷とその家族の反戦の願いが象徴的に描かれていると思うからである。松山時代の学生土岐坤の回想である。

私〔土岐〕が学生のまま招集され、やがて戦地に行く運命になり、故郷松山へ帰る途次、京都へ下車して、中川原町の住谷宅へ、「お別れ」に訪れた。ご夫妻の前に正座して「この情勢では、死を覚悟しなければなりません。二〇歳台で死ぬのはまことに残念ですが、この短い生涯を、先生ご夫妻のお蔭で、比べもののないくらい充実した精神の燃焼で飾れたと確信します。お元気で永生きしてください。ありがとうございました」と述べた。

その時、悦治先生は「こんな無謀な戦争はいつまでも続くはずがない。やがて数年後に敗戦で終わることはまちがいない。土岐君。君は一時的感情でやぶれかぶれになる危険性がある。特攻隊志願といった死の危険性の大きな誘惑には、決して敗れてはいけない。恥をしのんでも生き残らなければならない」と、私のまなこを凝視して静かに、しかし力強く語った。

すぐ、よし江夫人が「土岐君のために歌を捧げましょう」と歌い始めて、ご夫妻の合唱が続いた。讃美歌四〇五番「また会う日まで」であった。(35)

第八章 叔父住谷天来の死

住谷が松山を去ろうとしていたとき、郷里では一人の老人が孤独な死を迎えようとしていた。老人の名前は住谷天来《てんらい》。

住谷が自身の思想の系譜について述べたとき、「底を貫いているように思われる」とした叔父の住谷天来(一八六七―一九四四)は、群馬地方が生んだ特異な宗教家・思想家そして文学者であった。

天来は自由民権運動と群馬廃娼運動に若い頃奔走し、また年を経ては群馬各地でキリスト教の牧師として活動、また個人雑誌『聖化』を発行して、さまざまな時流へのプロテスト(抵抗)を主張した。天来は一部の研究家には知られているものの、依然その活動や業績について一般的には無名に等しいといえるだろう。

この章では、住谷との関連を採り上げる前に、天来の略歴やその思想について簡単に触れてみたいと思う。

一　天来という人

住谷天来は、幼名を八朔《やさく》または弥朔《やさく》といった。一八六九（明治二）年二月一六日、群馬県群馬郡国府村大字東国分（現群馬町東国分）で、父弥次平、母せいの次男として生まれた。長男は悦治の父友太である。

天来の性情は「良きにつけ悪しきにつけ」父親譲りの上州人気質であり、それは反骨の精神として表わされるものだった。また天来の若い頃から発揮された文才や画才は、親戚である歌人住谷明宣の長男久太郎の影響を受けたものだと住谷は書いている。明宣は、江戸から明治初期に活躍した歌人であり、女流歌人太田垣蓮月尼や尾高高雅と親交を結び、また尾高との合作である歌集『類題芳風集』（一八七九年刊、金華堂）を出版している。

幼い頃の天来は利発である反面病弱であり、それもあってか健康を祈願して「御嶽講」に凝り、信州御嶽山にお詣りしたという。住谷は天来のキリスト教への帰依の素地を、「案外この御嶽詣りなどに素朴ながら共通点」をもつのではないかと記している(1)。

天来の文学的才能の本質は、なんといってもその漢文学に対する造詣にあるのではないだろうか。天来は、内山大蔵坊という漢学者の塾に通い、そこで和漢洋の書物に触れた。また福沢諭吉の『学問のすゝめ』を読んだのもこの頃であり、それは天来の中になにかしらの立身への夢を膨らませたのかもしれない。

一八八三（明治一六）年、国府小学校を卒業した後、農作業のかたわら独習を続けたが、二年後天来は前橋の幽谷義塾に入塾した。幽谷義塾は蜂巣長五郎が主幹する漢学塾であり、そこで英語、漢文を学び、後に塾幹にまでなり非凡なところを発揮した。

翌年（一八八六年）、天来は開校したばかりの前橋英学校に入学した。英学校を選択した理由として、藤岡一雄は、天来が「英学ブームの落し子」であったためであると表現している。藤岡は、当時政府の推し進める条約改正交渉に関連する欧化政策の影響で全国で英学ブームが興っていたと指摘する。この英学ブームは前橋英学校が県議会の英学派の後押しで設立されたことにも表われている。前橋英学校には、福沢諭吉と徳富蘇峰の弟子である竹越与三郎が教師として赴任していた。竹越は天来に英学の意義とトマス・カーライルの『英雄崇拝論』の存在を教えた。

英学校は、もともと「熊本バンド」の加藤勇次郎が校長であり、教員の多くがなんらかの形でキリスト教に関わっていた。この環境が、天来にキリスト教徒として生きる決意を促したことは疑いはないであろう。藤岡は、天来がキリスト者となった契機として、天来の受洗と時を同じくして起った上毛八士入獄事件（鍋屋事件）による自由民権運動の弾圧によって、政治への関心を深めていた天来に受洗決意の契機となったと指摘している。[2] 天来は、前橋英和女学校（前橋英学校から発展）の校長となる不破唯次郎からその事件の最中に、前橋教会で洗礼を受けている。一八八八（明治二一）年三月のことである。

▲住谷天来

前橋時代の天来の活動として他に特筆されるのは、群馬の廃娼運動への参加である。久保千一は廃娼運動について次のように説明している。

> 群馬県はすでに旧幕府時代から、中山道、三国街道、日光例幣使街道の幹線道路などが通過しており、まさに要衝の地であった。街道を往来する多くの人々にとって必要不可欠な宿場町が街道筋に発達し、そこにはまた遊廓が生まれることになった。宿には〝飯盛女《めしもりおんな》〟と呼ばれる女中がおり、夜には娼妓となり、客の求めに応じるために〝だるま〟とも呼ばれていた。[3]
> 廃娼運動は、新島襄の影響を受けたキリスト教徒湯浅治郎らが中心になって県議会を動かし、日本で最初の廃娼の建議を成立させた。[4]

この廃娼運動に呼応して一八八六（明治一九）年にキリスト教徒の青年たちによって上毛青年会が結成された。この会は青年会の結集である上毛青年連合会に団結し、廃娼活動の母胎となった。天来もまたこの上毛青年連合会に加わり、廃娼運動の先陣を切り積極的に活動した。天来の廃娼運動への関わり方は、主に群馬各地での廃娼演説会を行うことであった。これは武邦保によれば、いかにも清教徒の運動の形であった。[5]住谷は両親にこの廃娼運動の意義について幼少の頃から繰り返し聞かされたと回想している。

天来は、一八九〇（明治二三）年に上京してまず東京専門学校（現早稲田大学）英語政治科に学んだが、約一カ月で退学し、慶応義塾に入塾している。この一連の進学・転学は、将来実業の世界で成功を望もうとする立身的観点からなされたのではないかと住谷は見ている。

天来は東京では服部市右衛門宅に居候し、そこで毎夜聖書の講読に熱中していたらしい。後に服部の娘みつが天来の最初の妻になる。

天来は慶応を卒塾後、いったん帰郷して上野新聞の記者となり、廃娼運動のための記事を執筆する。また他方で、前橋英和女学校が解消してできた上毛共愛女学校に国学・漢学・英学の教師として奉職した。この上毛共愛女学校は今日の共愛学園である。天来にとって社会的に最も充実し、安定していた時期ではないだろうか。しかし数年後、この女学校の拡張移転問題にからんで、天来は学校を辞任するはめに陥る。再度、上京し服部と共同で牛乳販売業を企てるが、結局失敗。さらに姉のとらが肺結核で療養していた大磯の海岸で、天来は波を被りそれが原因で両耳に重度の障害を負ってしまう。

まさに暗く前途がつかめない時代ではあったが、兄の友太とその妻軟《なん》の援助を受けながら、東京の麻布中学校などで教師の職を見つけながら糊口をしのいだ。この東京生活の間に、以前竹越与三郎から教示されていたカーライルの『英雄崇拝論』の翻訳に着手し、数年後一九〇〇（明治三三）年に刊行にまでこぎつけた。またみつとの間に穆《あつし》（後に朝日新聞社記者、住谷に精神的な影響を与える）、静江が生まれる。

この時期の天来は「翻訳業兼雑誌記者」として、松村介石主宰の雑誌『警世』に寄稿し、そこで片山潜、安部磯雄、木下尚江、島田三郎、尾崎行雄らと親交を結んだ。この雑誌では当時の一大社会問題であった足尾銅山事件を中心として多様な労働問題・政治問題が論じられていた。天来の政府に対する批判的視座もこの『警世』時代に培われたように思われる。

また先に出版した『英雄崇拝論』は、内村鑑三などの称賛するところとなり、天来の学者としての評価をも定着させた。天来にとってカーライルの書物は聖書に次ぐ重要なものだった。

私の青春時代から私の精神を鼓舞し、私の志を立て、私の限界を深くし大きくして呉れたものは英の文豪呵雷留《カーライル》と其著述である。彼の書物は今猶昔の如く、私の憂ひに沈む時、私の淋しさを感ずる時、必ず私の側に来て、私を慰め励まして天国への旅路を弥が上にも弥や高く益々直往し邁進せしめて呉れる、誠に有難い書物だ[6]。

天来は毎年の初めにカーライルの『フランス革命史』と聖書を読みはじめ、一年で読み終えるという習慣を晩年まで続けたという。またカーライルの別の著作『衣裳哲学』も愛読書のひとつであった。カーライルとその後継者であるジョン・ラスキンの著作は、天来の教養のベースであった。内村鑑三の主宰する『聖書之研究』に「カーライルの宗教」（一九〇八年七月）を投稿していて、そこにはカーライルに対する天来の評価が簡潔に記されている。

則ち知る、彼（カーライルのこと）の所謂信仰とは猶ほ支那の陸象山の如く宇宙を容れ宇宙を包む大なる自我を信ずるの謂也。別言すれば神と共に立ち、神と共に歩み、神と共に働く所の千古万古に亘りて存する大なるヒューマニズムの自我を見出し、此の自我に頼り此自我を信じ、之が為に奮起し、之が為に献靖し、之が為に奉事する其宗教的熱誠と其預言者的敬虔と、其詩人的憧憬と其戦士的殉難あるもの誠にカーライルの一代にして、彼は実に此信仰を有したり[7]。

キリスト信仰に基づく自我＝人格の確立、その具体的な活動としての「労働」はまた神への崇拝に等しいと見なされた。後に現代に生きる者を「自我狂」（イゴーメニア）と表現し、単なる欲望の充足のみを念頭に置く人間への批判を天来は行うのだが、その際の立脚点としてとっていたのが上述したカーライル的人間観＝信仰的労働観であった。

一九〇三（明治三六）年には訳補したジョン・ミルワード著『十九世紀の預言者』を出版した。この訳書は、編集デザイン（組版）上で当時としてはユニークな試みがなされていた。天来は甥の住谷に目を大事にするようにと熱心に助言したそうだが、自身は耳の障害に加えて視力も弱かった。そこで読者の目への負担を減らすために通常よりも倍する大きさの活字を組んで便を計ろうとした。このエピソードに反骨の士としての厳しさの反面にあった、繊細な優しさをもった天来の性格が吐露しているように思われる。

同訳書は三部構成であり、「トーマスカーライルと彼が労働の福音」、「社会改良家としてのジョンラスキン」、「トルストイ伯の福音」に分れていて、それぞれの内容が天来の思想形成に大きな影響を与えたように思われる。ここではカーライルについてだけ簡単に触れておくことにしたい。

ミルワードは、カーライル、ラスキン、トルストイを近代における預言者としているが、特に「文学的法教師たる形に於て古希舶来《ヘブリコー》の預言者」(8)に似ている点に注目する。文学者または詩人であることが預言者の条件、あるいは預言者そのものとする見解は、天来の特徴的な見解でもあった。

例えば天来は盟友ともいえた内村鑑三の才を評して、内村が預言者であり、同時に詩人であったと述べているなどその代表例であろう。(9)天来とミルワードの見解は、カーライルの『英雄崇拝論』に由来するものである。内村もまたカーライルから影響を受けており、『研究十年』の中で次のように書いている。

　預言者は詩人であり、詩人は預言者である。二者の間の区別を立てることは甚だ難い、預言者は神の旨を伝える者であって、詩人は天然の心を語る者であると言ふても、二者の間に区別は立たない、何故なら神の旨を解せざれば天然の心は解らず、天然を解せざれば神の旨は解らないからである。(10)

この内村の表現は、内村自身にもあてはまるが、だが天来にこそよくあてはまるものだった。後年『聖化』での毎号の巻頭詩や各地で行った文芸講演会での活動を見ただけでも、天来は文学的才能・詩人的素養に満ちた特異な牧師だった。

ところで第一章「トーマスカーライルと彼が労働の福音」では、ミルワードはカーライルの主張は、労働の福音を世に伝えることを目的とするものであり、労働が単に日々の糧食を得るためだけのものではなく「凡そ真正の労働は則ち神聖也」という見解であると整理している。そして「人生の意義は能く其業務を遂ぐるに有」ると主張した。(11)

このようなミルワードのカーライル論は、先の天来のカーライル論の要旨と重なっている。カーライル―ミルワード―天来の影響のラインが鮮やかに引ける。またカーライルに影響を受けていた内村鑑三は、天来の「カーライルの宗教」を高く評価し、天来宛ての書簡にその読後感を送っている。(12)

只今君の「カーライルの宗教」を拝読し終る。実に君の近来のベストなり、君に深く謝し、又神に謝す。(一九〇八年七月一五日)

カーライル研究者として天来は日本の先駆者であると同時に権威でもあったが、そのことが内村との思想上の親交を深めた一因だった。

一九〇九(明治四二)年には、三冊目めの翻訳書チャールズ・アレン・デイスモア著『詩聖ダンテの教訓』を刊行する。天来はダンテ『神曲』をイタリア語原文で読むほどの熱の入れようであり、この書を訳した理由について「自序」にダンテの宗教の研究から関心を持ったと記している。ダンテの影響は強く、天来は後に未公刊のものだが、「断天(ダンテ)ノ王国論」「断天(ダンテ)ノ刑罰観」を著してもいる。

「雑誌記者」としての天来の活動を見てみると、前記した松村の『警世』の主筆以外に、内村の個人誌『聖書之研究』への投稿が重要であろう。天来はこの雑誌に内村が死亡するまでの約三〇年間に四二本もの原稿を投稿している。特に注目すべきは、日露戦争への反対の意思を込めて書かれた非戦論「墨子の非戦主義」であった。この天来の非戦主義については節を改めて論じるが、この論文は内村はもちろんのこと当時の日露戦争への反戦・非戦を展開していた旧『万朝報』の記者グループ（内村も含め、幸徳秋水、堺利彦）らの評価することにもなった。幸徳らの主宰する雑誌『平民新聞』にも転載されたり幾度か言及・紹介もされたのがその証左である。しかしこの幸徳らとの関りが、官憲の注意を引き付けることになり、以後天来は要注意人物としてその行動が官憲の監視下に置かれるようになった。

東京での苦労がたたったのか、天来は大病を患い、一九〇五（明治三八）年に郷里の国府村に戻った。数年後、戸籍の名前をそれまで筆名で用いていた「天来」（神の声を聞くものの意）として改名するように届を提出した。これ以後特異で孤高のキリスト者天来の活動が始まったといえる。

二　天来の思想

天来の思想の中核をなすものは、孔子批判と非戦の思想であるといっていいだろう。両者は相俟って既存の体制や日本の伝統的な価値観に対する批判として鋭いものがあった。ここでは、まず孔子批判を検討した上で、次に天来の墨子の主張を借りて行った非戦論について考えてみたい。

武田清子は、日本のキリスト者の天皇絶対制批判のひとつの表れが儒教批判であったと指摘している。天来の孔子批判は、その著作『孔子及孔子教』を中心に個人雑誌『聖化』の諸論文に見られる。もちろん戦前の言論統制下の状況では天皇制批判など明確にいいうるはずもないが、後の記紀（古事記・日本書紀）や神道への批判なども含めれば、天来の意図が大まかに奈辺にあるかは明らかであった。

『孔子及孔子教』は、『聖書之研究』に連載された後に、結論部分などを書き加えて一九一二（明治四五）年に警醒社書店から出版されている。この著作は、柏木義円や内村鑑三の称賛を浴びた。内村は、天来に求められて書いた『孔子及孔子教』の序文において、「彼（キリスト）の十字架の下に立ってのみ孔子も釈迦もソクラテスも正当に解することが出来るのである」とし、天来の孔子論も「キリストの十字架の下」における解釈であると評している。内村は晩年の天来への書簡でも「東洋倫理の素養なくしてクリスチャンに成るの危険を近頃切実に感じます。聖書丈けでは人は救はれません」（一九二九年一〇月一八日）と書いている。天来の孔子論は、若き日から養った豊かな漢学の素養とキリスト者としての視点から書かれたユニークな孔子批判の書であり、それと同時に体制批判の意図を秘めた野心的な著作である。

『孔子及孔子教』は、第一章孔子の事績、第二章孔子の真相、第三章孔子の思想、第四章孔子の教義、第五章結論、第六章余論から構成されている。ここでは各章の内容を丁寧に追うのではなく、全体の要点と思われるところだけに絞って内容を紹介したい。

天来は孔子の思想は、「儒教教会」の教義であり、また「支那の国家」の基盤を成すものの考え方（宗教＝孔子教）であるとし、その思想の保守的な側面を批判することが本書の目的であると述べている。天来は、まず宗教とは人生観であり、それは人生の真実を探求するものであると述べている。その意味で宗教は学術や知識のような人生の目的をめざす上での過程的な産物ではないと断言する。

余故に曰く宗教は総ての学の始めにして総ての学の終也、総ての道のアルパにしてオメガ也と。されば若し人にして宗教を等閑に附せん乎、然らば則ち総ての学の最も重んずべき深奥を等閑に附する者也。亦人にして宗教を無視せんか、然らば則ち総ての道の最も尊むべき本源を無視する者也。(13)

宗教は学問の基本だが、孔子の考え方はこの宗教に基づかない単なる自明の常識を繰り返す「平凡宗」あるいは「人間教」の考え方にすぎないと天来は批判する。孔子自身は、自らの「倫理道徳は支那古代の思想たる宗教心に基づく」としているが、その「支那古代の宗教」とはかつての帝王たちの制定した法律にしかすぎない。「支那古代の宗教」を具体的に見てみれば、それは天然崇拝と祖先崇拝が合して出来上がったものであり、「儒教の眼目、儒教の精神、儒教の心髄」とは、単に「祭祀、儀式、制度、典例」などを行う形式的なものであり、本来の宗教とはいえないと指摘する。

また孔子は人の行う道徳が「天の道」に則るものであることを説くが、その「天」とは「甚だ漠然たる自然力のみを謂ふ者にして、神格あり神性ある存天の神の指すものに非ざる也」とし、結局孔子には宗教が欠けていると結論するのである。この孔子に宗教が欠けているとする批判の観点は、後に検討するが、「キリストの面影」さえ見えるとした墨子への評価とは対照的なものといえる。

天来はさらに孔子の矛盾を挙げる。孔子には、宿命論者と自由意思論者の二つの面があるという。宿命論者としては、人の運命の「天命への一任」という側面があり、そこでは人の主体的な選択の余地はない、それに対して自由意思論者としては、孔子は「人力の尚ほ天命を反すことあるを思」っていた。この両者の考え方は、孔子の中で整合的でなく未解決なままである。なぜなら孔子はこの矛盾を信仰で解決しないからであるとキリスト者天来は指摘する。とりわけ孔子は形式的な祭祀や儀式は行うものの、本当の祈りを知らない、「祈祷なき所に宗教ある無し」だからである。[14] この孔子の矛盾とその信仰による解決、という論法は、若き日の悦治が Hebrewism と Hellenism の対立をキリスト教の信仰によって乗り越えようとした論法と基本的に同じであろう。[15]

天来は、孔子（教）の本質を次のように整理する。

約言すれば其教義の心髄は礼儀にして其本尊は人間也。其聖書は先王の法典にして其信条は前賢の制度也。(16)

それゆえ、孔子（教）とそれに基づく「儒教教会」や「支那国家」は「人間教」の産物にしかすぎず、恣意的かつ浅薄な原理から生まれた制度だといえる。このような教義を唱えた孔子は「支那に於て第二流第三流の人物たるに過ぎ」ないというのが辛辣な天来の評価であった。(17)

孔子が二流以下の人物であるのは、古代の帝王が制定した恣意的な法律による「政治を以て目的となし、国家を以て教会となし、国民を挙げて僧侶となし、回顧的退嬰的に、好古的現実的に平凡主義なりしが為め也。順俗主義なりしが為め也。常識主義なりしが為め也。中庸主義なりしが為め也。円滑主義なりしが為め也」とする。(18)

この孔子批判は、天来の目前にある日本の状況にも当てはまる。少なくとも天来はそのようにとらえた上で、当時の儒教復活の風潮を激しく批判した。

他方で墨子（古代中国の思想家）の言を用いた非戦論は、天来のユニークな論として評価されている。天来が初めて非戦論をはっきりと唱えたのは、すでに述べたように日露戦争時前に内村鑑三の『聖書之研究』四六号（一九〇三年）に「墨子の非戦主義」を投稿したのが始めである。同じ年に内村鑑三もまた『万朝報』や『聖書之研究』で非戦論を主唱し、また群馬では柏木義円が『上毛教界月報』で「非戦論、国是論」を公表した。

天来は墨子の相愛説とそれに基づく非攻説を持って非戦論を展開した。墨子のいう相愛説とは、キリストが「汝の如く其の隣人を愛すべし」といった教えと同じものである、と天来は指摘している。戦争や乱世が生じるのはお互いが愛し合わずに、私欲のみで行動するからである。それゆえ互いが互いのことを愛し合えば、戦争はそもそも生じるものではない。つまり天来は相愛することによって個人間の争いのみならず組織や国家同士の争いさえも生じる可能性を否定したのである。このような墨子の思想には「キリストの面影」さえみえると天来は述べている。

天来が『上毛教界月報』に一九二四（大正一三）年に発表した「墨子の非戦論と兼愛主義」ではさらに精緻化して非戦論あるいは争いの非認論を展開している。

墨子の思想行動の根底をなすものは何でありしか？　是は他でもない。支那独特の天に対する宗教的信仰であります。彼はイスラエルの大予言者イザヤにも匹敵すべき熱烈敬虔の宗教家であった。キリストの御言を拝借して評すれば墨子は実に神の子と称へらるべき人である。[19]

天来は孔子とは異なり、墨子の信仰する天をキリストの唯一神と同じものとみなしている。相愛（兼愛）はこの「天」からの命令として下されたものである。

之を一言に約すれば墨子の愛即ち兼愛は天の御命令又は神の聖旨なるが故に我等は此の天意神命を畏み絶対的の法則又は人類行動の規範とし標準として何処までも服従せねばならぬ、而して此の如く服従するものは天之を賞し、服従せざるものは天之を罰するといふのが墨子の中心思想である。

○此の如く墨子の所謂天とは曰ふまでもなく天地万物を創造せる独一無二の真神なると同時に彼に取っても社会に取っても将た又如何なるものに取っても之れなくんば一日も生くる能わず、又生くべからざる唯一のもの、生命の根源、光の本拠、力の本源である。[20]

天来は兼愛主義を掲げ、また非戦の立場をとる政治を「美政又は義政」とし、反するものを「力政又は暴政」とした。[21]

天来の非戦論の特徴は、信仰を通じての人格の鍛練の帰結として非戦の立場に至るとするもので、いわば内面世界の重視を特徴とする。そして相愛（兼愛）すなわち非戦の究極の原因を神の権威に頼るという意味で、現実の社会改良の提唱とは結びつき難い性質をもっていた。

三　天来のジャーナリズム――『聖化』における社会主義批判を中心に

天来が甘楽教会の牧師になったのは、一九一八（大正七）年のことであり柏木義円らの推薦によるものだった。甘楽教会時代に天来は伝道活動の一環として月刊『神の国』、その後継誌の『聖化』を刊行する。[22]甘楽教会時代は各種の文芸講演会などを催し積極的に地方の布教活動に精励していた。[23]『聖化』はその布教活動の助けとして現世のキリスト教による「聖化」を目的として発刊された。一九二六（大正一五）年の宗教団体法による信教の自由への制限に対する危機感が創刊につながった可能性を門奈直樹は示唆している。[24]『聖化』は、天来が編集人、天来の二番目の妻朝江が印刷人で、官憲による妨害で廃刊するまで約一二年間発行され続けた。

以下では、『聖化』における天来執筆の記事から、天来の社会主義に対する見解を拾ってみよう。

天来が社会主義に対して向けた態度は『聖化』誌上のものはどれも否定的なものばかりであった。大概はマルクス・レーニン主義に倫理というものが位置を占めていないことを批判することを常としていた。

「萬国萬民の救（上）（下）」（四〇号、四二号）では、『共産党宣言』の要旨を述べた上で、「我国の如きも数年前から社会運動なるものが起って、（略）現代の基督教も亦彼等によりて辛辣に批評され、一体基督教と教会とは平民の味方であるか、貴族の味方であるか別言すれば資本階級の玩弄物となり、教会の講壇は全く此反動思想の流布に苦心する処ではないかと」[25]いうキリスト教に対する批判を採り上げている。

これに対して、例えばレーニンはマルクスの『ヘーゲル法哲学序説批判』を踏まえて、「宗教は阿片である」と極端にいったが、このような批判はキリスト教の本質を知らないからである、と天来は反論する。むしろキリスト教は労働者や資本家という不平等を解消し、平和の福音を唱道するものだから、「萬民萬国」の友ともいえるだろう。

聖化

首途の祈り

特別廣告

▲『聖化』表紙

それに対してマルクス、レーニンらの立場は人類社会を闘争の場に変え、原始の状態に戻すものである。

> 唯物無神的に社会組織の変革を企て、階級闘争と共産主義の宣伝の下に、私有財産を否定し、現在の国家を否定し、一切の分裂を強調するマークス（ママ）やレーニン等の落ち行く先は是のみ、即ち人類相食み同胞相殺す文明の逆戻りである。[26]

それに対してイエスの教えは対極にある、と天来は強調する。

イエスの目的は神の子としての人生である。義と和と聖霊によれる喜を以て萬人萬国が一家と成りて兄弟姉妹たるべき神の国に於ける愛の生活である。[27]

マルクスらの考え方では、「物質的に社会組織を改革して人類の経済的生活に余裕あらしむるに至れば夫れで萬事は解決するもの」と信じているが、「神と霊魂」がない世界には、また生命（＝人）は存在しえないのだと天来は述べる。

神なくば生命なく、生命なくば社会主義は成り立たない。[28]

天来の社会主義批判は、マルクスの物質的側面のみを取りだして一方的に批判するという単純なものではあるが、このようなマルクス批判はまたアダム・スミスやリカードらの古典派経済学に対するジョン・ラスキンの批判に対して天来が近親感をもっていたことにも関連していた。

天来は論説「ラスキンの宗教」において、ラスキンは古典派経済学などの「近代の経済学」はすべて「エンライツント・セルフイシユネス（文化された利己心）」に基礎を置くものであり、それらは「贋《まやかし》経済学」であると否定した。

然るに我がラスキンは経済学の富と価値とを定義して、価値の意義は何物にもあれ、其の有する力又は利益が、ライフ（生命）を維持する処にありと申しております。[29]

天来によれば、このラスキンの経済学＝生命の学問とする考え方はキリスト教の教え（一人、全世界を儲くとも其生命を失はば何の益あらんや又生命に代へて何を與へんや）に基づくものであり、生命維持のために経済の掟を探求することを目指すものである。すなわち無制限で自己の必要を超える消費は悪であり、現在の自分の生命を救う消費こそ「善く費やされたと曰ふ」のである。[30]

このように経済学の中にキリスト教の倫理のしっかりした位置を見出すこと、この天来の思索の方向は住谷にも受け継がれていく。

四　住谷天来と内村鑑三——住谷悦治への影響を軸に

住谷は、天来と共に内村鑑三（一八六一—一九三〇）を「私の現在までの思想系譜の底を貫いているように思われる」[31]とその影響力の大きさを表現している。また天来と内村をまったく同じように考えてしまうとも述べている。先に書いたように住谷が受洗した契機は、内村鑑三の著作『基督教問答』を読んだことにあった。また住谷が後年回顧した内村からの思想的な影響は、主に大学時代に聴講した内村の日曜講演や、内村の初期から中期に属する諸著作によるところが多かった。

私の叔父天来は、内村先生と親しかったので少年時代から内村先生と叔父とを結びつけて、私の心の底に色濃く生きているように思う。大学時代、大手町の私立衛生会館における内村先生の日曜講演のあの鉄火のごとき熱弁を聴いてからというものは、爾来いかなるキリスト教の牧師、宣教師の講演も、私にとっては太陽と月ほどの熱と光りの差異を覚えしめる。内村先生の著書では『宗教と現世』、『基督信徒の慰め』、『余は如何にして基督信徒となりしか』、『研究十年』、『外国語之研究』、『代表的日本人』などを愛読した。これらはいくたの著書のうち、とくに先生の傑作ではないだろうか。[32]

住谷が大学時代聴講した内村の日曜講演は、当時「聖書の予言的研究講演」をテーマに、精力的に行われた聖書講演会である。当初は、キリスト教青年会講堂を使用していたが教会側の反発から使用を拒否され、大手町に会場を移して行われていた。当時の内村はキリスト再臨運動を積極的に展開しており、またこの公開講演ではモーセの十戒、ダニエル書、ヨブ記、そしてロマ書について順次行われた。住谷は一九一九（大正八）年の某日に内村の講演を聴いたと書いているので、おそらくモーセの十戒についてのものではなかろうか。著作としては主に内村の前期から中期にかけてのものを住谷は愛読していたが、日曜講演では後期の成果からも影響を受けたことは注目していいだろう。[33] ただ住谷は内村のキリスト再臨という考えには「ついて行けなかった」とも述べている。[34]

また住谷の蔵書と天来の旧蔵書からなる住谷文庫には、前橋中学時代からの読書の痕跡が残るいくつかの内村の著作が保存されている。住谷はまた天来の一九三三（昭和八）年に書かれた日記を読んで、そこに内村と天来との密接な交流の跡を確認してもいる。[35]

住谷は、天来と内村の関係をいくつかの小文や天来の略伝の中に記した。以下ではそれらの記述をも参考にしながら、天来と内村との関係について、主に住谷への影響を頭に入れながら整理しておきたい。

天来は内村の死に際して、『聖化』誌上で次のように内村の上州人としての性格を強く描いている。

君（内村のこと）は文久元年三月ここ上州の雄都たる高崎藩、松平伊豆の家臣として生れ、録五十石を食む内村宣之を父として武士の家庭に育ちしものであった。想ひ起せば昨年の八月二十二日君が軽井沢より僕に與へし書面も一節に、曰く

高崎城所感（無声無韻）

光陰如矢七十年。　時変世移今昔感

不棄上州武士魂。　独拠聖書守福音
腰に刀帯びて学びしA、B、C[36]

天来は、内村の特質を「我国近代に於ける、尤も超群の預言者であり、詩人[37]」であると評し、また「実に主義の人」であり、理想の名の下に一度立つや「其の主義を貫徹しなければ已まないのであった[38]」と評している。

内村側の書簡集によっても天来との交友の軌跡が長期間に亘って続けられていたことがわかる。内村側の書簡の大部分は、『聖書之研究』に関する事務的なもの、時候の挨拶などが多いが、上で引用した「不棄上州武士魂」の句や、東洋倫理の必要性を述べたもの、天来の「カーライルの宗教」への絶賛などその折々で重要な内容をもつものがある。

例えば、一九〇九(明治四二)年八月一七日の内村から天来への書簡には、「小生は近来益々パウロの偉大なりしを感じ申候、彼れ程世に誤解さるる者は無きと信じ候、彼れ今、基督教会の中に現はるるならば必ず破壊者として信者に排斥せらるること存候」と書いている。内村が後年キリスト再臨と無教会派の活動を繰り広げる中、次第に孤独を深め、またその孤高なる思索と信仰の跡を畢生の大作『ロマ書の研究』に結実させていくことを予見するようで興味は尽きない。

天来は始め日本基督教会派の一員であり、後に組合教会派に転じた。他方で内村はそのような教会に属すること自体を徹底的に批判した。しかし何人かの研究者が指摘するように両者の親交をそのような尺度で計るのは誤りであろう[39]。

住谷は天来と内村の交感の深さを同じ時代を戦い生きた上州人であることに求めている[40]。また天来自身から見ても内村との屈指の思い出が、上州の地、例えば伊香保や富岡などでの内村との邂逅であったこともその証といえなくもない。

一九三〇（昭和五）年二月一二日に富岡で静養中の内村を天来が見舞いに行った際に、内村が詠んだ漢詩が残っている。それはかの有名な「上州人」の詩である。

上州人無知亦無才　剛毅木訥易被欺
唯以正直接万人　至誠依神期勝利

住谷はこの詩は内村の原罪的な意識をうたったものであり、その罪の意識を上州人（内村も属す）一般に拡大したものだと解釈している。[41]

また天来も内村もともにその人間類型から見て、観想的生活を追求する人たちであった。日清・日露そして第一次世界大戦と一貫して非戦論を展開しても、同じ上州人である柏木義円とは異なり、彼等の非戦論は具体的な社会改良に結び難く、むしろ個人の人格改善を極限まで追求すること、その結果として近代的産物たる「人格」あるいは「自我」そのものの否定にさえも至る信仰の途を目指した。いわば、外的な問題を自己の内部世界で解消するタイプの人間類型であった。

天来にあっても内村にあっても現世の問題の根源は、近代の人間の「自我狂」（イゴーメニア）[42]と表現できるようなその異常に増大した自我のあり方に求められる。

然らば現代の日本の病原とは抑も何か？　曰く自我狂《イゴーメニア》是だ[43]（略）今や我日本人はダルウインの進化

論とニーチェの生哲学とヘッケル流の物質観におし流され、此大切なる宗教的確信と正しき人生観とを失う為めに、或は生存の欲に迷ひ、或は失恋の裡に失脚し、或は黄金の金グサリに縛りつけられ、七転八倒、失望と倦怠の極遂には自暴自棄となり、多くは自殺するようになって居る。[44]

この自我は二つに分裂しており、それが狂いをもたらし、自己だけに止まらずに他者や社会に対しても葛藤（争い）をもたらしてしまうだろう。天来は次のように書いている。

人間の中には明快《はっきり》した二ツの原理が存在する。一は霊魂の思慕であって、人をして永遠の真理を探求し得ずんば休まざる迄に高め、二は肉欲の追求で人間をして官能の世界に服従せしむるものである。[45]

この自我のまた割きとでも言える人間の状態をニーチェは次のように表現している、と天来は指摘する。

詩人新智慧《ニーチェ》は其傑作『如是観《ツアラツウストラ》』の序文に於て左の如く述べてをる。

人間は動物と超人との間に結びつけられた一本の綱――則ちそれは深淵の上に懸かってある――である。[46]

しかしニーチェのように人間（自我）のありようをとらえるのは、「実に剣呑だ。危険な進行、危険な中途、危険な佇回」だと天来は批判する。また内村がいったように、利己的な自我を抑制するのに、単に「人の情」に頼るのも誤りである。[47]

むしろ「此危機一髪に千鈞の重きをかけて信仰の冒険を試み、神を目がけて直往し邁進する人、然り其人こそ確に人生の勝利者である」[48]、または「総て自己中心というふ悪《にくむ》べき厭ふべき一切の渦源たる我欲我満を打破して、神を中心とする人」[49]こそが正しい人のあり方である、と天来は考えた。

之を見ても人間といふものは何うしても自分以上の力、何ものかの神を頼まなくては居られぬと見

へる。然り人間は何うしても神を崇拝しなければならないように造られて居るのだ。是が即ち其本音だ。(50)

内村もまた「先ず聖き神の正義を以て己の良心を撃たれずして、如何に思考を凝らすとも基督教の一方面だも解することは出来」ないとし、(51)「人格」や「自我」の「神無し」の改善の途などありえないと主張している。

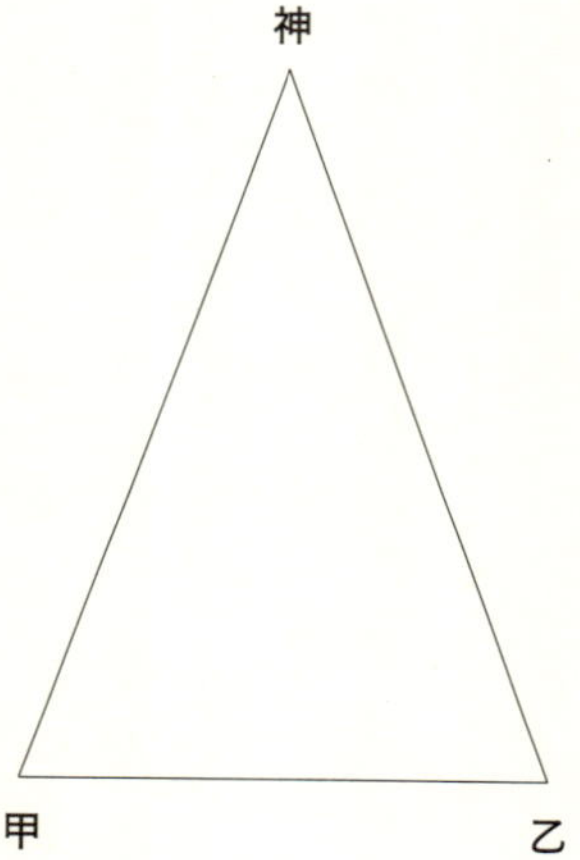

▲図１

内村はさらに近代的な自我や人格の自律性（「神無し」の改善の可能性）を徹底的に否定する。有名な内村最晩年の「霊魂の父」（一九二九年）には次のように書かれている。(52)

塵（肉体）は本《もと》の如く土に帰り、霊魂は之を授け給ひし神に還るべしと。土より出て土に帰り、神より出て神に還る。人は其意味に於て二元物であって、肉と霊とは胎に於て合し死に際して別かるゝのである。（略）人は一人一人神に特別に造られたる者であるからである。何人も神を霊魂の父として有つからである。其意味に於て兄弟は勿論のこと、親子までが他人である、各自異なりたる霊魂の所有者であるからである。（略）それ故に人は直に人に繋がる事は出来ない。縦令《たとへ》親子と雖も然りである。人は神を通してのみ相互に繋がる事が出来る。下の図一（図1参照）を以て之を説明することが出来る。

甲と乙とは如何に親しき身内なりと雖も相互に一体たる事は出来ない。一体たらんと欲せば、甲乙各自先づ霊魂の父なる神に繋がり、神に在りて一体たることが出来る。(53)

神を通しての「自我狂」からの離脱、さらに人と人との交感さえも神を通して可能となる。近代的で「神無し」の自我＝人格は、まさに内村が言うように神への信仰の前では良心を撃たれてコナゴナに砕けてしまうのだ。付言すれば、天来もまた**図1**でイメージされる神を通しての人間関係観あるいは社会観を持って、例えば非戦論などを唱えたことは、すでに言及したことである。

このような天来と内村の教えは、住谷の思想にも根強く影響している。ただ住谷は信仰をもって「宗教」を語るのではなく、因果分析の眼から（あるいは科学の眼とも弁証法的唯物論の眼ともいえよう）「宗教的真理」をとらえていた。

例えば内村の**図1**に類似したもの（**図2**）を用いて、住谷は次のように述べている。

> 友情が成り立つためには、必ずまず人格の自覚がなければなるまい。この歴史的現実において、この一つの生命を、如何に生くべきか。この内的な反省と、置かれたところの歴史的、客観的世界との自覚が必要である。単なる「我」のめざめ、単なる「魂」の自覚だけではない。新しい意味での友情は、人格の自覚——個性の自覚——個性の成長をその第一点とするけれど、この個性の人格的結びつきが、社会・歴史的な共同目的において共通なものであることが大切ではあるまいか。

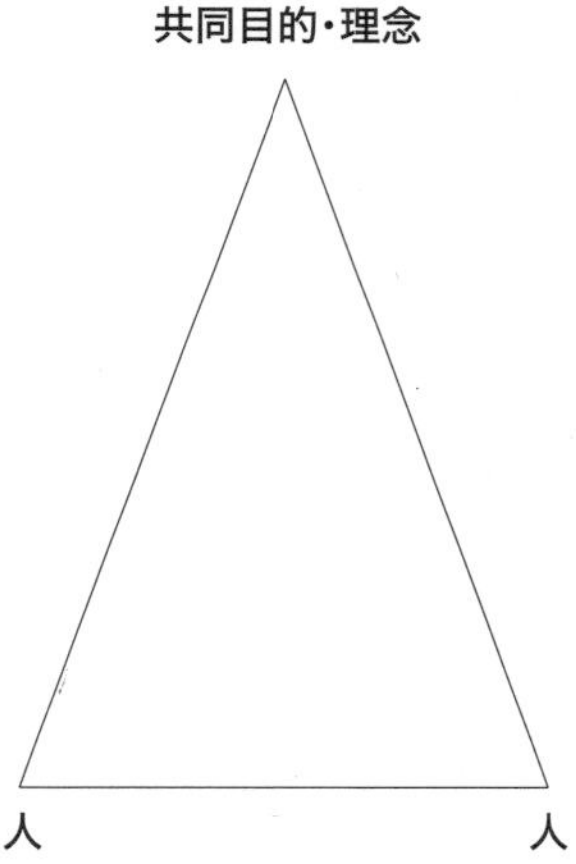

▲図2

住谷の「友情」のとらえ方は、「社会」の成立の原理を表わすものとして読み直すことも可能だろう。人と人とは共通の目的や理念を通じることで「友情」を抱き、また「社会」の成立が可能となる。一見すると内村の**図1**と住谷のものとの違いは、「神」と「共同目的・理念」の違いだけに思える。しかし両者の意味するところは異なるものである。

その点を論ずる前に、内村と住谷両者の考え方が、森有正が『内村鑑三』で述べた「人格関係」というものを基礎にしていることに言及しておこう。

私はそれ〔内村の述べた人と神との関係〕を具体的現実的な人格関係そのものと呼ぼうと思う。それは西欧流の、ことにエラスムス、モンテーニュにはじまる、人間の自己完成を追求するヒューマニズムではない。人格概念ではなく、人格関係たるものである。それは、あらゆる分析と総合以前の、それらの主体となるべき人間そのものの在り方である。(54)

森は内村の信仰のとらえ方を、「魂と神との関係は、責任を中心とした人格関係であった」と述べている。ただ注意すべきは森はこの「人格的関係」におかれた人間が「自覚的主体決定」として信仰を行うとしているが、これは誤りか少なくても誤解を招く表現である。内村も天来も神と人との関係は、「然り人間は何うしても神を崇拝しなければならないように造られて居るのだ。是が即ち其本音」であるようなものであるし、またそこでは人はその「良心を撃たれ」(砕かれ)ているのだ。正確な表現ではないが、人は神との関係では受動的な存在であり、おそらく神を離れては「人」でさえないのかもしれない。「自覚的主体」という表現は不適切なものであろう。

住谷の方は、例えば比較的後期の著作になるが、『社会科学論』で、「環境的・歴史的必然への被縛性(Gebundenbeit)」という言葉を用いて、理念や共同目的を通じた人と人との関係、つまりは社会の成立について述べている。人々が「理念」「共同目的」に対してより自覚を深め、またその目的の実践を心がけることが「社会における自由」の獲得につながると住谷は主張している。

しかしこの「被縛性」の議論についてはこれ以上触れないでおきたい。終章において改めて議論することにしよう。ここでは内村の「神」と住谷の「共同目的・理念」のちがいだけに説明を絞ることにしたい。住谷は「共同目的・理念」とは、「神の国とか単に理想とかいう抽象的な概念ではなく、歴史的に具体的に同志愛にまで高まる共通な心の結集点」であり、例えば「醜悪なるものの排撃、それへのレジスタンス、平和への共同の闘争、戦争放棄の平和憲法の擁護」[55]や「貧困よりの自由」や「失業よりの自由」またはそれらを内包した「社会主義社会」の実現などを挙げている。

住谷の議論では、「共同目的・理念」は「歴史的・具体的」かもしれないが、いくつかの候補が考えられ、おそらくその時々の必要性に応じて諸目的間の競合（争い）が行われるだろう。それに対して内村や天来にとって、住谷の「共同目的・理念」の位置にくるものは唯一の「神」のみでありそれ以外は考えられない、それゆえ住谷の議論に必然的に含まれている諸価値・諸目的の闘争からは自由ではある。しかし住谷はどの「共同目的・理念」が選ばれるかは、因果的分析によって論理的に決定されると考えていた。[56]それゆえ信仰に基づく「神」が住谷の「共同目的・理念」の位置に超越的に座することはありえないことになる。もちろん「神」の中に因果的分析に耐えられる真理が含まれていれば、住谷の議論でも正当に評価される。

ただ内村・天来の「人格関係」的な信仰の枠組みが、住谷の思想でも前提されていることは明白であった。また内村と天来からの影響が、公表された著作だけでなく、住谷の生活規範にも大きい影響を与えたことは忘れてはいけないだろう[57]。

かって内村鑑三は、住谷天来に労作『研究十年』を献本した際に、「余が主義の友なる住谷天来君に贈る」と内扉に書き入れたが、住谷悦治もまた内村・天来の「主義」の系譜を辿りえる者であったといえるのではないだろうか。

五　『聖化』に掲載された住谷悦治の文章から

住谷が天来の『聖化』に登場する回数はそれほど多くはない。天来自身が書いた住谷の著訳書の書評を除けば、住谷の寄稿は判明しているものだけでは、わずか三編にしかすぎない（しかもその内一編は他からの転載）。

書評については、J・A・ホブソン著（住谷・阪本勝・松沢兼人共訳）『近代資本主義発展史論』（一二〇号）、B・シュルツ著（住谷・赤間信義共訳）『近世ドイツ経済学史』（第七一号）、天来への献辞がある『日本経済学史の一齣』（第九三号）、住谷亮一名義で書き、発禁処分を受けた『近世社会史』（第一二〇号）が掲載されている。

『日本経済学史の一齣』は、版元が倒産し、住谷の懐中には一銭も収入が入らなかったいわくつきの著作だが、その「序」には両親「および幼き日よりわが尊敬と努力の対象であり、私の精神上の父であり、私の迷へる日私の悩みし夕、或は私の思想的に豪慢に思ひ上った時代、あらゆる生涯を通じて、私を教へ導き、激励することを寸時も忘れ給わなかった本年六十六歳になれる、肉体的に弱く精神的に強き基督者たる叔父住谷天来」に捧げるとある。

天来の書評は抑制が利いているものの、同書には日本の社会政策学会の詳細な記述があることを特に強調して好意的に論評している。他の著作についても同様で、時に愛甥であることにてらいも見せながら書評は書かれている。

ところで住谷の『日本経済学史の一齣』の「序」にあった「肉体的に弱く精神的に強き基督者」という表現であるが、これは『警世』三七号に天来が寄稿した「漫興」(一九〇二年五月一〇日)にある次の章句を参考に書かれたものではないだろうか。

肉の我〔天来のこと〕は斯く病めるも霊の我は尚健也。動物的の天来は以上の如く不具の人、不用の人、無用の贅物に過ぎざるも、天使的の天来は霊活の人、有為の人、希望の人、理想の人也。

住谷自身の寄稿を見ていこう。最初に登場したのが、評論「文部省の推薦図書について」(第七一号、一九三二年一一月五日)である。これは当時、文部省から各大学に通達された推薦図書についての批判記事である。住谷は推薦図書を一覧して、なけなしの出費をしてでも買うような代物でない、と断定し、また「文部省官吏の選択には一つの偏見が貫いている。それは徒に日本精神とか日本道徳とか、その伝統的精神を守り、または回顧することに急であり、型を採って心を忘れて」いると手厳しい。そして本来の推薦図書の第一は、なにを措いても聖書であるとその意義を強調する。最後には思想善導を目的とした政府の外郭機関「精神文化研究所」についても何ら期待できるものではないと酷評している。

天来の息子穆《あつし》は朝日新聞の記者を勤め、いくつかの著作も出す有能な人材であった。妻はモスクワで消息を断った大庭柯公《おおばかこう》の娘である。穆は住谷より三歳年下であったが両者は幼少の頃から親しい関係を続けていた。その穆が四一歳の若さで病没した。『聖化』は紙上において数号にわたって追悼の原稿を掲載している。それらは後に一冊となり、『大夢の目醒』と題され、穆に捧げられた。

その『大夢の目醒』にも収められているが、住谷は『聖化』第一二九号（一九三七年九月五日）に「穆さんと私」と題する一文を書いている。そこには「私が仙台で三カ年蛮カラな、しかも夢のような高校生活」を送っているときに、穆から受けた思想的な影響の大きさを伝えている。また大学卒業時には、結婚に際してさまざまな相談にも乗ってもらったと追懐している。

住谷の『聖化』への最後の登場は、言論統制もきわめて厳しい情勢にあった時期、一九三九（昭和一四）年三月の第一四六号「新東亜建設への日本人の反省」である。この年、『聖化』は弾圧を受けて廃刊させられるのだが、住谷のこの『松山高商新聞』から転載された記事も当時の制限の中で許される、まさに「眼光紙背に徹する」読みを要するが、情勢へのギリギリの批判精神が感じられるものである。

この時、住谷は統制経済論の研究を積極的に行っている。一九三九年から四〇年にかけて、著作目録を見ると、『統制経済論』（非売品）、『日本統制経済論』（非売品）、『日本統制経済論要綱』を出版している。『統制経済論』には後に「名目的」な退職の契機となる論文「統制経済と経済学的範疇」が収録されている。二番目と三番目は題名は異なるが内容は全く同じものである。また実証的研究といえる『台湾紀行』、三瀬諸淵の研究や田中校長に奨められて書いた『大東亜共栄圏植民論』などが前後している。これらの著作の共通項といえるのは、諸外国の文化や歴史などに対する日本人の傲りを指摘し、その態度を改めることを奨めている点であることは先に指摘した。転載された記事「新東亜建設への日本人の反省」もまさしくアジア諸国の植民地化の野望という「徒らに大言壮語によって快をむさぼる事」を批判している。

この時期の『聖化』の天来の記事を見てみると、天皇を神格化するという前提をあえてとった上で、日本の「神政」を徹底するためにこそ、「何うして国民全体が基徳教の洗礼を受けて唯一の真神を仰いで、之に絶対に服従し奉事することに由って、始めて其大任を果たすことが出来る。聖戦の目的も亦正に茲にありだ[58]」とする論法を多く採用していた。

萩原俊彦は、初期の天来の天皇観は、「地久節には感激し、御真影を斎藤寿雄が貰って来ると君が代を歌」う素朴ともいえるもので、その後変化したか否か早急に判断できないとしている[59]。私も同じく早急な判断がつきにくいのは認めるにしても、天皇の神格化の論理が、いつのまにかキリスト教の神そしてその子イエスへの信仰にすり変わるという論法には、天皇絶対制全体の批判とは断言できないが、しかし天皇の神格化への抵抗がはっきりと表われているように思う。そしてこのような現世の何物をも神格化しない態度は、『孔子及孔子教』での儒教批判（人為制度の神格化の否定）にも通ずるであろうし、『聖化』におけるさまざまな論考のはしばしに表われているように思われる。

日本で神といふのは、実は神ではなく人間様だ、その最も上等飛切のものですから人間の中ですぐれた人を指して曰ふのである[60]。

故に日本精神は何うしても基督教の洗礼をうけて、目に見へる神（諸の偶像）の代りに、目に見えぬ真の神（世界唯一の神）を崇め、天照大神（民族の神）の代りに、ヤーウエの神（全世界）の神を拝し、活ける神の子基督を人の子の儀表として信じ、より高く、より広くより深く、より大に進展を遂げるべきである[61]。

内村鑑三の「二つのJ（Japan と Jeseus）」に象徴されるキリスト教のあり方が、天来においても共通してみられること、しかもそれは天来では決して天皇（Emperor）と Jeseus ではありえないことがこれらの章句からもわかるのではないだろうか。

六　天来の死

天来はジオットの描いたダンテの肖像画を好んでいた。その画にダンテの人生が描き出されていると考えていたからだ。

▲ダンテ像（ジオット筆）

> 是れ実に畢生の間、赤手を揮って天下に対し不屈の争闘に怯まざる容貌也。愛情は挙げて憤怒と化せり。何人も此怒気を解く能わず、然れども其徐々として厳正なる、其黙々として適確なる宛然《さなが》ら神の怒れるが如し！眼中亦驚愕の情を含み、恰も詰問せるが如く凛として四邊を瞥視す。曰く天下何為ぞ斯く無情なる耶！と。是れ則ちダンテ也、其外貌此の如し、「沈黙一千余年の声」、一度彼が口を借って「霊妙不思議の聖歌」を謡ふ矣。[62]

「沈黙一千余年の声」という表現は、そのまま『聖化』における天来の活動を指しているようである。

『聖化』は、一九三九（昭和一四）年、突然発禁命令を受けた。その事情を天来は『聖化』終刊号で「廃刊之辞」として生々しく記述している。官憲の不当な脅迫に負け、廃刊を決意した天来の心境はこの記事の最後の箇所にはっきりと書かれている。

> 然し乍ら自分は素より低劣の時代を媚ひ、悪俗の人心に諛《へつらい》つつ、安からざる安き〱を唱へ、悪を

以て善となし、善を以て悪と為し、虚偽の生活と曖昧の行動をとり、東京日日の名誉記者だとか申さるる阿呆先生、否加棒先生とかいふ人のやうに、八方美人主義を振り回して金儲をする才物には死すとも断じて成ることは出来ません。況や其処らにウヨ〳〵して居る封間的牧師のやうに、此世の人や、此世の勢力や、金持の前に雌《ひれ》伏して世の後塵を払ひ乍ら、神の道を乱す処の背教者には到底成り得ざる男であります。

茲に於て私は伯夷叔斎に学んで首陽の薇を採って餓死するか、左もなくば楚の屈原に習って利根川の清流に臨み、天下皆酔へり我独り醒めぬと高吟しつつ、暫く此世から超脱して時の来るのを待つより外に善き分別は無いと思ひました[63]。

天来の雅号である「黙庵」のように、沈黙の中に深い社会への抵抗を蔵すると述べた心境はいかばかりであったろう。天来はなお『黙庵詩鈔』を一九四一（昭和一六）年に政池仁の編纂で、自注を付して出版している。そこには『聖化』廃刊に際して詠んだ詩が掲載されている。

布衣国を憂ふるは偉鋳の如く、直筆禍を蒙るは韓童に似たり。人皆笑て狂と曰ふ。
我れ独り曰く、今の時は抑是れ何の時ぞやと。我は怪む人の悉く狂せざる事を。
嗚呼我は真に我狂を愛するもの也。狂基、狂豪は則ち、我友是に於て乎、
我は独り我友の世にあるを喜ぶの也。

住谷は、この詩に対して「この激しい憤懣のこころ、曲がった政治への憤りは、ただ『黙』への悟りで

あり、同時に神への信仰の永遠なる喜びと変わっているのである」と注釈を加えている。(64)

天来は一九四四（昭和一九）年、高崎の堀田屋（天来の支援者のひとり）の一室で孤高のうちにこの世を去っていく。敗戦の色が濃いとはいえ、いまだ先のみえぬ十五年戦争の真っただ中においてである。

住谷は日記に、「我が最も影響を受けた天来叔父もかくして永遠に我らの俗世界から昇天してしまった。私思えば明治四二、三年頃より、影響感化は甚大なもので、言葉をもって言い表すことは不可能である。私の精神上のほとんど大部分は叔父の賜物である。（略）天来叔父の理解者としてはおそらく私が天下第一であったかもしれない。これからの私の、二〇年、三〇年の後半生の生涯においても、なお叔父の精神のあるものが私の魂の中に生き続けることであろう(65)」。

天来は住谷に、遺言の一つとして、焼いた骨を少年時代の想い出と係る利根川に流して欲しいと書き残した。「わたくしは、ある日、その大切に一部分を保蔵しておいた白い骨を包んだ小さな袋を、利根川の鉄橋の上から、流れに抛った。神とわたくしだけの知っている一つの秘密である(66)」。

天来の「黙」の精神は、住谷の心にも深く受け継がれたにちがいない。天来が死んだ当時、住谷もまた保護観察下にあり、あらゆる学術的機会・言論の機会を喪失していた。この他者から強制された「黙」を、自らの信念によって鍛え上げ、まさに「沈黙一千余年の声」として「霊妙不思議の聖歌」を謡う。これが住谷が天来から学んだ抑圧するものへの抵抗のあり方にちがいないだろう。

第九章　『夕刊京都』と戦後民主主義

一　敗戦の風景、京都人文学園の誕生

住谷一彦が、「敗戦は父の生《レーベン》を一変させました。いまや暗は明となったのです(1)」という通りに、住谷の後半生はまったく戦前の生と好対照であった。特に敗戦後数年間は、住谷が言論・教育の分野を中心に民主主義運動を最も積極的に展開した時期である。住谷の戦後は次のように戦前との深い連結をもった場景から始まる。

朝となく昼となく鳴り続ける警戒警報のサイレンに脅かされ、ゲートルを巻いたまま、床につくという

生活を続ける中でも、住谷は彼らしい希望のあり方を捨ててはいなかった。

そのころ、能勢克男さん、画家の伊谷賢蔵さん、フランソアの立野正一さん、私の義弟堀江友広君や私などが、どこか自給自足の農耕生活をして、何とか生活を建ててゆこうではないかとゆう夢のような（事実あちこちですでに実行しつつあった人もあったが……）はかない希望を語り合って、ある日滋賀県の瀬田川辺りの田舎に開拓地を探し歩いた。あるとき府庁へかけ合って、上賀茂の山の荒地の耕作許可を申請して甘藷の苗を植えて実際に耕作しはじめたり、何か生き抜くためのささやかな集団協力の生活をはじめようと心を砕いていた。（略）

上賀茂の荒地の払下げの最後の交渉に府庁へ、能勢克男、伊谷賢蔵、堀江友広と私に、市役所の管財課長の大西行雄氏の五人（？）で府庁に出かけたのが、八月十六日、まさに敗戦直後の昼すぎであった。府庁の係りの人と請願交渉中の西側二階の室の窓から見える府庁舎の広庭に、吏員たちが大きな穴を掘って近くの倉庫から沢山の文書資料を束にくったものをリレー式に運んでドンドン焼煙が、窓から室の中に舞い込んで来たのが頗る印象的であった。(2)

体制が崩壊し、過去の汚点が暴露されようとするとき、官僚たちが試みる最後の卑劣な行為は、時代や場所が異なっても同じようである。ともあれ、戦後の住谷の学術的・ジャーナリズム的活動の方法は、この官吏たちの行為とは正反対に、過去の歴史的文脈を明らかにし、それをもって現実を投射するというものであった。住谷の戦後の活躍の場は、京都新聞社社長後川晴之助の来訪をきっかけにして与えられた。後川は戦前から住谷と面識があり、また『土曜日』などの活動の間接的な後ろ盾をするなど、文化活動に理解のあった人物である。後川はほぼ次のようなことを住谷に述べたという。

今まで京都新聞は戦争に沿うようなことをして来たが、これからは論説を民主主義的に変えなければならない。論説というのは、読む人がいてもいなくても一つの飾りなんだから論説のない新聞なんてないのだから、論説は少なくとも民主主義を書かなくてはいけない。[3]

住谷は、後川の率直で丁重な申し入れを受け入れ、京都新聞社の論説部長として働き、「ほぼ三日に一度、デモクラシーについての論説を書くこと」を職務とした。京都新聞社時代は、住谷の発言によると「昭和二〇年一〇月から翌二一年一〇月まで」であった。

ところでこの時期の論説の内容を見る前に、戦後すぐに関わった住谷のもうひとつの民主主義運動の成果である教育活動について触れておきたい。

▲京都新聞社を初めて訪れた日の住谷悦治(右)(1945年)

「戦後の民主的な教育文化活動の一拠点」といわれる「京都人文学園」は、一九四六(昭和二一)年六月に発足し、以降一九五七(同三二)年解散するまで独自の教育理念に基づく学校として活動を続けた。京都人文学園の設立は、二人の人物の邂逅によって基本的には成し遂げられたといっていいだろう。戦後すぐに羽仁もと子の自由学園的な教育機関の必要性を感じていた新村猛と、住谷の義弟である堀江友広である。新村については、本書以外にも多くが語られているので、ここでは堀江側から（それは住谷側ともいえるが）この京都人文学園の設立経緯を見ておこう。

堀江友広は、一九〇三（明治三六）年仙台に生れ、早稲田大学文学部英文科に入学し、二二（大正一一）年に卒業している。その後、神戸民潮新聞社に入社し、雑誌『船友』の編集にあたる。この時期に同志社を追われた住谷のために渡欧の便宜を図ったことはすでに述べた。堀江は、尼崎の製造工場に転職し、後に取締役に昇進する。一九三六（昭和一一）年に堀江商店を興し、三菱の下請けとして戦闘機の部品製造などで財を成した。当時の金額で、二百―三百万円の巨額な資金が、堀江の手許に残ったようである。[4]

堀江のユニークなところは、その蓄財を個人的な用途に回すことはせずに、戦後の文化・教育活動のための資金としての利用を願ったところにあるだろう。住谷はこう証言している。

私の義弟の堀江友広君が、戦争中蓄えた金を何か有意義な仕事に使いたいと云って二三百万円を用意していることを知った。私はその使途について相談をうけたとき、敗戦前後に考えていた「新しい開拓村」のようなものか、または各方面の専門家の協力によって何か文化的な事業をはじめてはどうかという提言をした。[5]

堀江は、この住谷の両方の提案を合体した形で、後に「友山荘」（本部は堀江の自宅）と名付けられる勤労者を対象にした民主主義的な教育機関に資金援助を行うことに賛同した。「友山荘」の同人は、堀江、住谷、能勢克男、伊谷賢蔵、原口栄、上村六郎、上村けい子、千葉昇、宮崎為吉、伊藤清蔵、大西行雄らであった。当初のプランは次のようなものだった。

「(一) 働らく人々のための教育機関の設立、(二) 貧しい人達のための診療所の設置、(三) 美術工業の工場を設け上村六郎氏を中心に優良な製品を作製販売する、(四) 音楽学校――とくに音楽は幼少年からの教育が必要であるとの上村けい子女史の意見によって、少年少女のための音楽教育機関を設置、(五) 伊谷賢蔵氏を中心に絵画研究所が設置」がその主たるものだった。[6]

堀江の文化活動への情熱的な支援と、住谷らの豊富な人脈とそのアイデアと、さらに民主的教育へ期待をかけていた新村猛、久野収らが出会うことで京都人文学園とその周辺の教育・文化・診療機関は徐々にその体をなしたのである。

勤労者のための教育機関は、京都人文学園となって結実するのであるが、一九四六年三月九日に、「京都人文学園規約」を、以下の人々が取り交わした。住谷を初め、新村猛、久野収、青山秀夫、重松俊明、上村六郎、上村けい子、伊谷賢蔵、堀江友広であり、規約には、民主主義的な教育を目指すと誓約されていた。また学園長となった新村が記者会見用に一人で書いた「京都人文学園創設趣意書」には、次のように書かれている。

自らの国家のために、しかも究極に於ては他国との闘争に役立たせるためにのみ幼いもの若いものを養成し教育して来た偏僻を矯めるためには、人類のために、生きとし生けるものの福祉のために尽くすべき世界公民の扶育を念願とする人文教育の精神に依る教育を措いて他に勝るものはなかろうと信じます。[7]

この新村の起草した文面には、戦前『世界文化』誌上で、フランスの教育界での出来事を伝えたときの知的な蓄積の反映があった。

こうして一九四六年六月に「京都人文学園」は発足した。

診療所については堀江君の義弟の千葉昇医師（日本生命の医師）と宮崎捨吉博士が担当することになり、丸太町河原町を東入った所に大きい診療所を買収して、いち早く千葉、宮崎の両医師が診療を開始した。（略）美術工芸部ついては、上村六郎氏を中心とした染色織物であるが、上村氏の深い専門的知識と技能と指導のもとに、芸術家の大角氏と杉山氏が熱意をもって作製し出した。ジャガード（織機）を一台買入れて、上村邸の一部を工場としてネクタイの本草染色製造を開始し、美術品とおぼしいネクタイを製造された。絵画部については伊谷賢蔵画伯を中心とした行動美術が活動し出し、（略）やがて百万辺の寺院の中にアトリエを求めて洋画教育と講習会がもたれた。画学生が十数名通ってモデルなどをつかって毎日熱心に研究しはじめた。（略）音楽教育機関については、上村けい子女史と令嬢とが中心になり、後の人文学園音楽部の母胎となった。(8)

住谷自身は、設立当初は関わりが深かったものの、京都新聞などでの職務の多忙ゆえか、その後は直接の関係は薄いようである。一九四六年から翌年にかけて「人口問題」についての特別講義を開講した後は、学校が解散する二年前の五五年に夜間で経済学を数回教授したに留まっている。

京都人文学園は、未認可の教育機関（各種学校の扱い）であった制約などもあってか、次第に経営が難しくなり、一九五七（昭和三二）年にその幕を閉じる。しかし、人文学園からは、関西文理学院や京都労働学校が分離し、活動を続けることになる。

堀江についていえば、その後京都の文化活動家の名をほしいままにし、やがて蜷川虎三の選挙支援の第一人者として、蜷川府政の陰の功労者ともなる。その一方で、戦後始めた新事業も順調に発展し、「生きている砥石」なる製品を開発し、これを基礎に経済的な成功を治めた。堀江の長女は、やがてノーベル化学賞を受賞する福井謙一の妻になる。

二　京都新聞社論説部長から夕刊京都新聞社社長へ

住谷が、京都新聞論説部長時代に書いた社説・論評で、もっとも特徴のあるものは、日本の民主主義化についての提言と、また一連の天皇論である。ここでは、その中から代表的なものを検討していこう。

日本の民主主義化については、後に著作『新しき平和』(一九四六)に収録された同名の社説が戦後の住谷の民主化論の特徴をよく伝えるものになっている。一言で要約すれば、ポツダム宣言の内容を前提にした上で、その内容の実施を占領軍の力によってではなく、日本国民の自主的な判断と実行力で行うよう求めるものであった。

将来日本が完全な自生独立の国家として東亜における平和維持に協力しうるかどうかは、一つは「日本が完全に民主主義化され、国民の自由に表明した意思に従って平和的傾向を有し、かつ責任ある政府を樹立」しうるかどうかといふことに懸かる。それは国民の民主主義化であり、ファッシズムの徹底的な排除である。

また戦争犯罪人の処罰についても、住谷はGHQの主導ではなく、国民自らが積極的に行うことを求めた。『京都新聞』の「無門関」(住谷の担当したコラム)に書いた「国民の裁判にかけよ」(一九四五年一〇月一二日)では次のように主張した。

政府は、戦争犯罪者或は責任者を自主的に処断しようとする誠意は披歴したが、その実践の事実はいまだわれらの前に示されていない（略）民衆主義的な、平和協力の新日本建設のため（略）この急務の一つに、戦争犯罪人および責任者の如きを、国民自らの手によって裁判する民衆組織を持つことが挙げられよう。

この、占領軍の意思にかかわらず日本国民の手で戦争犯罪を糾弾すべきであるとする主張は、当時「新興紙」「政論新聞」として著名であった東京で発行された『民報』などでも同様の趣旨の論説を展開しており、いわば左翼系の新聞・雑誌の多くの論調を代表するものであったといえる。このような戦争犯罪人への糾弾の声に背くかのように、例えば東久邇首相は「国民総懺悔」を唱え、まったく戦争犯罪の議論のすり替えを狙った。もちろんその背景には、天皇の戦争責任の問題が伏在していたのはいうまでもない。

住谷は、天皇問題については、主に三つの観点から『京都新聞』の社説・論説を書いていた。（1）天皇の地位の変更を伴う憲法改正の必要（人民主権の主張）、（2）日本の明治以降の著名な人士による天皇観・論の紹介（議論の材料の提示と思われる）、（3）天皇制と立身出世主義との関連の指摘、にまとめることができよう。

一九四五年一〇月一〇日にＧＨＱの指令による政治犯約三千人の釈放が行われた。共産党の幹部であった徳田球一、志賀義雄らが「解放」され、共産党は再建し、公然とした活動を展開した。また一〇月一五日には、治安維持法と思想犯保護観察法が廃止された。これによって住谷は名目的にも暗黒時代の遺産から解き放たれた。一〇月二〇日には、共産党の機関紙『赤旗』が再刊され、徳田と志賀は「人民に訴う」の中で、「天皇制打倒」を主張し、天皇戦犯論を展開した。

この一九四五—六年初めにかけては、いまだ不敬罪は「法文上」では有効であり（廃止されたのは、一九四七年一〇月二六日)、一般のマスコミでは天皇問題についてはきわめてナイーヴな扱いしかなされなかった。その意味では、共産党の過激な主張は、一般の論説とは好対照をなしていたといえる。武田清子は、天皇に関する自由討議は、大新聞などの報道の場では、なかなか進まなかったと述べている。(9)

上記の(1)について、住谷の論説もそれほど力強い主張とはいえない(不敬罪の存在がいまだネックだったのだろう)。住谷は『新しき平和』に収められた『京都新聞』での社説の中で、GHQの「日本管理政策」の目標が、日本の民主主義政治の実現にあるとし、この実現のためには憲法改正が必要であるが、天皇制の存在が障害になっていると指摘する。住谷は、吉野作造の民本主義が、天皇主権の制度を前提にした「人民のための」「人民による」ものに留まっていたことを回顧した後に、次のように来るべき新憲法の理念を主張している。

新しい憲法を人民の手によって、人民の意思を反映せしめて、人民の恒久的な利幅のために創造して行かねばならぬと確信するものである。(10)

人民主権を実現する際の桎梏である天皇の地位に関しては、アメリカや国内の世論を紹介するに留め、住谷は断定を避けている。

住谷は、(2)については、「福沢諭吉の皇室論」(一〇月一二日)、「西田幾多郎の皇室観」(一〇月二七日)、「加藤弘之博士の天皇観」(一〇月二八日)、「伊藤博文の天皇論」(一一月六日)とたて続けに論説を執筆している。いずれも自らの主張を抑え、四五年当時では、一部を除いて低調だった天皇問題の論議が盛んになるための題材の提供という意図をこめて書かれたものと思われる。

最近天皇制の論議といふ事が世人の耳を聳《そばだ》てしめている。といふのは、皇室に就て論議するといふ事、それだけでもう何か不敬や＊＊〔二字判読不可能〕であるかのような印象を一般に与えてしまうからである。[11]

しかしいまや皇室について論議することが急務であると住谷も考えていた。住谷自身が天皇の地位をどう改正すべきと考えていたか判断はつきかねるが、いまだ不敬罪が存在し、また戦前の天皇制の擁護を計る政治勢力が健在であった情勢では、住谷の公の論説には戦時下と同じとまでとはいわないまでもそれなりの抑制があったのかもしれない。上記に列記した論説のほとんどは天皇あるいは皇室の存在を積極的に捉え直すものが多かった。

例えば戦前に『現代新聞批判』の書評で取り上げたこともある西田幾多郎の『日本文化の問題』を再び『京都新聞』の論説（「西田幾多郎の皇室観」）でも採用しているが、その内容は戦前のものと並行するものであった。

戦前の書評では、西田の書に対して日本文化の普遍性と特殊性の相互関連を明らかにしたとして高い評価を与えていた。西田の論は、「単なる排外的国粋主義や偏愛的民族主義の態度に対して反省を要請している」とし、西田の言を引用して、「云はばこれまでの日本精神は比較的に直線的であった。併しこれからは何処までも空間的とならなければならない。我々の歴史的精神の底から（我々の心の底から）世界原理が生みだされなければならない。皇道は世界的とならねばならない」と主張する点に住谷は賛意を表していた。[12]この西田の論旨は、住谷の松山時代の著作、『三瀬諸淵の研究』や『大東亜共栄圏植民論』などで展開した極端な日本主義に対する批判と対応しているものだった。

戦後の「西田幾多郎の皇室観」では、「西田哲学による日本国家は如何に理論づけられていたか、真に味はうに足る興味ある問題であり、天皇制廃止云々が共産主義者によって唱導しはじめられた際、沈思し省察してみる必要がある」と、『赤旗』誌上の徳田・志賀らの論説を意識して書かれている。住谷は、また西田の引用をして、「日本形成の原理は即ち世界形成の原理とならなければならない。此処に現今の大なる問題があると思ふ。最も戒むべきは、日本を全体化することでなければならないと考へる、それは皇道の覇道化に過ぎない。それは皇道を帝国主義化することにほかならない」ことを強調している。いわば共産党の主張が、「単なる排外的国粋主義や偏愛的民族主義」に対して極端に正反対な立場に立脚していることに、住谷なりの危惧を表明したとも受け取ることができるだろう。しかし住谷自身の天皇観は、(3)の問題を扱う際により明瞭になり、戦前の束縛を脱した、住谷独自の見解が述べられている。

『京都新聞』での論説「天皇制と立身出世」よりも、後に書かれた論文「部落民の人間解放」に同様の趣旨がより一層明瞭に、また差別意識の発生との連関をも踏まえて述べられているので、ここでは後者に従って住谷の天皇観を説明することにしたい。

住谷は、明治以降の教育制度の価値観である立身出世主義が、実は天皇制の存在と不可分であり、そのことがまた差別意識を生みだす根源であると指摘している。

明治時代を中心に大正昭和を通じて四民平等のうたわれた時代、学校教育は立身出世が目標であり、立身出世の根本のねらいは、位階勲等を得て、天皇にできるだけ近寄ることができるように、そうした地位になることであった。青年学生の立身出世ということは、天皇との距離がバロメーターであり、かっての帝国大学を中心に、性根を盡くした学生の努力——困難な競争試験を突破してこのような身分になろうとしたのであった。[13]

学生の立身出世主義が、翻っては天皇制の維持に貢献していたという住谷の主張には、かつてみずからが外交官の夢を抱えて入学した東京帝国大学での経験（赤松克麿の演説によって芽生えた立身出世主義への懐疑を含めて）が反映しているにちがいない。

しかもこのような天皇との身分の階梯を前提にするような教育制度や社会的風潮が、人の間に差別意識を育てていると住谷は述べている。[14]

後年、住谷は叙勲の対象にたびたび挙がったが、それを一切拒否したのは、このような強烈な反権力意識に裏付けられていたからであり、ここでの文脈においてみても、立身出世主義への批判、差別意識の解消への努力が、天皇制の存在如何にかかっていたことは明白であろう。

住谷の天皇論の系論である立身出世主義への批判は、さらに私大精神に裏付けられた国立大学（その中心の東京大学）批判に結びつくことになるが、その点は後記することにしたい。

住谷は活発な論説活動を続けていたかたわらで、京都新聞内では経営陣の交代が進んでいた。ＧＨＱの新聞報道の民主化政策の流れを受けて、京都新聞では機構の改革（役員の公選、全従業員の代表をも参加させる最高委員会の設置など）や紙面の刷新が継続して行われた。住谷を論説部長として招聘した後川は、一九四六年三月末に白石古京に社長の座を譲っている。[15]

白石は「左翼嫌い」ではあったが「左翼を理解する器量があり、左翼の文化的事業に理解」をも有していた。[16] 戦後直下の左翼運動ブームに事業展開の面から着目した白石は、住谷に新しい夕刊新聞の構想を持ちかけた。当時、ＧＨＱは朝刊と夕刊を一社が同時に発行することを認めなかった。また出版用紙は割り当て制であり、その割り当てを得るには新聞用紙割当委員会の審査が必要であった。当時の白石の目論みを和田洋一は以下のように記述している。

日本の新聞は、夕刊の発行をやめて朝刊だけを出しておったのでは経営は成り立たない。そこで京都新聞の白石社長は、なんとか難局を切り抜ける方法を考えた。京都新聞社へ毎日顔を出し、社説をかいたり、時評風の雑文をかいたりしていた元同志社大学教授の住谷悦治という人、この人はマルクス経済学者として知られた人である。この人を夕刊新聞社の社長にし、新聞用紙割当委員会から用紙の割当てをもらう。そして新しい夕刊紙の印刷は京都新聞が引き受ける。住谷さんのまわりには、筆の達者な、左翼がかった文化人がうじゃうじゃいる。この連中に原稿をどんどん書いてもらう。この連中は経営にかんしては素人であるが、アメリカ占領軍の検閲下でも、かなり言論の自由はあるはずだから、夕刊新聞紙上で言いたいことは相当言えるはずで、彼等はよろこんでかきたいことをかくだろう。[17]

印刷は京都新聞社の工務局が引き受けることとし、また営業面（および資本の負担）では山口新聞舗（新聞の共販店）の社長山口光太郎の参加を得てその充実に努めることとした。

住谷は盟友ともいえた能勢克男に相談し、能勢は和田に話をもちかけた。能勢は、敗戦後まもなく『土曜日』の復活を考えており、用紙の獲得のために戦前の『土曜日』を携えて民間情報局（ＣＩＥ）のオフィスに赴いたこともあった。[18]同行した森竜吉と「二人は日本語で、『土曜日』『世界文化』の弾圧をつぶさに語り、その復刊が新生日本にいかに重要であるか、とくに京都市民にとって必要かを文説した[19]」。

和田のいうように、「しかしもとの『土曜日』のグループが『夕刊京都』の創刊を準備し、主要な担い手であったとは」いえないが、京都の広汎な左翼文化人の助力が初期の『夕刊京都』の活動を成立させたのは事実であった。[20]

『夕刊京都』は、白石が後ろ支えをし、住谷と能勢が編集と経営の主軸をつとめ、また山口光太郎が資本面の支えであった。他に和田、山口繁太郎、北川鉄夫、岡田正三、渡辺政之助らが当初から参加した。また能勢はかねて親交の厚い羽仁五郎(当時の新聞用紙割当委員会の委員)に懇請し、用紙の確保の目鼻をつけた。

新聞の編集方針については、能勢の「夕刊京都はニュース・ペーパーというより、ヴェーズ・ペーパーにしようよ」という提案をもとに、社説を中心とした特徴を打ち出すものとなった。[21]

『日本新聞年鑑』(一九四八—九)には、『夕刊京都』の編集綱領として、「新聞倫理綱領を忠実に遵守、記事は平易、清新に常に読者と共にあることを強く意識し之が啓蒙に努力する。地方紙たる立地条件を考慮しつつも全国的、世界的記事を収録する」とある。「読者と共にあること」という表現に、かつての『土曜日』での経験が映し出されているかもしれないが、『土曜日』のような読者参加という形態をとることは積極的にはせずに、吉田健二が指摘するように。「新聞の指導性を前面に出し」た啓蒙色の強いものであった。[22]その意味では、能勢のイメージしていた『土曜日』の復活という当初の意図がどのようなものであったのか、『土曜日』時代に読者参加を重視していた斎藤雷太郎との緊張した関係ともからんで興味深い問題を提起している。

和田の回想によれば、民主主義的な方針を基本に編集をすることで住谷をはじめ全員が当初一致していたという。共産党との関係は当初からなく、能勢や山口繁太郎は共産党員だったが創刊当初は経営・編集陣のほとんどには知られていず、また紙面にも共産党色を出さずに「公正・的確な報道と解説を行うという方針」が立てられていた。[23]

匿名組合（株式の公募・法人登記をしない会社組織）夕刊京都新聞社は、代表者（代表取締役）住谷悦治、編集発行兼印刷人（専務取締役）山口繁太郎（資本金一五万円の出資者）、取締役として山口光太郎、岡田正三、渡辺政之助、能勢克男、監査役に和田洋一、桂辰夫を配して、一九四六年五月一一日に創刊した。総従業員が八七名、発行所は京都市左京区小倉町五十番地におき、後に中京区に移転した。(24)

三 『夕刊京都』の記事の特徴と住谷の論説について

■創刊号を中心に

『夕刊京都』は、新興新聞として、社説を中心にしたいわゆる「政論新聞」を特徴として出発した。特に一九四六（昭和二一）年の創刊当初から四七年にかけては政論新聞の性格が強く出ているといわれている。しかし、実際に『夕刊京都』（住谷文庫所蔵のもののみ）を検討するかぎり、上記の時期に限ってもその特色がかなり変化していることがわかる。この点は立ち入って後記することにするが、現在のところ国内では住谷文庫以外に『夕刊京都』の四六年から四七年にかけてのものの所蔵が確認されていないので、その意味では本書が初めてこの時期の紙面の内容を扱った研究になろう。

一九四五年九月、ＧＨＱは戦前の新聞統制関連の法規をすべて廃止し、新たに「言論及び新聞の自由に関する覚え書」などの報道の民主化政策に則った指令を矢継ぎ早に出した。それによって全国で新しい新聞の創刊や過去に休刊していたものの再刊が相次いだ。戦後に新たに発行された新聞を、それ以前から出ていたものと区別して「新興新聞」と呼称した。「新興新聞」として代表的なものは、関東圏を中心とした

▲『夕刊京都』創刊当日の編集スタッフ一同
（前列左から１人おいて住谷悦治, 能勢克男, 和田洋一）

『民報』があり、関西では住谷らの『夕刊京都』があった。[25]

『夕刊京都』は、タブロイド版（数号だけその半裁のものがある）表裏二頁のものであったが、デザイン面では、かっての『土曜日』を思い出させるような斬新な横長のロゴ（表題）をもち、内容を見ても単に政治問題の社説が中心ではなく、当初は文化面の充実が目立つ洒落た感じの新聞であった。**（口絵参照）**

ロゴのデザインについては、能勢克男の発案で決まった。キング・ヴィダーの映画『麦の秋』からヒントを得て、麦の穂を〝夕刊京都（The Yukan Kyoto）〟の表題の横に描いたもので、能勢は、「『麦』には新生の期待とイメージがこめられて」いると説明したという。[26]

創刊号は、一九四六年五月一二日の発行で、事情は不明であるが（おそらく事前検閲の関係か、もしくはパイロット版ではないだろうか）同じ「創刊号」

▲『夕刊京都』創刊号の題字

（号数も同じNo. 1）と題した五月一一日のものが住谷文庫には所蔵されている。一一日のものと一二日では細かいレイアウトやまた紙面のつくりも異なるが、ここでは両方を加味して「創刊号」の特徴を見ておこう。なお住谷文庫所蔵の『夕刊京都』には、住谷の手でと思われるが、無署名記事・社説の執筆者や記者の名前が書き込まれている。以下で無署名と断っているにもかかわらず、著述者を明記している場合は、この住谷のメモ書きに依存している。

一面には、「なぜこの新聞は生れなければならなかったか？」という創刊趣旨（無署名）が能勢克男の筆で書かれている。(27)

それは焼けなかった、たった一つの都市なればこそ、京都は全国の平和的な諸都市にさきがけて、いちはやく、自分自身を徹底的に民主的、平和的な市に、その市民は革命的民主主義者に、きたへ上げて行かねばならぬ義務がある（略）愚劣にして悲惨なあの戦争にわれわれが国民全体として、曳きずり込まれた最大の理由は、われわれが真実を知らなかったからである。真実を知らされなかったからである。（略）現代では新聞は、人民の、人民自身の生活の文学的表現である――夕刊京都は、諸君の生活の鑑でなければならぬ。

この創刊由来の文章でユニークなのは、上記の引用に続く次の個所だろう。

自由な、人なつこい、また正直な家庭の夕べを賑はしつつ、歩いて行く方向はどこか期待をかけていただきたい。

「正直な家庭の夕べを賑はしつつ」という牧歌的ともいえるフレーズに、かっての『土曜日』の標語でもあった「憩いと語らいの午後」と共鳴するセンスが伺えるだろう。

一面を他に飾るのは、売り物の社説として「教育者追放令」と題し、自主的な民主化への主張が説かれている。いわゆる報道面のトップ記事は、「解放せよ！　飢える人民に戸閉ざす――ひろびろとした大邸宅、お寺、社の境内――男女の逢引場より畑だ」として食料問題に関連した話題が飾る。連載記事として、幣原内閣の延命工作を批判する「三等席からみた政変劇（上）」もある。その記事の横には、「No.1アメリカの脚」として女優リズリー・ブルックスの水着姿の写真が、やや唐突に掲げられている。五月一一日の紙面にはなかった写真であるだけに、編集の意図が気になるところだ。

また「文化」とした欄では、岡田正三が「感情の解放」を寄せ、旧弊からの感情の解放を主張している。この「文化」欄では、以後京都の文化人たちの寄稿を多く掲載することになる。また連載小説として村山知義の「日本人たち」が始まっている（二四号までは連載を確認）。一面の半分を文化関係の記事が占めていることが、『夕刊京都』の初期の大きな特徴のひとつといえるであろう。

二面では、一一日のものでは「ローマ字の読み方と書き方――初心者のための解説」の連載ものがあり、これは一二日では、「Romaji-kotowaza-shu (1)」と題名を変更している。また能勢克男の息子の光が無署名で「この頃の菜園」と題したコーナーで、季節の野菜などの風物誌を書いている。一一日にはなく、一二日では二面の大半を占めているのは、企画座談会ものである「われらの京都を語る芸能二筋道」と題した、京都の伝統芸能の総展望（画壇、茶道、染織、陶芸、能楽）が目をひく。この二面には、以後「映画・演劇コーナー」や「婦人コーナー」（一号では「台所と政治」として婦人の政治進出を取り上げる）のようなかっての『土曜日』

を彷彿させるような欄に多くの紙面を割いていて、全体として『土曜日』の文化・映画・女性の各欄を一つの紙面に集めたような雰囲気を持ち、およそ「政論新聞」という固いイメージにそぐわないものであった。むしろ「政論新聞」の色彩も一応はもつが、より広義には「文化新聞」とでもいう性格を色濃く有していたといえるだろう。さらに『土曜日』的要素としては、数号にわたり「投書欄開設」の告知を掲載していることが挙げられよう。ただし、このような『土曜日』的な要素は、一面での文化欄の充実もあわせて、ほぼ一年あまりで姿をまったく変えてしまう。また投書欄も紙面の中ではっきりした位置を占めないまま、いつのまにか立ち消えになっている。

他には、広告について見ると、書店、病院、京都勤労署などの広告や、松竹などの映画広告、観劇の案内が掲載されていて、映画と観劇の広告は『夕刊京都』の有力なスポンサーとして以後も大きな位置を占めているようである。

住谷自身が創刊号に書いた記事は、一面の「閃光」欄（無署名で以後連載が続いている）である。「閃光」欄には次のように『夕刊京都』の創刊意図も合せて述べられている。

文化の建設にはその粛正が先立たなければならない、夕刊京都新聞が創刊第一歩に課せられている大仕事は文化粛正である。それでは何が粛正されるべきであり、何が育成せられるべきか、その目標を閃光のごとく冷静に、無表情に正しく照らし出して読者諸氏の前に持ちだすのが小粒なこの欄の任務である。したがって本欄では批評を加えない、正体を照らし出したら後は読者諸氏にまかせるのである、いはば調書であって論告ではない。

しかしこの「調書」は、こと住谷の書いたものは寸鉄人を刺すような厳しい「論告」を伴うものが多かった。

『夕刊京都』は発行部数が約七万部であり、当事者（和田洋一）の記憶では、毎号完売だったとするが、吉田健二の調査では、経営状況はかならずしも良いものではなかった。[28]過去の『土曜日』でもそうだったが、住谷・能勢・和田らのジャーナリズムの特徴は、よく言えば営利性を追求しないジャーナリズムを志向していたともいえるが、現実的には、読者の嗜好や関心を読み取れない（それゆえ売れない）ひとりよがりのジャーナリズムになる危険性をも秘めていたと思われる。

また自己検閲はしなかったものの、「共産党的過ぎる」点を民間検閲局（ＣＣＤ）にたびたび指摘され、入念なチェックのために、発行禁止こそなかったが、夕刊の発行時間に間に合わないこともしばしばであった。さらにＣＣＤの事前検閲だけでなく、民間情報局（ＣＩＥ）の新聞出版課により内部指導も行われた。

住谷の回想によれば、「この新聞は『プロフェッサーだけが幹部で出す新聞は珍しい』と占領軍の新聞班長であったインボデン少佐にほめられ[29]」たそうだが、これはあまりに楽天的な発言といえる。なぜならこのダニエル・インボデン少佐は、徹底的な反共主義者であり、鈴木東民の「民主読売」時代の幕引きを指導し、また『夕刊京都』と同様の左翼系の新興紙であった『民報』、『人民新聞』などを快く思っていなかったという。[30]インボデンが上洛する度に、能勢と住谷は直接の指導を受けるために呼ばれていたが、それは決していつもが友好的な雰囲気で行われたとは思われない。[31]

■最初期の『夕刊京都』の紙面

次に、発刊してからほぼ一カ月近くの紙面の内容をかいつまんで見ておこう。この時期は、前述した政論新聞よりもむしろ文化新聞的な色彩が特に強い。

『夕刊京都』の売り物の社説であるが、社説の要旨を三、四行冒頭にキャッチフレーズのようにおくという体裁であった。これは当時記者のひとりであった森竜吉のアイデアであり、戦前の雑誌『セルパン』を真似たもので、「新聞に素人の私たちの着想はたいていこういう風に雑誌的」だったという。(32)

社説のキャッチフレーズの具体例を見てみると、第二号「いったい誰の内閣か」では〝何千万の国民が一カ月で餓死するといふのに幣原は天皇でさへ行使されたことのない拒否権をほのめかして、国民の切望をふみにじっている〟、第一〇号「今こそ人民戦線を進めよう」では〝ごたごたするのはやめて、早くあっさりと人民の、人民による、人民のための政府を作り上げましょう〟、第一一号「石橋湛山では駄目です」は〝いまお互いのつとめは、保守と反動とに遠慮なくたたかひをするとともに、新しい社会と文化とを作り出すことにつとめなければならないこと〟等である。具体的な内容の要約というよりも、スローガン的な見出しが多いことがわかろう。吉田内閣についての社説「夕食のあとにおくる」(第八号)の見出しでは、〝どうですか皆さん。夕食もすみましたら一緒にじっくり考えてみようではありませんか。お爺さんもお婆さんもお父さんもお母さんも坊ちゃんお嬢ちゃんも、皆で一緒に語りあひましょう〟というものまである。この社説の見出しは、ほどなく取りやめてしまった。

社説のテーマを見てみると、吉田内閣の組閣についての批判、保守陣営の巻き返しへの抗議、天皇制の意義を問うもの、インフレ問題、土地改革、教育問題などが俎上にあがっている。論説の中味であるが、ここでは一例として第一五号の社説「家族国家そのほか」を採り上げよう。この社説は前々日(五月二四日)の昭和天皇のラジオ放送で、食糧危機等に対して「国民よ頑張ってくれ」と述べたことに対する意見である。キャッチフレーズは、〝二四日の天皇放送はデモクラシイに対してどういふ意味を持っているだろうか〞とある。社説の要旨は、天皇の放送の「家族国家」的な考え方に対して、「家族国家の考えこそは人民の人格を認めず、支配者の考へ一つで人民をどう使ってもよいといふ封建思想の土台石になるものであり日本がいま進まうとするデモクラシイの大敵である。そうしてみると、この放送は天皇の名においてする反デモクラシイの第一声でなければならない」と手厳しい批判を下すものである。和田が後に語ったように、『夕刊京都』は最初は、完全に〝左翼新聞〞と見られていました。日本共産党の新聞と誤解されたこともありました(33)」というような、その個性をこの社説にも認めることができる。

『夕刊京都』の「文化新聞」的な特徴の一端を示す「文化」欄では、北山良平「戦犯追及手緩し」(第二号)、菅泰彦「京都に来たアメリカ映画」(三号)、森竜吉「みずほのくにの慢性的飢餓」、具島兼三郎の体験手記「満州の牢獄」の連載が第四号に、能勢克男「花の香は海をこえて」(七号)、山本修二「革命の中のアメリカ劇場」(九号)、「ソ連科学界の展望」(一四号)、山内正(住谷のペンネーム)「花も羞らふ振袖姿で五人の乙女海を渡る――明治最初の女子留学生」(一七号)などが掲載された。特に住谷と絲屋寿雄が戦後の民主主義運動と文化活動の拠点のひとつとして結成した「近代日本研究会」の活動を紹介した「都市と農村の文化交流」(九号)の記事が、住谷たちの民主主義運動の実践を示していて興味深い。

「近代日本研究会」は、四六年一月一〇日に京都文化団体連合協議会を招請して、会合には二八団体が参集したと書かれている。そして文化団体の統一活動以外に、「昨年秋からの個別的な活動では近代日本研究会の人々が、府下近県の文化指導者と連携して道の遠近、交通機関の不備をものともせずに繁々と農村で文化講演会や座談会や紙芝居や詩歌朗読の催しなどをはじめた。北桑田郡黒田村の文化指導者大江直吉氏を中心とする同村の清渓会へは、京都消費者組合の秋田清二郎氏、商工経済会の斎藤栄治氏、近代日本研究会の住谷が六七里の山越えて泊まりがけで出かけ、現下の経済問題、物価問題、民主主義等の講演や研究会を開き、村長、校長、村の有志、青年男女と会談し」た。このように活動を紹介した上で、住谷は「農村機構の徹底的民主化」を要求している。

住谷の戦後の民主主義活動は、この近代日本研究会による文化活動の統一行動や地方啓蒙の他にも実に多様なものがあった。例えば、四六年一〇月一九日には、京都市民文化祭の実行委員長としての役目を果たし、同年一一月には市内デパートで民主主義展覧会を開催し、そこで講演を行っている。四七年六月には愛媛新聞主催で松山市で「現代文化の悩みと希望」と題して講演等々、まさに八面六臂の言論活動を展開している。

また後に平和運動で京都大学人の双璧として活躍した末川博らと共に、四六年一月一二日、「民主主義科学者協会」(民科)を設立して日本赤十字本社講堂で設立総会を開催している。

住谷の初期の論説としては、上記に挙げたもの以外として、二面に連載された「日本婦人運動の草分け」が重要であろう。この連載は、楠瀬喜多子(俗にいう「民権ばあさん」で、板垣退助ら土佐立志社と関係し、自由党と提携して積極的な演説巡行をした)、岸田俊子(男女の法律上の平等と参政権を主張)、景山英子(住谷と絲屋寿雄編『妾の半生涯』の著者、婦人の経済的独立こそ婦人解放への途と主張し、働く女性の教育重視)の三人を順次採り上げたものである。

また「閃光」欄では、国民精神文化研究所の所員西田直二郎を「日本民主主義化への歴史逆転の歯車」(三号)とし痛烈に批判した。また高田保馬の貧乏論批判(四号)、室伏高信の風見鶏的行動の批判(一三号)などの人物評を書いている。

住谷の書き残した走り書きを見ると、初期の『夕刊京都』の記事がどのような人によって書かれていたかがわかる。中心的な一面の社説は、能勢、岡田、和田や住谷が代わる代わる書いていたようだが、第四号を見るとほぼ次のように各記事の執筆者が書き記されている。一面の〃我らの手で食糧危機突破〃(沼田稲次郎)、〃高坂京大教授辞表提出〃(徳井義男)、〃手玉にとられた社会党〃(白神某)、二面は、特集記事として〃バラまかれる新聞〃(徳井義男、北川鉄夫、後田某、佐々木某、荒川某、西村幸雄)、〃乗客が忽ち強盗に――恐怖の市電〃(荒川某)、〃アベコベ談義〃(北川鉄夫)、映画・演劇欄(佐々木某)、婦人欄(藤田某)、その他(西村幸雄)とある。ほぼそれ以外の号も人数的には、だいたい一〇人前後で記事を分担し、書いていた。

■それ以後の紙面(四六年と四七年)

創刊して数カ月を経た紙面を見てみると、四六年と四七年ではまったく紙面の雰囲気が異なる。四六年の九月に入ってから、すなわち創刊してから四カ月後の紙面は、四七年以降とも違うが、創刊当初の紙面とも微妙な違いを見せている。一口にいえば、『土曜日』的な雰囲気をもつ文化新聞から、より論説を重視した政論新聞への転換が見える。文化欄や二面の映画、婦人欄の充実よりも社説やまた報道面の強化が行われている。この傾向はさらに、社説欄の軽視とともにより速報性を重視した今日の一般紙の夕刊の一面と大して変わらぬものに四七年以降は変化していく。例えば、創刊当初の社説のキャッチフレーズは消え、読者参加の試みもほとんどない。また麦の穂の題字さえも四七年からの『夕刊京都』からは消えてしまい、題字は味気のない縦型の書体に差し変わっている。この理由として、経営方針の変化、特に売れる紙面作りの傾向に拍車がかかり、創刊当初の住谷、能勢、和田らの文化人から、より新聞作りに慣れた人材が会社の中枢を占めるようになったことが挙げられる。この事情はまた後記することにして、ここでは四六年後半期と四七年四月以降の住谷の論説を見ておきたい。

四六年の記事を見てみると、「私淑する明治の二論客――馬場辰猪と酒井雄三郎（上）（下）」（一四二、一四三号）では、酒井雄三郎の『排曲学論』を日本のデモクラシー研究の先駆的業績として高く評価している。この記事は一面の文化欄に書かれたものであるが、戦前からの住谷にとっては手慣れた歴史に題材をとった記事を書いている。しかし、その趣旨は懐古的なものでは無論なく、住谷独自の歴史的方法が採用されていて、狙いは現実の問題への照射にあることは言うを俟たない。例えば、「明治欽定憲法と新憲法への熱意」（一七五号）では、明治欽定憲法は自由民権運動の盛り上りとリンクしていたが、「これを回顧するとき、たとひ敗戦日本とはいへ、新憲法への熱意が低調であり、各政党や民間有志の私案も明治時代に比較して著しく索漠の感が深い。海外には頗る好評であるといふこの民主新憲法を、今後我々は如何に良く運営して行ったらよいかといふことが残された課題といふべきであろう」とあり、当時の新憲法問題との関連で論をおこしている。他にも文化欄では、「答案に見る貧困さ」（一二〇号）、「尾佐竹博士と坂本龍馬の『藩論』」（一五三号）を書いている。

四六年の社説（無署名）としては、「婦人代議士にあたふ」（四八号）、「低劣な音楽を排除せよ」（一八九号）、「天皇宛親電とヴァ氏口述書」（一九六号）、「経営協議会と生産の問題」（一二五号）、「商業道徳の頽廃と再建日本の国難」（二〇七号）などを書いている。いずれの社説も『夕刊京都』の社説の一般的な傾向を伝えるものであるので、ここでは「婦人代議士にあたふ」、「経営協議会と生産の問題」、それに能勢克男の書いた社説「府立病院のストライキ」（一四一号）の中味を簡単に見ておく。

「婦人代議士にあたふ」は、婦人代議士の政界への進出に関して、「超党派の婦人のみのクラブ」を結成しようとする動きを批判したものである。「超党派的な女のグループは、女性に関する問題の提出については仲よく相談もできよう。しかし政治は現実的な解決ができなければ無意味である。その解決は女だからという性別グループとして一律に解決できるものではなく、思想と政策と、行動において分裂し対立する危機を孕んでくる」「要するに婦人も政党としての実行力に結びつく」ことで「女性問題の本質的な解決」を図るべきという主張を展開している。

「経営協議会と生産の問題」は、吉田茂内閣の方針「経営協議会ならよろしいが、生産管理はよろしくないから否決する」についての論評である。吉田内閣でも経営協議会が認められたことは、経営の民主化からいって一応の前進と住谷は評価する。しかしそれでも労使争議は止むことはない。なぜか。「それは資本主義経済組織そのものが労資対立を原則としてをり資本による利潤を追求する商品生産がその本質だからである。だから労資双方の譲歩は求められようが、それには限度がある。労働組合側がその要求を貫徹するため争議権はどこまでも認められなければならない」。その一方で現今の日本経済は窮状なので生産を阻害する労働争議は慎むべきとした上で、「ところで、ある生産部門で、罷業や怠業が国民生活を混乱させたり、脅かしたりするような場合、その争闘は、あくまで生産を継続しつつやって行かねばならない」として生産管理の問題が現今の課題であるとの認識を示している。

社説の柱の一人である能勢克男が、四六年に書いた社説で判明しているのが、三本ある。「二つの世界への示唆」(二六九号)では、トルーマン米大統領の国連演説への肯定的意見、「判決はわれらの心の底へ」(二四九号)ではニュールンベルク裁判判決を契機にして、戦前の日本人のナチスへの傾倒ぶりを批判している。

「府立病院のストライキ」(一二四一号)、では、京都府立医科大学付属病院の従業員組合の「飢餓突破のための資金要求ストライキ」に関する病院長の発言を批判している。「家族をもった一人の男の月収が四百円ではカロリーが不足することを科学者、医者としては認める、けれども学長として一人の官吏としては要求を認められない」とする病院側の学長の発言を、能勢は「何というなさけない分裂だろうか」と嘆じた上で、「ストライキはこの人間的要求を社会に対してぶつけているのだ、生きた人間の悲痛な要求に耳を傾けることの出来る人々よ、この矛盾を解決するように理解と同情を出来るかぎり伝えようではないか」としている。後に羽仁五郎に「人間の顔をした共産主義者」といわれた能勢であるが、その基本的な批判の見地はあくまでヒューマニズムの観点から、社会問題の犠牲者側に立った上での発言が多い。そして一種の説教臭さ、すなわち啓蒙色が強いことも能勢の社説のみならず、住谷や『夕刊京都』の論説の大きな特徴をなしていた。

四七年四月以降は、先ほども指摘したが、文化新聞的な要素や、また政論新聞的な色彩さえもほとんど消失している。つまり社説欄はあるが、決してそれが中心ではなく、速報性の高いニュースを重点にして紙面が構成され、意見の表明とともに事実を報道するのではなく、概ね「客観的報道」を旨としている。つまり今日の大新聞の夕刊紙となんら変わらないものになっていた。

四七年四月以降の中心的なテーマは、片山内閣の組閣とその後の議会を中心とした政局に関するものである。住谷は前年(四六年一二月八日)に夕刊京都新聞社の社長に兼務して編集局長に就任していた。存在が確認されている四七年の記事で、住谷自身が執筆した記事は極端に少ない。しかし片山内閣の誕生前後は、その期待感も込めて好意的な社説を書いている。

社説「政治的処女性の魅力」（三八二号）は、片山内閣成立の報を受けて新内閣への期待を表明している。「新内閣は新憲法を如何に運用し、如何に国民に答えるか、われわれは協力と同時に監視を怠ってはならない」とし、新内閣が政治的に処女性すなわち新鮮味があることを指摘して、その役務を次のようにまとめている。

新憲法は平和主義と民主主義とを根本原則とするという。それはさらに社会的正義と文化国家主義とをも原則とするものである。ワイマール憲法は「人たるに値する生活の保障」を宣言し文化国家主義と基本的人権を高揚してその画期的意義を示したにもかかわらず、ついにその実践において成功しえなかった。わが新憲法は敗戦とともに深刻さを加えた社会問題の解決と文化国家主義との実践へのたんたんとした大道を切り開いた。

ここには、戦後一貫する住谷の日本国憲法への視座が表明されていることに注意したい。以上の原則を明記した上で、片山内閣が旧来のヤミ政治に堕落すれば「国民は断固として一蹴する」と警告している。もちろん歴史の教えるところは、住谷の期待とは裏腹の方向に進むのだが。

この社説を皮切りに、『宣言』と『政治』（三九一号）、「質問演説に望む」（四一三号）で片山内閣への注文を書き、また「市民会館を確保せよ」（三九二号）では、旧来の施設明け渡しに伴う新京都市民会館の建設を要望する旨を書いている。

住谷が書いたと判明した社説は、いまのところ四七年に関しては以上の四つである。経営陣の一角としての多忙と、また社内の雰囲気の変化が、次第に住谷を一線から遠ざけていたのかもしれない。

いくつかの証言によると、夕刊京都新聞社は、四七年以降次第に経営主義に依存するようになり、また労使間の対立もあった。労働組合に誠意を示していた住谷であったが、次第に共産党的なセクト主義が高じ、住谷や能勢らは社内でも孤立の様相を呈していた。また住谷は四七年一〇月にGHQの公職追放に関連してその職務を辞めざるをえない事態に陥った。松山時代に書いた一連の文章、例えば『大東亜共栄圏植民論』が当局からチェックされたからである。能勢はこのときの住谷について次のように述べたという。

「住谷さんは運が悪い。左で引っかかり、右で引っかかり」(34)。

しかし、その能勢自身も上層部内での紛争からやがて夕刊京都を追われるのである。

第一〇章　戦後の住谷悦治

一　学究生活の再開

住谷は公職追放適格審査の候補に挙がったことや、『夕刊京都』内部の労使対立激化に伴う複雑な社内事情から、一九四七（昭和二二）年一一月に夕刊京都新聞社を退職した。公職追放については、知人の北川彰医師が抗議文を英訳し、それをＧＨＱに送付した。この抗議文が効いたのか、ほどなく住谷への占領軍側の嫌疑は晴れたという。このとき公職追放適格審査委員であった牧野英一は、「住谷さんは筆がたつから何でも書いてしまうんだよなあ」と洩らしていたという(1)。

小岩井浄らの東亜同文書院出身者を中心とした新生の愛知大学で講師を務めたり、同志社大学の非常勤職員、また敗戦後の民主主義運動に参加することで、住谷はそれなりに多忙な日々を送っていた。やがて四八年にGHQは、戦前に思想的な問題で馘首されたり、事実上免職された教員に元の職場に復帰する権利を認めるという指令を出した。

同志社では、ガリバン刷りのハガキで、「帰るのならば帰るように」というようなのが来ました。林〔要〕さんはそんなことは失礼だと怒って来ない。長谷部〔文雄〕さんは郷里の今治に帰ってもう資本論を訳していたから同志社まで来るのをいやだって来ない。能勢克男さんは弁護士になり『世界文化』の時やめた新村猛、真下信一君は名古屋に行き、松岡義和は東京で実業家になった。宮川実はもちろん帰らない。そういうわけで、和田洋一君と私だけが同志社に帰ることになった。(2)

これ以後、住谷の人生行路は、戦前からの蓄積を、落ち着いた学究生活と教員生活の中で、着実に成果としてまとめあげる時代に移ったといえるだろう。同志社学内でもやがて学部長に就き、またまったく思い掛けない展開で同志社総長の職務に晩年の多くの時間をとられたとはいえ、他方で日本経済学史の研究者として長く名を残すであろう業績を多く公表した。ただこれらの業績の大半は、戦前・戦時下の研究のとりまとめかその発展であったといえる。

他方でジャーナリズム活動については、自ら中心となって行うことはなく、大学人としての各種媒体への寄稿(それでも数は厖大である)か、もしくは単行本の出版・編纂などに限られてくる。戦後の同志社における活動は、私的・公的な面でもさまざまな広がりをもつが、多様なエピソードがあるにもかかわらず(それら自体は興味深いのだが)、何か一本の芯が欠けてしまった感が強い。戦前の住谷の立場は、「公的なインサイダー」（エリートコースであるナンバースクールから東京帝大法学部の学生、そして同志社大教授へ）から「公的なアウトサイダー」（失業中も住谷は決して「私的世界」に閉じこもったアウトサイダーではなかった）の間を、変転していたといえる。住谷の人生航路や、また研究成果・ジャーナリズム活動の魅力の源泉は、この社会的な立場の、本人から見れば極めて不本意な変転の中に求められるといってよい。松山高商で職を得たり、また『夕刊京都』等で企業に属していても、住谷の基本的なスタンスは、「公的なアウトサイダー」であり、そのことが彼の示した既存の制度や権力への批判的態度につながっていたといえる。しかし、この「楽園同志社」復帰により、彼の「アウトサイダー」としての生き方は終結したといっていい。住谷の思想を問題視する権力は、もはや存在しなかったし、彼の目の前に大学人としての生涯を全うできる条件が初めて揃ったといっていいだろう。もちろん住谷が「公的なインサイダー」の特権に酔いしれていたといいたいのではない。むしろ、戦後の同志社時代に於ても、住谷の反骨的精神や非権力志向は根強いものがあった。だが、そのような性格を、身内の世界を越えて、世の中に業績として示すことはもはや行われなかった。また戦後の論壇の事情を考えれば、住谷は戦争が終った時点ですでに「オールド・リベラリスト」、「オールド・ソシアリスト」であった。戦後の時代的風潮は、住谷よりも若い世代の論客を求めていたといえるだろう。むしろ住谷の戦後の中心的な仕事は、戦前からの学問的遺産である（吉野作造や河上肇から受け継いだ）日本経済学の歴史的研究の継続とその深化であろう。この点については住谷の戦後の活動を振り返った後で章を改めて検討したい。

一九四九（昭和二四）年四月、はじめ経済学部講師として同志社大学に復帰し、まもなく七月から教授に就任した。湯浅八郎総長や松好貞夫経済学部長の尽力があったという。住谷は「社会科学概論」「社会思想史」を教えることになった。その許容量の大きい題目は、「私にとって会心の科目担当」であると後に回想しているほど得心のいくものであった。人気も高く、同志社で行われた授業のアンケートでも抜群の一位であったという。(3) メリハリのきいた、漫談調であってもレベルの高い授業は、学生のやる気を刺激したらしい。かつての「楽園」松山商科大学での夏期集中講義（一九四九―六二年）も同様に大人気であり、いつも立ち見であったと授業に参加した人々は後年まで語っている。(4)

松山商科大学では、いくつかの教科書やまた紀要に論文などを公表している。例えば、「恐慌論」文献目録（牟礼丈夫との共同研究）、「幕末明治西洋経済学移入系譜研究（1）（2）」でイリスの自由主義、神田孝平の地租改正論、またウエーランドの致富の術としての経済学の導入などを書いた。教科書としては、『経済政策概論』、『科学はいかにして進歩したか』などを公刊し授業で用いていた。

戦後まもなくの住谷の業績として注目すべきなのは、『街娼』、『日本学生社会運動史』などの実証的な研究である。

『街娼』は、京都社会福祉研究所の調査報告である。京都府軍政部厚生課長エミリー・パトナムが助言し、同志社大学の竹中勝男が主宰した研究であった。実際には、住谷、大塚達雄、小倉壌二が研究の中心としてフィールドワークなどをこなしていった。住谷らは、「街娼」を敗戦の社会不安がもたらす「一時的現象」という視点から調査を行った。平安病院で「街娼」たちに聞き取りをして、所属社会層、所得水準、年齢などの社会学的な分析を行った。

住谷は、「街娼」の性格が「生産意欲」なく「享楽的」であり、知的な水準は高いものの、関心の範囲は「個人的利害に終始する消費生活の部面」のみに向けられていると指摘する。「街娼」は、敗戦による不安

定な社会の体現であり、「まさに彼女らこそ、社会の迷路に舞踏するものである」と住谷らしいレトリックで書いている。(5)

『日本学生社会運動史』(住谷、高桑末秀〔人文学園講師〕、小倉嚢二との共同研究)も京都産業労働調査研究所の共同調査の結晶である。明治(自由民権運動)以降、一九五二年までの主に京都地方中心の学生運動の社会・経済的分析であり名著の評価がある。

住谷は、やがて一九五三(昭和二八)年に経済学部長になり、学内でも順調な生活を送っていく。当時の学部長住谷の姿を、逆井孝仁の回想からまとめると次のようであった。(6)

住谷はある問題で、学生の代表を教授会によんで意見を聞くべきだとの動議をだす。教授会は紛糾したが、住谷は教授会が自らの責任で正しい判断をくだすには、学生の意見が重要と引かなかった。結局、学生から意見を求めることになった。再開後の教授会冒頭で、住谷は「誰が聞いても学生の意見の方が正しい。理は彼等にある。彼等の要求を認めましょう」と述べ、それを教授会の決定までまとめた。しかしこのような例外はあるが、教授会の運営は民主的でかつ穏健であり、人の話を聞くタイプ、学内政治下手であり、「長」を嫌ったという。(7)

五六(昭和三一)年一〇月から二月にかけて、住谷は初めてアメリカ合衆国を黒人問題研究という名目で訪問した。ビザの発券で手間取るなどのエピソードがあったが、カリフォルニアでは、日本の政治史の著作があるロバート・スカラピーノ教授(北カリフォルニア大学)と個人的に討論したという。その時の話の中味を、住谷は藤谷俊雄に語っている。

先生〔住谷〕が黒人差別が民主主義の発達したアメリカで何故解決できないのかといったら、スカラピーノ教授はそれはアメリカの恥だけれども、黒人と白人の相違は眼に見えるが、日本での部落差別は外見上の違いはないのに、どうして差別待遇するのかと逆襲されたということを苦渋をもって話された。(8)

マスコミでは、末川博(当時立命館大学総長)との二人三脚での平和運動がよく報じられた。末川とはまた河上肇記念会代表幹事を交代して務めたり、戦後まもなくは民主主義科学者協会でその成果と失敗を共に味わった。ただ個人的に両者の交際が親密になったのは、晩年になってからであり、マスコミが書くほど両者の思想的な結びつきは強くはない、という印象を私は持っている。(9) むしろ戦後の一時期の京都アカデミズムの象徴として両者は共に語られたのであろう。

ところで住谷教授の授業やゼミナール風景はどんな感じだったのだろうか。住谷は授業の合い間に次のような話をしたという。

教師が黒板に字を書いているときを見計らって、教室を途中でエスケープするのは学生として卑怯である。もし講義中に途中で出ねばならぬときは、静かに立って教師に目礼して堂々と出ていけ。そうすれば、教師—私は、ああこの学生は、よくよくの事情で中途で出るのだな、目礼して出る態度は教養のある証拠である。映画を見に行くのか、ランデブーするのか、急に何か帰宅する用事ができたのか、友人と約束があるのか、事実は知らぬが、コッソリと逃げ出すのに比べれば、一つのエチケットを心得ていると思う。(略)こうした僅かな心得、一寸した反省は、学生の教養のバロメーターである。(10)

坂本武人が参加したカール・レービット『ウェーバーとマルクス』のゼミでは、学生が輪読する形式がとられていた。詳細な書き込みをした『ウェーバーとマルクス』の翻訳が住谷文庫の中に保存されている。

また辻村一郎が参加したゼミでは、ジェルジ・ルカーチ『歴史と階級意識』の主に階級意識論を中心に、毎回住谷自身が解説を行ったという。ゼミには二五名前後が出席し、訳者の平井俊彦を呼んでの講義もあり学生の意欲をかきたてた。

ところで息子の住谷一彦は、敗戦の後、東京帝国大学に復学し、大塚久雄、松田智雄らの影響のもとに学究生活に入っていた。住谷は一彦と徹夜でマックス・ウェーバーについて論議をしていたという。[11]

一九六〇（昭和三五）年八月、モスクワ「国際東洋学者会議」に出席し、「明治維新後の日本経済学史」を報告した。この会議には、住谷の弟住谷申一、名和統一、井上清、吉川幸次郎、前島省三らが参加した。[12] 会議の帰路、レニングラードでスパイと間違われ身柄を拘束されてしまう事件が起きた。カメラで撮影していたところを通行人に誤解され、警官に通報されたのである。

わたくしが、レニングラードのセバストレモーバア町のホテル・チューリスト近くの、市民アパートの庭に遊んでいた五、六歳の可愛らしい、四人の女の子の写真をとったのを見ていた一市民労働者が、ものをもいわずにわたくしの右手をかかえてやや離れている警察署へ無理矢理に引き立てて行き、わたくしを引き渡したまま、どこかへ消えてしまった。（略）わたくしは、（略）大事な時間を単純な、バカな、トンマな、不親切なこの一市民労働者の誤解によって警察に留置されたのである。[13]

約一時間余り、拘置所に入れられてしまうが、ドイツ語のできる職員に事情を説明し、ようやく釈放された。飛行機の出発時間ぎりぎりに訪ソ団に合流して事無きを得たのである。しかしソ連への悪感情はなかったらしい。後の北朝鮮や中国行きでも共産主義諸国の現状がどんなに問題を抱えるものであっても、住谷はユートピア的憧憬に近い感情でこれらの国々を見ていたといえる。このユートピア的憧憬は、かつ

▲周恩来（中央）と会談する住谷悦治（1964年）

て『社会思想』同人たちが一様にして持っていたソ連への無条件的な信奉の念に発するものだろう。その意味でも、住谷のソ連を中心にした共産圏諸国への感情は、戦前の産物であったといえ、それが不必要なほどこれらの諸国の現状認識を曇らせる結果となったように思われる。(14)

一九六四（昭和三九）年に、中国社会科学院から招待を受けた。首相の周恩来と会談し、また河上肇のサイン入り『経済学大綱』を郭沫若に献本するなど親交を深めた。周ら共産党幹部が戦前、河上の本で社会主義、マルクス主義を学習したというエピソードを聞く。(15) ちなみに住谷の本も中国語訳（『物観経済学史』、『社会主義経済学史』）が出ている。(16)

例えば、住谷は次のように中国の好印象を書き残している。

わたくしの強い印象は、至るところ、新中国の人びとが、同じような質素な服装で、労働に従い、労働を尊重し、自分たちの労働が、必ず新中国人民を幸福にするものだという自信満々であることで、六億五千万の人民が明るい一つの目的に向って心を合わせて労働して生きつつあるということである。いわゆる「文化」なるものに誇りを持つ贅沢・有閑・個人利己心・自分と家族の幸福を第一に考え、国家・社会・公共的生活に阿呆のごとく無関心な「文明」外国人たちは、中国の人民の労働を「強制労働」だと批評している。強制か強制でないかは、労働が主体的に採りあげられ、自覚的に働いているか否かにかかる。

人民公社の人びとの労働を見ればそれが明らかになろう。大学生たちも必ず年二ヶ月は農村の筋肉労働に喜んで従事し、解放軍は、常時つぎつぎと人民公社の労働を応援し〔ている〕。（略）中国は都市と農村の生活の区別が次第に撤去されつつある。都市的農村・農村的都市は古来ユトピアンの夢であったが、その双方の結びつきの方向はあくまでも正しい。労働の尊重はキーポイントである。[17]

中国の文化大革命以前の記事とはいえ、住谷が生涯にわたって労働者やまた社会主義国家への素朴な信頼感を喪失していなかったことは、おそらく後に日本の知識人の一部にみられた毛沢東思想や文化大革命への熱狂と合わせて考えてみるに示唆的でもある。すなわち日本の知識人たちの社会主義への熱狂は住谷の世代がもっていたユートピア的憧憬を一歩も出ないまま何十年も経過してしまったのではないか。さらに、その労働者（いまならさしずめ生活者か？）とある種の国家的指導者とその施策へのユートピア的な幻想はいまだに日本社会の中で清算されずに残っているのではないか、と。

磐の回想によれば、「父は周恩来と並んでみると同じ身長」、チャップリンも周恩来と同じなので「自分はチャップリンと同じ身長だといって喜んでいた。つまらんことに喜んでいた」という。[18]

一九六〇年九月―一二月にはローマ市プロディオ大学で日本経済学史の講義（『鶏肋の籠』に所載）を行っ

た。内容は日本社会政策学史中心でありコンパクトな住谷史観のまとめとなっている。これと前後して『日本経済学史』(一九五八)、『河上肇』(一九六二)など戦後の代表作の執筆が行われ、日本経済学史研究の総決算の時期ともいえた。その頂点ともいえる作品が、『ラーネッド博士伝』であった。これらの著作を含めて、住谷の日本経済学史については次の章でまとめて検討する。

二　同志社総長として

一九六三(昭和三八)年、突然として同志社総長に住谷が選出される。当初は選出母体のひとつである教職員組合でも候補者として名前はまったく挙がっていなかった。しかし、同志社総長を質的にかえていきたい、という全体の意思が、学的に重厚な住谷を選んだことは疑えない。事の細かい経緯を別にすれば、教職員組合や、若手教職員と作業員からも幅広い支持を集めた。

総長選挙の民主化の流れから、候補者上位三名による公開での決選投票に挑むことになった。理事会等を中心に社会主義を支持していた住谷がキリスト教徒であるかどうかが疑問に出されたが、仙台の東二番教会に記録があることがわかり解決した。最初の選挙では、下位であった。決選投票に際して、教職員組合の執行委員会が、慣例を破り、住谷の名前を出して投票の支持を訴えたという。

開票の速報は、住谷の研究室に次々に伝えられた。「困る」「なんとかならんのか」と研究室で本を読んだり、原稿を書いたりして当惑しながら待機する住谷の姿を周囲の人間は記憶している。

総長就任をめぐって、一彦と磬、住谷の間で徹夜の激論が戦わされることになる。息子たちは、住谷はライフワークである住谷天来やラーネッドを中心とした研究生活に打ち込むべきであると主張して譲らなかった。しかし、当初は当惑していた住谷も、かねて敬愛していた新島襄、海老名弾正らの伝統を継いで、同志社の総長を務めることには、内心光栄であるという昂揚した喜びもあったにちがいない。住谷は総長の職に就く途を選び、そして三期十二年の長きにわたってその職務を全うする。しかし一彦らが懸念したように、住谷のライフワークとなるべき「住谷天来伝」は、ついに完成することなく終った。

住谷の回顧（ＮＨＫ教育テレビ〔一九七六〕では、総長になってからは学生との交流も限られたものだった、と述べている）にもあるように、全国的な学生運動の興隆を伴った、六〇年代後半から七〇年代前半に、住谷は同志社総長であったが、総長の実権をほとんど伴わない象徴的存在ゆえ、学内の紛争からはある種超絶していたといえる。この時期の代表的なエピソードを二つ紹介するだけに、ここでは留めておく。

一九六九（昭和四四）年一月一八日安田講堂の攻防戦当日。住谷は大宅壮一ら東大新人会の旧会員らと共に東大構内に立っていた。新人会創立五〇周年を記念した集いがあったのだ。後に会合の記録をまとめた石堂清倫は「老人たちは（学生）運動の起点と終点を一瞬のうちに見る思いがした」と記している。[19]

住谷は会合終了後、放水の飛沫を浴びながら、安田講堂の攻防をみつめ続ける。自宅に戻った住谷は、絵筆を握って、安田講堂の攻防戦のありさまを描き出した。

「父はこの機会に東大などつぶしてしまうほうがいい、と言っていた（略）すべて大学を私学にすればいいと思っていた」、想えば、過激な老人であったと磬は回想している。

また住谷は同志社女子大で会議中、ヘルメット姿の学生に連れ去られたことがあった。

> 突如として〔デモ隊が〕ドヤドヤ侵入して来て、理事会は暴力的に占拠されてしまった。（略）彼らに

よってわたしは捕えられ、その会議場から、無理矢理に回転椅子に腰かけたまま、数名の暴力学生に会場から運び出されてしまった。防衛も救出も出来る状況ではない。会議場の出入口で園部庶務課長がわたしを救出しようと立ちふさがったら赤旗の棹の柄で横腹を突き飛ばされて圏外へ押し出された。わたしは課長が腸捻転でも起こしやしまいかと心配した。階段のところで姿は見えなくなり、わたしは椅子もろとも数名の彼らに運び出され、女子大正門から大学の正門へ、さらにキャンパスを運ばれて中学の正門から烏丸通りを横断して西側から新町校舎へ拉致されたのであるが、烏丸通りは通行が遮断、電車も自動車・自転車も停頓したまま。わたしは回転椅子に腰かけたまま神輿のように、あるいは、印度の王様のように数人に担がれてそこ除けそこ除けで烏丸通りを横断した。[20]

まもなく住谷は解放されるが、この距離して一キロにも及ぶ行程を、住谷は緊張しながらも照れるかのような笑みをうかべて「神輿」にのっていたように思えてならない。この一場の幕間劇をもって、住谷の学園生活は一九七五（昭和五〇）年一一月の総長退任をもって終わりを告げる。

三　生涯のジャーナリスト

住谷の弟であり、著名な画家であった住谷磐根は、最晩年を過した老人ホームでの光景を、甥の磬に宛て次のように書いている。

二三人は私の話相手になりますが、これもせまい範囲の事で、世の中を話し、人生を話し、友人のかれこれの事を話題にする事も皆無な、一体どう歳を取って七十年八十年生きてきたのか、まったく想像もつきません。孤独を孤独のあじけない状態を哀れとも感じない様な彼らで全く、個人別々の沈黙生活の中に居る様なものです。（略）外部の人が五・六人づつ見学に参りますが――以上の様な様子は案内の婦人や男性は申し伝えません――形式だけ見て帰ります。[21]

日本の典型的な老人像に比較すると、住谷悦治の晩年は、依然研究意欲が持続し、また日常の観察を綴る、まさに言葉の正しい意味での「ジャーナル」を放棄することはなかった。その成果は、息子の磬との共著である『すばらしき老年期』や『続・すばらしき老年期』に表われている。

また住谷天来伝こそ放棄はしたものの、最後の著作といえる『ゲーテ「旅人の夜の歌」』（一九七九）は、ゲーテの詩の訳と解釈をめぐる詳細な研究であり、その博学多識には瞠目すべきものが依然としてあった。すでに齢八四であった。この最後の著作は、住谷の学問の師である河上肇の墓がある法然院でみかけた哲学者九鬼周造の墓碑銘がきっかけであった。九鬼の墓には西田幾多郎が自ら訳したゲーテの詩が刻まれている。それはあたかも住谷の人生の黄昏をも暗示していた。

ゲーテの詩　　寸心〔西田幾多郎の雅号〕

見はるかす山の頂　　梢には
風も動かず　　鳥も啼かず
まてしばし　　やがて汝も休はん

住谷は一九七九（昭和五四）年に伴侶のよし江を失ってからは、急激に老いを加えていったという。また一九八〇（昭和五五）年前後からアルツハイマーの症状がではじめる。私の手元にある八〇年から最後の八四（昭和五九）年までの日記代わりの手帖には、次第に記憶の喪失と混乱に襲われる住谷の失望と焦りが克明に綴られている。現存する最後の手帖には「自分の心のまづしさを知れ」と乱れた字が刻まれている。数年にわたる入院生活と、磬やその夫人の献身的な介護、また親族の看病の果てに、住谷悦治は、一九八七（昭和六二）年一〇月四日に永眠する。

一〇月九日の『朝日新聞』夕刊にマルクス経済学者の杉原四郎は次のような住谷を悼む文章を寄稿した。

おそらく住谷が最も力を入れたのは、末川博逝去の後をうけて世話人代表となった河上肇記念会のことであったろう。河上肇の志が若い世代にうけつがれてゆくことに、病床につくまでその力を傾けた。思うに住谷自身が、志士にして文人、研究者にして求道者という河上肇の特質をもった学者だったのである。こうしたすぐれた業績をのこしたユニークな資質をそなえた学者の訃報に接した。きびしい内外の情勢の中での社会科学者の責任を思うとき、痛恨の念、切なるものがある。

住谷悦治、そして住谷の同世代のすべてのものは去った。そして時代は彼らの予想だにしない変転（ソ連解体、社会主義国の崩壊、中国の市場化）を見せている。この時代にあって、すでに住谷悦治の遺産は、彼の肉体の生命のように終焉してしまったのだろうか。もし、杉原が書いたように「河上肇の志」と同じ意味で、「住谷悦治の志」というものがあるとしたらその可能性とは何なのか。

私は最後に住谷がジャーナリズム活動を行いながらも持続的に取り組んだ日本の経済学についての省察の中でその可能性についてかんがえることにしたい。

終章　日本の経済学を求めて
――河上肇によって河上肇の上に――

一　河上肇との出会い

話を住谷が経済学修業をはじめる京都時代にまで戻そう。

住谷は吉野作造の推薦を受けて、同志社大学法学部で経済学史を専攻することになる。住谷は東大入学前後から河上肇の著作に親しみ、強い影響を受けていた。また『近世経済思想史論』を卒業間際に読み、「大学での資本主義経済学の講義による知識を清算して社会主義経済学への研究の手懸りをつくった」[1]。

▲河上肇

しかし前述したように、住谷には経済学史を大学で講義し研究する上で「迷い」があった。「迷い」の理由は、学問と社会運動の実践との両立について、また厳しい学問の世界で自分がどの程度やれるのかについて、いまだ明確な見通しが立っていなかったことである。

この「迷い」は兵役を経験してからは特に強く感じられたようだが、それでも京都での河上肇との出会いは、住谷の学問への決意を促すうえで大きな力になったようである。

〔そもそも〕遠い過去に思い出の糸をまさぐってみると、大正八―九年ごろ東京で学生生活をしているころ『社会問題研究』の「彼が二十七歳のとき」という一文を読みひどく感激し、はじめて博士に「遥かなる思慕」を寄せたことにはじまる。それからというものは、魔がつかれたように本郷・神田・早稲田の古本屋で博士の旧著をあさり廻った。いまは稀覯本に属するものも探せば見つかったものである。『貧乏物語』はそのとき読んだ。[2]

住谷が河上への著作に決定的に影響されるきっかけとなる「『彼が二十七歳のとき』という一文」であるが、『社会問題研究』創刊号には、この「彼が二十七歳のとき」という題名をつけた文章は存在しない。しかし題名ではなく、まさしく「一文」としてなら次の該当個所が存在する。

例えばフーリエー（一七七二年生―一八三七年死）は仏蘭西の社会主義者の一人であるが、此人は呉服商人の子であって、父の死んだ時には参万円の遺産を貰ったといふことであるから、自分自身は必しも貧乏人であった訳では無い。然るに此人は何故今日の経済組織に疑いを抱いて来たかと云へば、其原因と見做すべき主なる出来事が二つある。其一は彼が僅か五歳の時、父の店で客に向ひ或商品に就き無邪気に本当の事を言った所が、其が為に後で父から酷く叱られたと云ふ経験であり、其二は、彼が二十七歳の時、マルセーユで或穀物商に雇はれて居た時のことである。当時仏蘭西では大飢饉で穀物の価は非常に高くなって居たけれども、彼の雇われて居た穀物問屋の主人は穀物の値段を吊り上げて置く為に、折角海外から輸入した穀物をも、態と陸上げせずに置いた所が、遂に沢山の穀物が倉庫の中で腐敗して仕舞ったのである。フーリエーは其時主人の命令に依り、人夫を指揮して、其等の穀物を海に棄てさしたのであるが、此経験は殊に現在の経済組織に対する彼の疑惑を強めたものであった。此の如くして彼は遂に社会主義者と為った(3)（傍点は引用者）

フーリエが社会主義の途に入ったのみならず、新進の学者としての河上肇がそれまでの生活を放擲し、伊藤証信の「無我苑」に飛び込んだのがやはり二十七歳の時、また奇しくも住谷が関東大震災での経験から自らの学問と現実の狭間の問題に直面したのがやはり二十七歳の時である。

住谷は吉野の推薦で、同志社大学に就職する道筋が作られたのだが、そのとき「京都には河上君と佐々木君（惣一教授）がいるから紹介してあげる」と吉野からいわれた。住谷が河上に初めての手紙を書いたのが、一九二二（大正一一）年四月に教師生活を開始してからのことである。以下にその手紙の内容を抜粋する。

私儀経済学につきては全然門外漢にて、大学で河津博士の経済学総論の講義を聴きし外何も存ぜずに只先生の著書並びに社会問題研究により理解出来ぬ乍らも経済学に興味を持ちし者にて候。殊に経済思想史に興味を持ち居り候。本月上洛し同志社の研究室に至り候も只漠然と学史は面白いと考へ居るのみにしていざ研究し出さむとすれば甚だ広汎。殆ど手の着け様もなく茫然自失するの外無く殊に私は英語と、少しばかりの独逸語が出来るのみにて彿語は全然出来ず且つ頭脳も実際明晰ならず候故学史を専攻せんとするもまったく困却の外無之候。(略)私は性愚鈍、先生に教へを乞ふも恥ずかしき限りに候へど兼てより先生に教えを乞ふを得ば無上の幸ひと思ひて居りし者に御座候へば何卒御指導被下度伏して願上候。(4)

住谷は経済学史研究の一環として社会主義思想史、共産主義思想史の研究を目指そうとした。ここには日本経済学史についての言及はまだない。四月二一日、河上肇宅を訪問することになった。

博士はこの若輩に懇切丁寧に研究方法や参考書を教えて下さった。わたくしはそれをノートした。さらに週一回の「原論」の聴講をもとくに黙許していただいた。(5)

このときの日記には、「アダム・スミス、マルサス、リカードを研究してマルクスに至るべきをすすめられる。尚経済学史としてリスト・ジードの経済学史がいいとのこと、ボルハルトの kapital がいいとのこと。河上博士は教えてくれた」(6) とある。

住谷は河上の授業を学生に交じって聴講するが、それは一九二二(大正一一)年に行われた「経済学史」の講義であり、また一九二三(大正一二)年の「経済原論」についても聴講していたと思われる。(7)

住谷はそれからも河上の講演を聞いたり、また会合の場で河上と同席したようであるが、「博士はわたくしにとってあまりに高く遠い存在であったし、やがて博士は大学を退き、政治的実践に這入られ、ますます遠くなった」(8)。しかし河上が共産党の地下活動の末に検挙され、数年を経て出獄した時に、住谷は「河上肇と近衛文麿」と題する小文を赤城和彦の筆名で書いている。この文章は、後に河上の『自叙伝』で引用され、「筆者は私に対して恐ろしく好意を有っており、（略）『どこかしら国家主義的な香気が感ぜられ、同時に経世家らしい、実践家らしい風格が偲ばれる』ことを以て、私の『胸の奥底に侵み込んでいる特質』と看做されている点は、実際よく見てもらっていると思って、当人の窃《ひそ》かに感謝するところである」と言われたものである。[9] 住谷もこの河上の評に感激し、それが河上の思想的特質を掴むうえでの自信になったと思われる。

また河上が死去したとき（一九四六年一月三〇日）、当時『京都新聞』の論説部長であった住谷は追悼文を書き、それは翌日の朝刊に「河上肇博士逝く」と題して掲載された。

嘗って博士はある門弟に感懐を盛った一句を送った。曰く「捨てし身を日々拾ふ命かな」と。博士にとっては一日生きることも命がけであったと言うべきである。来るべき民主と自由の日本は、博士を永く感謝とともに記憶することであろう。[10]

河上の葬儀には長男の一彦を伴い、住谷は参列した。生前その学恩に触れえなかった息子に一目でも博士の姿を見せんがために伴ったのである。奇しくも河上の柩は一彦らに担がれ出棺された。住谷一彦は後に多くの河上肇論を書くことになる。[11]

二　経済学史の方法

住谷の経済学史の処女作である『唯物史観から見たる経済学史』（一九二六）は、その題名を河上肇につけ

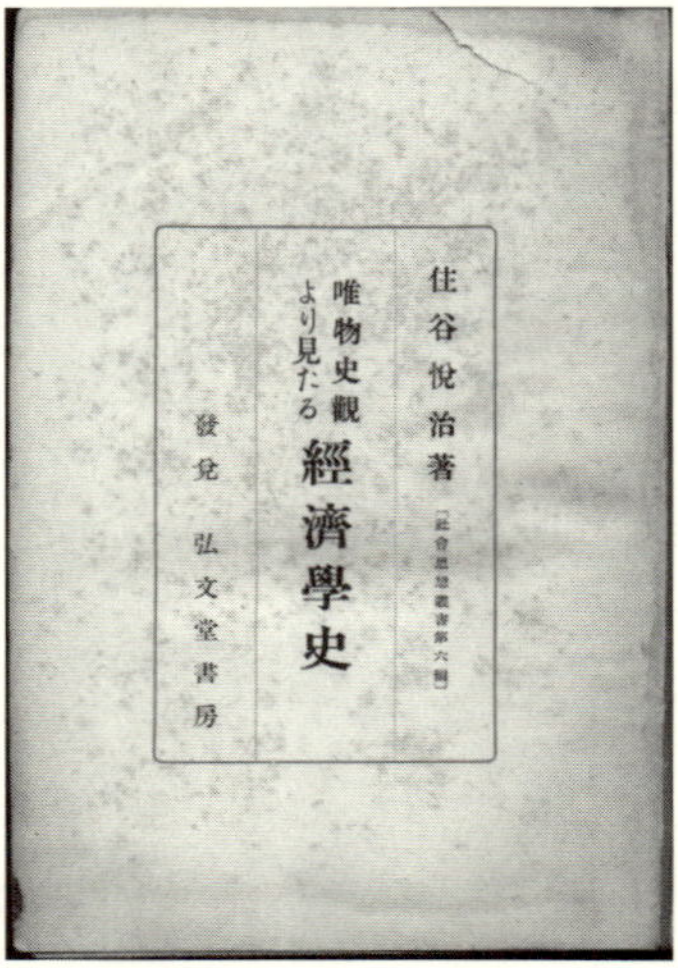

▲『唯物史観から見たる経済学史』扉

てもらうなど、河上からの影響が強い著作である。しかし正確にいえば、河上というよりも、河上と櫛田民蔵の論争の成果がよく活かされているといえるものである。

周知のように、河上肇の著作『資本主義経済学の史的発展』（一九二三）は、河上の独自の視点からなる経済学説史として著名であるが、この著作に対して櫛田が唯物史観の立場からきびしい批判を加え、河上が「一本参った」とした論争があった(12)。河上の『資本主義経済学の史的発展』は、利己心と利他心の問題を中心に構成されたユニークな学説史であり、ロック、マンドヴィル、ヒュームに始まり、スミス、マルサス、ベンサム、ミル父子、カーライル、ラスキンの順に紹介していく。スミスにおける利己心是認の立場が、イギリスの古典派経済学の支柱となり、それに対する批判として利他心の価値を称揚するカーライル、ラスキンらの学説が出現した過程を解説している(13)。

河上は、ラスキンとマルクスが「共に人類として同じ立場から物を見ていた」とし(14)、ラスキンらの人道主義的な経済学批判の中に、マルクスの社会主義に繋がるべき要素を見出している。しかし櫛田は、論文「社会主義は闇に面するか光に面するか」（一九二四）で河上の経済学史の方法は人道主義的唯物史観とでもいうべきものであり、マルクス的な唯物史観に基づくものとはとてもいえないと批判した(15)。河上はこの櫛田の主張を大筋で認めるのだが、このような河上―櫛田のやりとりは、住谷の初期の経済学史研究に克明に反映されているようである。住谷は、「河上博士の資本論研究は、経済学と同時に社会主義理論を教えられたものであるが、経済学としての資本論研究は、むしろ櫛田民蔵氏の方が河上博士より先生であったと思う。資本論と社会主義の結びつきという点からは、私は櫛田民蔵氏の論文――後に『櫛田民蔵全集』全四巻として公刊――を熟読また熟読した」と懐旧している。(16)

処女作『唯物史観から見たる経済学史』で論じられている経済学者は、ケネー、スミス、リカード、マルサスらであり、特にケネーを詳細に論じているところが目新しく、また櫛田のケネー論からの影響もうかがえる。論じている経済学者だけでなく、櫛田の河上批判を意識して住谷は経済学説が一定の歴史の産物であり、また階級意識の表現であるとする見方をとっている。

住谷は巻頭で「ここに私の立場よりする近世経済学史研究のプラン」を公にすると述べ、それが「弁証法的に観た経済学史」であるとしている。(17) 住谷は弁証法的唯物論を以下のようにマルクスの『経済学批判』の序文をもとにして説明している。以下の説明は周知のものではあるが、煩を厭わず説明しておきたい。

「人類の意識がその存在を決定するものでなく、寧ろこれに反し、彼等の社会的存在がその意識を決定するのである」と云ふことと唯物論史観の立場よりみれば、それは同時に意識の形態が常に必ず階級性を帯びていることを意味している。何故ならば唯物史観においては、一定の生産力は一定の生産関係を作り出し、そして生産関係は即ち社会関係或いは経済的構造を成す。しかも社会は統一的性質を有して居らず、生産関係は同時に階級関係であり、そこには、事実、階級が支配被支配の関係において対立しているからである。従って「従来の社会の一切の歴史は階級闘争の歴史である」(『共産党宣言』）と云ふ観察が下されるのである。即ち生産力の発展を、社会発展の究極の動因と観て、同時に、その生産力の発展よりこれと密接に関係する経済関係を通じて必然に発生する階級闘争の事実に着眼している。従って歴史を以て階級闘争の歴史であると観、そして歴史の各時代におけるそれぞれの意識の形態は一定の階級意識の現われとして説明するのである。[18]

それゆえ、経済学は経済関係（下部構造）を対象とする意識の形態であり、その経済学自身は上部構造に含まれるといった櫛田の解釈を、住谷は踏襲して次のように述べている。

経済思想は、かくて社会的生産関係の所産であり、生産関係の変動と共に様々の経済学派が現われる。（略）生産関係が階級関係であるから、経済思想なるものは階級意識の現われとして階級性を帯びる。[19]また社会的生産関係の変動と共に学説も変化するゆえに、経済思想は歴史性を帯びるのである。そして経済学史の役割の特殊性は、「生産関係自体の弁証法的発展に伴うて、これが認識の、すなわち経済学の、歴史的必然過程を現わすものが経済学史である」として定義されている。[20]

このような弁証法的唯物論を採用して、住谷は経済学の歴史を五つの段階を持つものとして理解した。

第一期――反撃の時代。これは封建的生産組織に対する否定として、その胎内に発展し来たった社会生産力が、在来の生産関係と衝突を引き起し、資本家的生産組織確立のための意識的闘争を開始した時代であり、その学的反映としてフィジオクラット学派を取扱ふ。第二期――資本家的経済学の成立及び発展の時代。封建制に対する否定の発展、即ち新興ブルジョアの勝利の時代である。資本主義の目覚ましき発展過程において、未だその内在的矛盾を暴露するに至らざる時代としてアダム・スミスの学説を。その矛盾が暴露し始めても、尚ほ資本主義制度の発展と壮麗とに眩惑せられて、現存組織を理論づけることによって満足している時代の代表としてマルサス及びリカードの学説を取扱ふ。第三期――保守堕落の時代。資本家的生産組織の内在的矛盾を、実際的にも理論的にも収集し得られざるに至っても、尚ほその組織の破綻を蔽はんとし、或いはこれを直視することを嫌ひ、さらに資本主義の根本的解剖を放棄したところの、ブルジョア末期の学的保守並びに頽廃の一面を取り扱ふ。即ちここでは、古典学派より分岐したる歴史学派、心理学派および俗流経済学派の批判をする。第四期――反撃の時代。社会主義経済学の誕生である。資本主義制度の育くめる内在的矛盾は、必然的にその中にプロレタリア階級の台頭と、その階級闘争および社会主義学説を醸成している。マルクス及びエンゲルスによって基礎づけられた科学的社会主義学説〔を対象とする。そして第五期として〕プロレタリアの社会革命と転形期経済学〔が対象となる。[21]〕

『唯物史観より見たる経済学史』では、第二期までしか対象ではなかったが、後の諸著作『経済学史の基礎概念』、『社会主義経済学史』、『経済学説の歴史性・階級性』などで残りの時代が論じられていく。

このような河上―櫛田論争の成果（より直接には櫛田からの影響）は、住谷の経済学史の方法論を非常に硬直的なものにしてしまう可能性があった。経済学が属する上部構造がまったく下部構造に従属しているとする櫛田の説では、住谷が後年考えたように、倫理的なもの＝キリスト教的精神が（単なる支配階級のイデオロギーとしてではなく社会主義の倫理として）唯物史観に入り込む余地などどこにも生じないだろう。では住谷の初期における経済学史の著作に典型的にみられたこのような櫛田的な唯物史観絶対主義（唯物史観そのものが議論の対象外であるという意味で[22]）はどのような経緯で変化していったのであろうか。具体的には住谷の弁証法的唯物論の理解は、経済学史（特に日本経済学史）の実証的・個別的な研究の中で深化していった。その典型的な事例として、河上肇の「社会科学的真理と宗教的真理の統一」を巡る議論と、さらにラーネッドの経済学説の日本経済学史における位置づけが、そしてそれらの学説に対する住谷自身の「社会科学的真理と宗教的真理の統一」ともいうべき問題圏との共鳴が、硬直的なマルクス主義の公式論者への途を住谷に回避させたと思われる。次に、まず住谷による河上肇の「社会科学的真理と宗教的真理の統一」を巡る議論を検討してみる。

三　河上肇の社会科学的真理と宗教的真理の統一を巡って

住谷の河上肇研究の業績については、主に二つの点を挙げることができるだろう。第一に、『貧乏物語』以前の著作、特に『日本尊農論』を中心とした初期河上肇の先駆的評価、第二に河上の「特殊なマルクス主義者」としての中核である「社会科学的真理と宗教的真理の統一」に対する評価、の二つである。ここでは、前者についてはほんの一瞥程度にして、主に後者の河上肇の「社会科学的真理と宗教的真理の統一」を巡る住谷の議論を検討することにする。しかも住谷の河上解釈がどのように住谷個人の問題――それは弁証法的唯物論とキリスト教精神（的倫理）の統一と一応名付けられよう――に関連していくかを重点に考えていきたい。すでに河上肇に対する近時の研究は、住谷の業績を資料的にもまた論証の面でも乗り越え、かつ吸収していると思われるが、本節ではそのような近年の河上肇研究の中で住谷の所論の位置を定めることは行わない。主に住谷自身の思索上の発展との関連に議論を限りたい。

住谷が戦前から書きためた河上論は、戦後『思想史的にみたる河上肇博士』として公刊された。同書の特色は、主に河上の比較的初期の業績（『貧乏物語』以前）を対象としたものであり、当時としては他の研究者の関心の範囲外にあったものを多くその対象としている。同書は、後に『日本経済学史』の一章「河上肇の思想的特質」の中に吸収されている。住谷の論点は、初期の河上の思想的特質を「極端な国家至上主義」の側面から、また「唯物史観への傾向を示しているとはいえ孔孟的仁道主義と仏教的精神主義がその主流」であった点に注目するものとなっている。[23] 特に『日本尊農論』加えて『日本農政学』は、論文「河上肇と近衛文麿」の中で最初採り上げられ、また住谷が河上のナショナリズムの中心的書物として重視するものである。『日本尊農論』は一九〇四（明治三七）年に出版されたもので、当時河上は東京帝大を卒業し、農科大学実科の講師になったばかりである。同書の特徴は、住谷によれば、「農業保全とその振興の立場から、富国強兵論的の国家主義」が主張されている、河上の「愛国者」「経世家」的側面がはっきりと表われている著作だとしている。[24]

河上の尊農の思想に、日本的ファッシズムへの途の可能性が窺えることを住谷は指摘する。このことが河上に「汚泥をぬることにはならないと信ずる」とした上で、「これは恐らく日本民族の宿命であり、日本民族が太平洋戦争によって国を滅ぼした非運の淵源である。そして、かくのごとき共同の宿命を、マルクス主義学者としての最高峰に達した河上博士のごとき個人についてさえ分かつものであることを、民族的に自己批判するのでなかったら、日本民族全体の真個の民主主義化などは思いも及ばぬものである」[25]と戦後の民主主義への期待をも織り交ぜた解釈は今も興味深いものがある。

河上は、『自叙伝』の中で、木下尚江や内村鑑三の演説や著作に接することによって、「幼い時から宗教というものに何の縁もなかった私は、かくて初めて基督教を通じてその門に近づくに至ったのである」と記している。[26] そして河上は聖書の教えに強烈に影響される。そのひとつの契機となったのは神田の古本屋で、トルストイの『我宗教』を手にしたことである。河上は講師の職を投げ打ち、「絶対的非利己主義」の立場（それはキリスト教の「人もし汝の右の頬をうたば……」の実現である）に邁進することになった。このトルストイの著作の翻訳（加藤真士訳）に住谷天来が序を書いているのも不思議な縁を感じさせる。河上はまた伊藤証信の「無我苑」に参加し、そこで「絶対的非利己主義」を現世において貫こうと決意するのである。河上は当時、評判を呼んでいた『読売新聞』連載の「社会主義評論」を突然擱筆し、「無我苑」に入苑した。この「無我苑」は結局、河上の期待とは異なるものだったが、ここで河上は後に「大死一番」と形容した神秘的な体験をする。河上はこの神秘体験によって「悟り」を得、自らを「天下の公器」とみなし、「我執」を脱して絶対的非利己主義を奉じながら社会活動・学術活動に専念するのである。[27] そこに社会主義・共産主義がいわば公共の利益の実現の手段（社会科学的真理）として、これを極める上での「安心立命」の境地さえも得たのである。この境地ゆえ、河上は「非転向者」となりえたと住谷は解釈している。

河上は後に獄中において、自らを「特殊なマルクス主義者」と評し、その理由として公式的なマルクス主義者は宗教をイデオロギーと考えるが、「私はマルクス主義を奉じながら、宗教的真理なるものの存在を信じているのであって、この点に私といふ特殊性がある」とした。河上は「宗教」の中に絶対的に不変であるような「宗教的真理」が存在することを確信している。それはかつて自分が経験した「奇異なる宗教体験」に基づくものである。ここで河上のいう「宗教的真理」とは、「そうした外物に関する智識ではなくして、意識そのものに関する智識である。意識するものが自己を意識すること、意識の自己意識、これが宗教的真理の使命である。この場合、意識は外に向かはずして内に向ふ。外物に働きかけるのではなくて、それ自身に働き掛ける」とし、この意識の働きを「回光返照」と名付けた。[28] そしてこの「宗教的真理」の存在とマルクス主義（弁証法的唯物論）への信奉が自分の中で矛盾なく「統一」されていると河上は述べている。このような河上の「社会科学的真理と宗教的真理の統一」の見解に対して、住谷は次のように言っている。

河上博士という人物と思想にアプローチするためには、マルクス学者として社会科学的真理の把握者としての学者であり共産主義者としての博士が、同時に宗教的体験という非科学的境地をもちつづけて、宗教的真理の存在を認めると公言して憚らないという「特殊のマルクス主義者」であるということへの、素直なありのままの認識乃至理解を要するということである。そのためには近代思想の根底を為し、過去百年間にわたって承認されているいわゆる合理主義万能の衣を脱ぎすて、人間の「体験」という特殊私的な閲歴への洞察から立ち向かわなければならない。[29]

さらに河上の「経世家」的特質の起源でもある郷里山口での儒教教育による影響をも加味して、住谷は次のように「社会科学的真理と宗教的真理の統一」の内実を分析する。

そして、とくに博士の精神構造として重要なことは、マルクス共産主義の中における理想的社会状態にたいする信念と、博士の抱く絶対的非利己主義への宗教的体験と孔孟的倫理意識よりする義務感との博士の個体的生命内の結合である。[30]

しかし問題は「なぜ」このような「個体的生命内の結合」が可能であったかである。だが住谷は実証的・論理的観点からそのような「なぜ」という問題は意味をなさない、と述べる。

「これは論理を超越した非合理の世界であり、言句なき不立文字の境地であり、見性成仏とか大悟とか見神に通ずるものであって、第三者の合理的批判とか容喙《ようかい》を容るる余地の無いところのものである」[31]。さらに、「それは理論の域を脱した共通の絶対的信念である」[32]とも書いている。だが私見では、このような論証不可能な「社会科学的真理と宗教的真理の統一」はまったく無意味なものである。

住谷は河上の魅力について次のように論じている。

博士の生涯・思想を辿ってみるとき、博士にたいする魅力というものが、単に理論的なマルクス主義経済学者としての偉大さというところではなく、むしろ非合理的な、宗教的体験と結びついた宗教的真理の把持者として、その二元論的立場や確信を平然と主張しているという神秘性や、その東洋的諦観を追求しようというところにあるのではないか。[33]

だがこの魅力は神秘主義愛好家にしか通用しない種類の「魅力」ではないだろうか？　私はどうしても河上のこの「奇異なる宗教体験」に基礎を置く「統一」の議論には首是できないものがある。もちろん住谷の解釈は、この「個体的生命内の結合」を論証不可能として議論の埒外にしているわけだから、その限りでは何の問題もないであろう。ただ私のように「社会科学的真理と宗教的真理の統一」が「なぜ」成立しえるのか、という理由を求めるものには、住谷の解釈ではなく河上が論理的に破綻していると断定するだけで十分であろう。むしろ住谷の河上論の魅力は、その河上の神秘性に注目したことではなく、河上の日本的な「特殊なマルクス主義者」と確信する過程を、多様な側面から実証的に、また情感豊かに描き出したことにあるだろう。

住谷自身は、生涯のキリスト者であった、そして同時にマルクス主義（弁証法的唯物論）の支持者でもあった。[34]その意味では一見すると河上と同じような「社会科学的真理と宗教的真理の統一」への疑問が浮かぶ。住谷の古希記念の座談会で質問者がまさにこの問いを投げ掛けている。それに対して住谷は、「私の人生観は弁証法的唯物論です」[35]と答えた上で、しかしそれがキリスト教という宗教から逃げることにはならない、と述べた。

「キリスト教をどう思うかといっても、これはあるいは河上先生が宗教的真理と科学的真理の統一ということを言っているが、私は河上先生のように体験をもっていないから、キリスト教と社会科学が体験で結びつくというようなことはないでしょう」と明快に答えている。その上で「私のキリスト教というのは、弁証法的唯物論という人生観の人間的な倫理として私はキリスト教に裏づけられていると思います」と述べている。

このキリスト教と弁証法的唯物論との対立、それは若い頃、キリスト教への信仰によって乗り越えたと信じた**Hebrewism**と**Hellenism**の対立が再び、今度はマルクス主義者としてここでは問題となっている。住谷は、さらに唯物史観の中にキリスト教的倫理をいかに論理的に位置づけるか、それが課題であるとしている。そしてその試みのひとつとしてマックス・アドラーの業績を挙げ賛意を表明している。

「私はキリスト教の倫理の問題が、新しい社会の一つの倫理的な裏付けとして、弁証法的唯物論の世界観のうちに必然化される」[36]、そして「マルクス主義の論理と倫理の統一的世界観」が目指される。

ここには、櫛田的な唯物史観絶対主義とでもいうべきものの影響はみられない。むしろ「上部構造」と「下部構造」が櫛田の解したように「従属・被従属」のような論理的関係ではなく、むしろ互いの構造が影響し合うかのように解釈されている。

また河上のように「奇異なる宗教的体験」に「統一」の基礎を求めるのではないことがはっきりと述べられている。第八章で論じたように、住谷がここでいうキリスト教から導きだされた「倫理」とは、「因果的分析」によっていわば論証されうるもの、科学的分析の対象となりうるものとして、先の**図2**（一六九頁）の「共同目的・理念」の位置に置かれうるものなのである。住谷の「マルクス主義の論理と倫理の統一的世界観」は、社会科学的洞察の成果として導かれたものであり、信仰に助けを求めるものでないことは、住谷の業績の歩みを考えるときわめて重要である。ただ残念なことは、住谷はこの「マルクス主義の論理と倫理の統一的世界観」にあまり紙数を割いて言及・論証していないことである。私たちは住谷の残したいくつかの断片からその世界観を推し量るしかない。例えば、アドラーについて住谷は次のように述べている。

アドラーは、歴史は永久に理念の闘争であり、理想実現のための闘争であると観念し、マルクス主義も、この事実を拒否するわけではないとし、そのさい、実践の領域において人々が一定の理想にしたがって行動していることを否定するものではないと考えている。ただその理想そのものを、理論の領域に引き入れて因果考察の対象とするがゆえに、そこでは理想が理想として現われるのではなく、単なる因果の一要素として現われることになる、とするところに特色がある。

そしてマルクス主義で考える階級闘争とは「倫理闘争として、より高き道徳、より高き理想のための闘争」と考えられる。(37)

この社会の理想を追求するための実践は、先に言及した「環境的・歴史的必然への被縛性（Gebundenheit）」という概念と結びついて説明されていた。繰り返せば、人間の自由は、「自然法則によって限定された意味で自由」であり、また同じことが社会における人間についてもいえる。人々が絶対的に心のおもむくままに行動すれば、社会そのものが成立しない。社会における自由も「社会が一定の必然的な運動法則をもつということの認識」に制限されているがゆえに成り立つのである。(38)

住谷は弁証法的唯物論への倫理的なもの＝キリスト教的倫理の位置づけを、まさにこの自由のとらえ方、環境的・歴史的必然への被縛性という考えの内で求めている。住谷はさらにこの被縛性を宗教改革を行ったあのルーテル（ルター）に託して次のように説明を重ねている。

「神に魅せられた魂の自由、それ故にこそ、強く深い自由を獲得」することが可能になる。同じことが社会主義にもいえるだろう、「社会主義における環境的・歴史的必然の深くかつ強い先駆者的自覚と理論的把握と、その実践は、それらの人々の社会主義への被縛性として、歴史性において把握しうるのではあるまいか。歴史的必然へ、主体的に自己を応当せしめること、その良心的な自責が強く深ければ、それとともに自由の獲得とその拡大が強く深くなるのではないか[39]」。

ここに住谷のもつプロテスタント的精神が、社会科学的真理と合一して論じられていることが容易に確かめられるだろう。しかし、この住谷の社会的ヴィジョンには、理想主義的・ロマン主義的ともいえる人の「良心」への期待が前面に出ていることを見逃すべきではなかろう。住谷の語ったような「社会主義への被縛性」が「良心」の名に値せぬものによって濫用されたことを、二〇世紀の歴史はあまりにもはっきりと見せ付けてはいないだろうか？

住谷の「環境的・歴史的必然への被縛性」に従う世界の具体的なヴィジョンを、私たちは論理的な諸論考よりも次のようなエッセイの一節に発見することができるかもしれない。

社会主義社会の経済的基礎である生産手段の公有、科学的な計画経済、集団的協同労働等は、人々に同僚意識をつよめ、この社会意識が古典のいろいろな歴史的限界となっていた人類の階級分裂の制約から思想とさらに芸術——絵画を解放し、個人主義芸術における基調としての個々の狭い主観や

「我」の叫びを「われら」「僚友」の叫びに代らしめる……社会主義的建設事業が人間的能動性、ヒューマニズムのすばらしさを発揮するなら、それを描き込む絵画芸術の課題はまたすばらしい健康さとヒューマニズムを有ちうるであろう。(40)

住谷のこの楽観的な社会主義のヴィジョンを批判することは簡単である。しかし私は、住谷の語った「環境的・歴史的必然への被縛性」への「良心」をもって対する態度こそは、まさに住谷の生き方そのものではなかったかと思う。住谷の権力への反骨のあり方もこの「良心的な自責が強く深ければ、それとともに自由の獲得とその拡大が強く深くなる」とした住谷の態度にこそ求められようし、彼の著作に表われている率直な人間味と、またその一方での激しい権力への憤りの感情は住谷自身が有していた信念への謙虚で熱心な態度にこそ求められるのかもしれない。

四　日本経済学史の方法

住谷は東京帝大の牧野英一の授業での講義の内容を以下のように伝えている。

高等学校時代に明治の文豪高山樗牛の名句「吾人は須《すべか》らく現代を超越せざるべからず」(竜華寺の大理石の樗牛の墓石に刻まれている)といふのに感心していた私は、東大のいわゆる「三十五番教室」(旧講堂)の壇上から、牧野先生がイエーリングの「ローマ法によってローマ法の上に」の言に併せて、「現代によって現代の上に」と書き直さねばならぬと評されたのに先ず眼が開かれた。「現代によって」というところに実証主義の立場があり、「現代の上に」というところに理想主義の立場がある。実証主義に立つ理想主義、ここに先生のいわゆる新理想主義の立場がある、と論ぜられたとき、われわれは講堂がわれるばかりの拍手を送ったものである。[41]

住谷は代表作の『日本経済学史』の河上肇の章の巻頭に「社会政策より出でて社会政策の上へ」、また高野岩三郎の章には「歴史学派によって歴史学派の上に」というモットーを掲げた。「実証主義に立つ理想主義」という牧野の精神は住谷の経済学史の方法に、その唯物論的弁証法と共に強い影響を与えている。

住谷の主要な業績はなんといっても日本経済学史の分析にあるといっていい。通史として公にした『日本経済学史の一齣』と『日本経済学史』はいずれも明治以降昭和初期までの日本経済学を俯瞰するものとしては今なお有益な文献である。また個別的研究についてはそれこそ無数に存在しているが、その核となるものは前節で検討した河上肇に関する『思想史的観点から見たる河上博士』と『河上肇』、また同志社大学の先達でもあるD・ラーネッド博士の研究『日本経済学の源流』と『ラーネッド博士伝』などであろう。本節では、住谷の日本経済学史の特徴を述べ、その上で次節において住谷のライフワークのひとつとなったラーネッド論について検討を加える。

住谷は自らの日本経済学史に対する関心が、吉野作造の明治文化史研究の影響を受けたものだと述べている。[42] 住谷は吉野の著作『閑談の閑談』に収められた「スタイン・グナイストと伊藤博文」を歴史研究の見本とし、その細密な分析に感銘を受けている。[43] 群馬県立図書館住谷文庫に保存されている『閑談の閑談』の当該論文には住谷の熟読の跡がはっきりと残っている。吉野の歴史分析は、実証的かつ論理的で、なによりも原資料を重視する。住谷の経済学史の方法もまた吉野から受け継いだ実証的精神の産物であることはいうまでもない。

住谷は戦前の同志社で、まだ在職していたラーネッド博士に出会った。アメリカン・ボードとの五〇年間の同志社伝道教育義務の期限が切れてアメリカに帰国する直前のことである。住谷はラーネッドの帰国を機会に、その業績を調査した。そこでラーネッドが明治初期において同志社で経済学を教授していたことを知り、彼の著作の研究を始める。このラーネッドの忘れられていた明治初期の経済学講義の研究が、住谷に輸入学問としての日本の経済学の発展の道筋を追ってみたいという願望を抱かせた。

住谷の日本経済学史のアプローチは、『唯物史観から見たる経済学史』などの著作で採用されていたのと同じように、経済学説の発展を弁証法的唯物論によって把握し、またそれらの学説の歴史性・階級性を明るみに出すことであった。特に日本の経済学の歴史、それは輸入学問の歴史であるが、それがどのような形態で弁証法的に展開したかが住谷の関心の中心であった。

住谷の日本経済学の発展のとらえ方は、赤間信義との共訳であるブルーノ・シュルツ『近世独逸経済学史』から示唆を受けるところが多かった。シュルツの著作の概要は、近代ドイツの経済学説の発展を、自由主義経済学―ドイツ歴史学派―マルクス主義経済学の発展としてとらえたものである。住谷は欧州（主にイギリス）の経済学史を描いた際に準拠していた弁証法的唯物史観で、日本の明治以降の経済学の歴史を再構成しよう試みた。

> 日本における経済学の発達の歴史をみるに際し、まず、欧米諸国から導入された自由主義経済学の成立をテーゼとして受け止め、それを批判した日本社会政策学会（歴史学派）をアンチテーゼと理解し、それはまた対抗したマルクス主義というふうに思想の弁証法的発展ということを考えていたわけです。[44]

その方法の直接の成果が、大内兵衛をして「エギゾーステイヴ」（包括的）なものと言わしめた『日本経済学史の一齣』と『日本経済学史』である。[45] ただ住谷の日本経済学史はほぼ昭和初期をもって終わっているのでその意味での限界があることに注意したい。

日本の経済学の発展を、自由主義経済学はラーネッド、歴史学派は金井延、マルクス主義は河上肇をそれぞれの中核にして、住谷の日本経済学史の大筋は構成されているといっていい。すでに私たちは、金井と河上については触れたので、以下ではラーネッドの経済学について、主に住谷との関係を中心に解説することにしよう。

五　D・W・ラーネッドと住谷悦治——住谷の晩年の関心

ラーネッド博士（Dwight Whitney Learned 一八四八—一九四三）は、「一八七五年（明治八年）、同志社創立のころ齢二七歳にして渡日し、創立者新島襄に山本覚馬、J・D・デビスなどと協力し、明治九年から講義を開始詩同志社教師として五三年という殆ど人生の大部分を同志社学園とともに生活を共にし」[46] た。ラーネッドが開国して間も無い異教の地での宣教活動を志したことは、ラーネッド自身が語るように、「その末だしらざる徑をふましめ」（イザヤ書）という教えに基づくものであった。初期の授業において、ラーネッドは経済学についても講義をし、その際の講義録は宮川経輝訳『経済新論』、浮田和民訳『経済学之原理』や住谷の『ラーネッド博士伝』などに残されている。

住谷が同志社に来たとき、まだラーネッドは存命で、同志社で教鞭をとっていた。

わたくしは一九二一年（大正一一年）の四月より一九二八年（昭和三年）九月、ラーネッド博士と

▲D・W・ラーネッド

同じ同志社学園にあって、いくたびか博士を仰望し、何かの茶話会・懇親会においてスピーチを聴くことができた。

　そのころ同志社大学法学部の研究室へ下鴨から歩いての往復に日毎今出川通りに面した邸宅の門標に「ラルネデ」の名を眺め、先輩教授や同志社人にラーネッド博士の教授・学者・宣教師としての人と為りを聞くことが出来た[47]。

　さらに木村毅の「日本社会主義史上の隠れた恩人」(『社会問題講座』第三号)を読み、ラーネッドの先駆的な経済学・社会主義に対する貢献を知り、住谷は研究意欲を刺激されたのである。住谷は雑誌『我等』に「明治初期における社会主義・共産主義・無政府主義」を投稿し、また『同志社新聞』に「ラルネデ博士は経済学の恩人」という一文を相次いで投稿した。住谷個人とラーネッドの交流はさほど頻繁ではないが、ラーネッドは親切に住谷の質問に答えたという。

　ラーネッドの経済学は、基本的には自由主義経済学であり、特にJ・S・ミルの影響を強く受けたものであった。ラーネッドの日本経済学への貢献として、住谷はラーネッドが産業社会を経済学の対象とし、なおかつこの社会には自由競争の結果として貧困などの社会問題が発生することを認めた点にあるとする。ラーネッドは、特に『経済学之原理』(一八九一)において「社会的救治策」として「政府の助力」の必要性を指摘した。また同時に革命的な社会主義や共産主義の批判も行った。

このことは、ラーネッド博士が単なる自由主義経済学者ではなく、社会における貧困問題に対決した経済学者として、当時における経済学界に先駆的業績を有するものとして、やがてわが国において、東京帝国大学の教授たちを中心に結成された社会政策学会に先駆するものとして日本経済学史上、高く評価されなければならない重要な問題点である。[48]

ではラーネッドは貧困問題の救済策をどのような原理に基づいて行うべきだと主張していたのだろうか。留岡幸助が、ラーネッドが「右手にバイブル、左手に経済学」と述べていたと回顧しているように、彼の考えた貧困救済策はキリスト教に基づく社会改良策であった。そのため、ラーネッドの救済策は、政府の助力を得ることはあくまで二義的なもので、一義的には個人の人格の完成による自己救済の必要を主張するものである。

ラーネッド自身の所説に深く立ち入る余裕はないが、住谷がなぜラーネッドの研究にかくも没頭したかを問題にしてみたい。住谷は晩年、叔父の天来の伝記とこのラーネッド伝を完成することを期待していたが、同志社総長としての学務に時間をとられ、また視力や気力の低下などで結局ラーネッド論しか完成できなかった。天来についてはいくつかの覚え書きが残されているが、それは公刊された著作・論文などに散見される内容のものである。住谷のラーネッド論のうち住谷文庫が保存する『日本経済学の源流』の扉には、「私を知ろうとする方々はこれにお眼を通してください」と走り書きがある。ただラーネッドのキリスト教的社会改良策に対する評価は、純粋に歴史的なものであり、これを晩年の住谷の思想的な到達点とみるのは誤りであろう。[49]

それでもラーネッド研究を通して、住谷が初期の経済学史に対する櫛田的な唯物史観絶対主義とでもいうべきものを、再考する契機になったことは確かである。住谷の日本経済学史のプランにおいて、ラーネッドは自由主義経済学者としてその先駆者であるにもかかわらず、すでにアンチテーゼとしての社会政策的要素を包含していたのである。日本の資本主義経済が本格化する日清・日露戦争のはるか前において、そのような社会問題を議論の対象にしていた人物がいたことは、住谷の日本経済学史のプランの上でも無視できない意義をもったにちがいない。『日本経済学史の一齣』ではラーネッドは多くの紙数を占めているにもかかわらず、戦後の『日本経済学史』ではラーネッドはほとんど触れられていない。ラーネッドは特別に個別研究の対象として住谷の晩年の最大の関心事となるのである。

また天来とラーネッドという人物がもっていた思想・精神（キリスト教とキリスト教的社会改良策）は、住谷が社会や人を見るうえで、その人生行路・思想系譜のはじまりにおいて重要な影響を与えた。それを晩年において改めて取り組もうとした住谷の態度は懐旧的なものではなく、むしろ自己の思想的・精神的基礎をあらためて照らしだそうという試みだったかもしれない。それは歴史家の最後の宿命ともいえる、自らの「あるこころの歴史」（河上肇の言葉から由来する）を織りなす試み、自らの歴史化の試みであったにちがいない。住谷の学問的な営為は、河上と同じように「社会科学的真理と宗教的真理の統一」という基本線をより合理的に認識することで推し進められた。ラーネッド経済学を論じるにあたっても、経済学的な合理性（いま風にいえば市場システム）の中で、人格のよりよい改善をめざすという宗教的・倫理的な目的をいかに組み込んでいくかということが、住谷の最も大きな関心であった。若い頃悩んだ **Hellenism** と **Hebrewism** の対立を、長い時間をかけていまや昔のように「キリスト教」で乗り越えるのではなく、まさに反対ともいうべき「合理的な理性」で乗り越えようとする「社会科学者住谷悦治」の到達点を見ることができる。

住谷は河上の課題（社会科学的真理と宗教的真理との統一）に彼なりの解決を与えた。そして住谷は師の吉野作造や河上肇とは異なる仕方で、日本経済学の歴史を考察した蓄積から啓蒙活動・ジャーナリズム活動にまい進した。吉野や河上は『中央公論』などの総合雑誌、大新聞や弘文堂などの大手出版社がその言説の公表の場であった。しかし、住谷を代表とする「大正デモクラシーの子」たちには時代がそのような支援を許さなかった。河上の活動を指して使われる言葉であるが、「モタモタ」あるいは「手作りの思想」を、その河上以上に住谷は行わなくてはいけない状況にあった。まさに「手作り」のミニ・ジャーナリズム活動を戦時下に行ったわけである。住谷は彼の生涯抜け切らなかった社会改良へのユートピア的憧憬を保持しながらも、まさにその憧憬ゆえに戦時下の「大衆」との接点を模索しえた。

住谷の吉野作造から受け継いだデモクラシー思想、それに住谷天来から継承した人間のよりよき内心の改造、さらに弾圧的な権力に対する抵抗の一形態である「黙」の精神、という信条は戦時下の苦難においてその真価を発揮したといえる。しかし住谷（とその同世代）にとって不幸だったことは、彼らの先行する世代（吉野、河上ら）と戦後論壇の若い世代（大塚久雄や丸山真男ら）の狭間で埋没してしまったことである。戦時下の市民参加型の文化新聞というユニークな試みも、戦後『夕刊京都』という形にはなったものの時代の波（営利性）にのれなかった。

しかし、日本人と日本という国が根無し草のように不況と不安の波間に揺れるこの時代にあって、いたずらに「戦後民主主義」の成果や歪んだ歴史観を持ち出す前に、住谷たちの戦時中そして終戦直後の具体的な社会活動を想起すべきではないか。ひとつひとつの具体的な経験を知る努力を払うべきではないか。

日本に良識をもった自由な精神の伝統が、世代をかえながらも細々とではあれ活動を続けていたことの意義を忘却すべきではない。歴史を断罪することは簡単だが、そこから学ぶことは難しい。さらに歴史を知ることが、現代の問題を知ることにつながることを学ぶことはさらに困難なのかもしれない。

住谷は同志社大学関係者が多く眠る若王子山頂の墓地に、ラーネッドの遺骨を分骨してもらい、そこに墓碑を建設することを総長時代に企て成し遂げた。浩瀚な千頁にも及ぶ『ラーネッド博士伝』はその模様を描写して巻を閉じている。ラーネッドの墓碑には、住谷が起案した墓碑銘 "Learn to Live and Live to Learn" が刻まれている。住谷のラーネッドに対して抱いていた感情の深さを物語るものであろう。

住谷は、若王子山頂にある共同墓地の碑銘に「この人は世の光りなり」と書いている。住谷の遺骨もこの中に分骨されている。また郷里の墓所には住谷夫婦の墓が、天来の字で「住谷悦治・よし江の墓」と刻まれ建てられ、夫妻は住谷家の人々とともに眠りに就いている。

死後、遺族の手によって住谷悦治の蔵書はすべて群馬県立図書館に「住谷文庫」として保存され利用されている。この拙き一文も「住谷文庫」との対話が生みだしたものである。最後に生前の住谷が愛した一句を添えて巻を終えることにしたい。

教えるとは、希望《のぞみ》を語ること
学ぶとは、真実《まこと》を胸に刻むこと

ルイ・アラゴン

おわりに

住谷悦治の生涯をその業績やジャーナリズム活動を中心にここまで書き通した。「はじめに」でも書いたが、今日、経済学者（特に大学などの教育機関に籍を置くもの）がジャーナリズムの世界で活動することは、一部の例外を除けば限られたものであると思う。もちろん専門書や紀要に論文などを発表することも、見方によればジャーナリズム活動の一環ではあるかもしれない。しかし住谷悦治のように雑誌や新聞などを中心に、数えきれないほど多くの論説・随想などを発表している経済学者を、戦後のタコ壺的に専門化が進んだアカデミズムの世界に見出すことは不可能に近い。だが戦前では、かならずしも住谷悦治だけが例外ではなかった。旺盛なジャーナリズム活動と研究を両立させていた戦前（そして人によっては戦後も）に活躍した経済学者として、代表的には、福田徳三、小泉信三、河上肇、高田保馬、大熊信行らの名を挙げることができよう。また最近は経済学者やエコノミストが積極的に政策論争に関与してきていることが大きな変化かもしれない。

本書で明らかにしようとしたことは、第一に、住谷悦治の主要業績である日本経済学史研究の成果が、単なる象牙の塔の骨董品ではなく、ジャーナリズム活動を通して、現前にある社会問題への批判や解明のための手立てとして用いられていたことを示すことにある。いいかえれば、歴史的研究と社会的な実践の両立を、住谷悦治が終生の課題としていたことを明らかにしたいと思った。そこでは歴史は「死せる歴史」ではなく、現実を理解する「生きた歴史」なのである。第二に、経済学ないし経済学者とジャーナリズムの関係のあり方を、戦前・戦中・戦後において検証するための、重要でかつ非常に稀なケース・スタディとして、住谷悦治の事績の意義を確認したかった。つまり住谷自身が多様な左翼知識人の活動のひとつの結節点であったことを明らかにしたかった。

この経済学・経済学者とジャーナリズムとの関係を、著者は他の研究（サラリーマン研究、福田徳三、高橋亀吉らの並行して行っている研究）と比較・対照的に行っている。ジャーナリズム研究的経済学史は、経済学史研究の王道にまま見られることだが、特定の人物研究に埋没するだけでなく、時代を異にしたり、あるいは異なる立場の人物間の研究といった比較史的アプローチをとることが特に求められる。私の研究スタンスも、住谷悦治研究のように重点を置く研究対象もあるが、「同心円」的研究ではなく、むしろ異なる重心をいくつももつ「楕円」的研究の手法をとるものであるしそうなることに努力したいと願っている。

またそのような比較研究的視座では当然のことだが、必ずしも研究対象の人物が有する思想・宗教上の理念を研究者が共有する必要はないと思う。私と住谷悦治はその社会主義、キリスト教への信奉という点ではまったく異なる立場にある。しかし、それが障害にならないほど、住谷の生涯はまさにひとつの生きた思想とでもいうべきものであり、その人生航路におけるジャーナリズム活動とそれと一体化した歴史研究にこそ長く言及される意義が存在すると思っている。
なお本書の引用・解説等に、今日から見ると不適当な表現があるが、史料上・研究上の用語として使用したことをおことわりしておきたい。

本書のもとになる研究をしたのはまったくの偶然であった。苦難の多い研究環境の中で得た僥倖の連続に今は感謝したい。数年前に住谷悦治研究を始めたときは、この地味ともいえる研究テーマが一書になるとは思いもしなかった。出版を引き受けていただいた藤原良雄氏には形容不可能なほど感謝の念をもっている。また担当いただいた刈屋琢氏のするどい指摘にはしばしば助けられた。

住谷一彦、住谷磬、辻村一郎、島一郎、井ケ田良治、出雲雅志、松野尾裕、杉原四郎、(故)坂本武人の諸先生がたには、貴重な資料の利用・提供を始め、長時間に亘るインタビューやまた研究会、書簡、電子メールなどを通じてご協力・ご教示をいただいた。河野通彦氏、戒田泰男氏、森村方子氏、他の方々にも松山大学・上武大学での講演会を契機に、貴重な情報をお寄せいただいたり、資料の利用などで便宜を得た。同志社大学大学史編纂室、群馬県立図書館には資料の利用でどれだけ助けられたかしれない。また本書の一部を学会・研究会で報告したが、そこで手厳しくも友愛に満ちたコメントをいただいた中村宗悦、猪瀬直樹、桑尾光太郎、若田部昌澄、赤間道夫、野口旭、深貝保則、小峯敦、三田剛史の諸氏にも感謝したい。

学生時代の師である福原嘉一郎(早稲田大学)名誉教授には、著者がゼミ生のころから先生の出身である二高精神を知らず知らずに体得することができたことも運命の不思議を覚える。詳しくは書かないが著者にとって住谷の時代とその精神はずっと身近にあったといえる。また遅咲きの大学院入学から学問の厳しさと孤独の大切さを教えていただいた藪下史郎教授にも、この場を借りて感謝させていただきたい。もちろん本書の記述はすべて著者の責任であることは言うまでもない。

最後にこの一書を前世紀で出会いそして別れていったすべての人たちの思い出に捧げたい。

著者記す

二〇〇一年晩夏

注

＊書誌の詳細は参考文献一覧を参照されたい。

はじめに——日本の経済学の可能性を求めて

（１）Ａ・Ｅ・バーシェイ『南原繁と長谷川如是閑』の用語。

第一章　ロマンティックな青年

（１）吉野作造「憲政の本義を説いて其有終の美を済すの途を論ず」（『吉野作造評論集』所収）三八頁。
（２）住谷悦治「急進リベラリスト吉野作造」（『鶏肋の籠』所収）一二二―三頁。
（３）住谷悦治「科学者の歩んだ道」（『回想の住谷悦治』所収）四二七頁。
（４）住谷悦治『住谷家系譜覚え書』一頁。
（５）同右、二頁。
（６）住谷悦治「住谷天来略伝」（『鶏肋の籠』所収）一三〇頁。
（７）萩原俊彦「住谷悦治博士の前橋中学時代」（『回想の住谷悦治』所収）四一二―三頁。
（８）住谷悦治『ちち・ははの記』九二頁。
（９）同右。
（10）友太の経歴業績は『国府村誌』一六九頁などに書かれている。
（11）友太・軟夫婦は、友太の弟天来が若い頃に活動に加わった群馬の廃娼運動の意義をよく子供たちに語っていたという。
（12）住谷悦治「私の思想系譜」（『住谷天来と住谷悦治』所収）一〇六―七頁。
（13）「明治天皇の崩御」と題される一文であった。

(14) 住谷磐根「悦治兄の思い出」(『回想の住谷悦治』三三六頁)。
(15) 住谷悦治・住谷磐『すばらしい老年期』八三頁。
(16) 住谷悦治「わたしの十代」(『続人間形成』所収)二六七―八頁。
(17) 住谷悦治「住谷天来とわたくし」(『群馬評論』創刊号所収)一一四頁。
(18) 同右、一一九頁。
(19) 住谷悦治「キリスト教社会改良・社会政策」(『鶏肋の籠』所収)二四頁。
(20) 住谷悦治「科学者の歩んだ道」、前掲書四二九頁。
(21) 同右。文中にでてくる佐藤とは、佐藤勲のことであろう。彼と鑓居儀一郎、町田隆、高橋敏雄の前橋中学校からの合格者は共に太平洋戦争中に同じ軍用船に乗り合わせ、全員殉職している。
(22) 住谷悦治「学窓の思い出」(『あるこころの歴史』所収)九五頁。
(23) 同右、九六頁。
(24) 住谷悦治「私の思想系譜」、前掲書一〇七頁。
(25) 住谷一彦「父を語る――子がみた父の肖像」(『回想の住谷悦治』所収)。
(26) 住谷悦治「学窓の思い出」、前掲書九六頁。
(27) 住谷悦治『随想大学総長の手記』一七一頁。
(28) 住谷悦治「私の思想系譜」、前掲書一〇七―八頁。
(29) 住谷悦治「トラピスト修道院にて」(『あるこころの歴史』所収)一〇二頁。
(30) 同右、一〇九頁。
(31) 同右、一一〇頁。
(32) 森有正『内村鑑三』六八、七三頁。
(33) 住谷一彦「住谷天来と父・悦治」(『住谷天来と住谷悦治』所収)一三七頁。
(34) 内村鑑三『キリスト教問答』二二六頁。
(35) また住谷文庫保存の『基督教問答』の最後の頁に住谷の書き込みで、「大正五年七月二十七日夕方読み了る」とし、「信仰上の煩悶の苦しみ」について、この本を読むことで「得るところ甚だ多かりき」とし、「ああ神の道に進まん哉」とある。

(36)住谷一彦「住谷天来と父・悦治」、前掲書一三八頁。

(37)住谷悦治「キリスト教社会改良・社会政策」、前掲書二六頁。

(38)住谷悦治「四つの宿」(『あるこころの歴史』所収)一三四頁。

(39)住谷悦治「メーフラワーの帰りを願う」(『あるこころの歴史』所収)一三七頁。

(40)内村鑑三「苦痛か罪か」大正一三年二月。

(41)住谷悦治「若い日の思い出」(『あるこころの歴史』所収)二五八頁。

第二章　「大正デモクラシー」の申し子として

(1)住谷一彦「吉野作造と住谷悦治――父の日記から」(『吉野作造選集』月報八所収)五頁。

(2)住谷悦治「科学者の歩んだ道」、前掲書四三二頁。

(3)住谷悦治「大学時代のある断面」(『研究室うちそと』所収)一五〇―一頁。

(4)同右、一五二頁。

(5)判沢弘・佐貫惣悦「前期新人会員」『共同研究・転向(上)』七一頁。

(6)住谷悦治『私のジャーナリズム』二二二頁。

(7)同右。

(8)太田雅夫『大正デモクラシー研究』七頁。太田は、一九一五年に新聞は六百種、雑誌は千四十種、単行本(思想問題・社会問題を論じた主なもの)が二十一種だったのが、一九二二年では、それぞれ九百八種、二千二百三十六種、二百二十種に増加したとする統計を示している。

(9)住谷悦治『鶏肋の籠』四七―八頁。

(10)有山輝雄「一九二〇、三〇年代のメデイヤ普及状態――給料生活者、労働者を中心に」(『出版研究』一五号所収）を参照。

(11) 加えていうならば、二高時代の弁論部などでの修練を忘れてはいけない。この二高時期の論説や演説草稿などは、主要なものは、『あるこころの歴史』に収録されているが、大半のものは分厚い二冊の私家版『高等学校時代の論文』『高等学校時代の演説原稿』として住谷文庫に保存されている。

(12) 住谷悦治「科学者の歩んだ道」、前掲書四三三—四頁。

(13) 鶴見俊輔『転向研究』。

(14) スミス『新人会の研究』六〇頁。

(15) 住谷悦治「科学者の歩んだ道」、前掲書四三四頁。

(16) 住谷悦治「大学時代のある断面」、前掲書一九七頁。また『資本論』については、「高畠素之は当時、私の生活していた本郷追分のＹＭＣＡの寄宿舎の隣りに住んでいて、この「資本論」の翻訳をはじめていたが、私の中学の先輩であるし、物珍しさも手伝って訪ねてみて、私は、はじめて高畠素之から「資本論」というドイツ語の原書を見せて貰ったのを覚えている」（住谷悦治「大学時代のある断面」、前掲書一六六—七頁）。

(17) 最初に読んだのが一九一九年五月三日であったらしい。

(18) 住谷一彦「吉野作造と住谷悦治——父の日記から」、前掲書七頁。

(19) 一月一三日。同右。

(20) 大内兵衛『経済学五十年』九四頁。

(21) 住谷一彦「吉野作造と住谷悦治——父の日記から」、前掲書七頁。

(22) 住谷悦治「大学時代のある断面」、前掲書一九一—二頁。

(23) 住谷一彦「吉野作造と住谷悦治——父の日記から」、前掲書八頁。

(24) 一九二〇（大正九）年三月一九日の日記。

(25) 一九二〇（大正九）年四月一日の日記。この翌日に偶然、Ｍ嬢と再会するのだが、ある意味できすぎているので、これは数日分をまとめて書いた時の脚色ともいえるかもしれない。

(26) 一九二〇(大正九)年四月二日の日記。
(27) 一九二〇(大正九)年四月五日の日記。
(28) 同右。
(29) 一九二〇(大正九)年四月一九日の日記。
(30) 一九二一(大正一〇)年八月五日の日記。
(31) 一九二一(大正一〇)年一二月二〇日の日記。この一月ほど前に住谷は就職を決めているのでこの日はプロポーズの日だったのかもしれない。
(32) 住谷悦治「キリスト教社会改良・社会政策」、前掲書二四頁。
(33) 河合栄治郎「明治思想史の一断面」(『河合栄治郎著作集』第八巻所収)二二三頁。
(34) 住谷悦治「キリスト教社会改良・社会政策」、前掲書四〇頁。
(35) 住谷悦治『社会政策本質論』二分冊—一九八頁。
(36) 住谷悦治『日本経済学史』二六七頁。
(37) 金井の帝国主義と社会政策との関連は、池田信『日本社会政策思想史論』参照。
(38) 住谷悦治『日本経済学史の一齣』三三一頁。
(39) 住谷悦治「人生の転機」(『あるこころの歴史』所収)二七五—六頁。
(40) 住谷悦治『社会科学論』一四二頁。
(41) 住谷悦治「労働者運動の倫理及び傾向」(『あるこころの歴史』所収)一五三頁。
(42) 住谷一彦「父を語る——子が見た父の肖像」、前掲書三七八頁。
(43) 住谷悦治「科学者の歩んだ道」、前掲書四三五—六頁。
(44) 同右、四三六頁。
(45) 住谷悦治「無産者階級の哲学者・ヨセフ・デイーツゲン」(『あるこころの歴史』所収)一八二頁。
(46) 松野尾裕「住谷悦治と河上肇——はじめての出会い」、前掲書三八頁。
(47) 同右、四〇頁。

第三章　同志社時代と社会への眼

（1）住谷悦治『あるこころの歴史』二四〇頁。
（2）住谷悦治『随想大学総長の手記』一七八頁。
（3）住谷が見聞した震災下の生々しい情景は、住谷悦治「宣治さんの生きた時代」に詳しい。
（4）住谷悦治『あるこころの歴史』二四〇―一頁。
（5）住谷天来「墨子の非戦主義」（『住谷天来と住谷悦治』所収）三三頁。
（6）住谷悦治「水平社第一回夏期講習会」（『部落』一〇〇号所収）九二頁。
（7）住谷はこの頃、ブハーリン『史的唯物論』を読んでいる。
（8）住谷悦治『あるこころの歴史』二四二頁。
（9）住谷悦治『鶏肋の籠』一二三頁。
（10）『デモクラシイ』第一巻第一号、二頁。
（11）梅田俊英『社会運動と出版文化』によると社会思想社の正確な創立日時は不明らしいが、梅田は一九二二年二月末か三月はじめではないかと推察している。
（12）『社会思想』については、H・スミス『新人会の研究』、梅田俊英『社会運動と出版文化』、内田文人「社会思想」（中村勝範編『帝大新人会研究』所収）が詳しい。
（13）H・スミス『新人会の研究』九〇頁。
（14）一九三〇年に長谷川如是閑の『我等』に合流。社会思想社自体は、一九三三年まで継続した。
（15）『社会思想』第一巻第一号四頁。
（16）内田文人「社会思想」の分析による。
（17）住谷は、同志社の助手時代に、彼の愛読書ブハーリンの『史的唯物論』を読んでいるが、同書からの影響は、『社会思想』掲載論文にも表われている。

(18) 住谷の『社会思想』への寄稿数はかなり多く、梅田『社会運動と出版文化』の調査では、上位に位置する。
(19) 住谷悦治「「生存権ノ社会政策」批判——福田徳三博士の画期的論文に対する感想」二一九頁。
(20) 長岡新吉『日本資本主義論争の群像』一六頁。
(21) 住谷悦治「科学者の歩んだ道」、前掲書四三八—九頁。
(22) 郷登之助(大宅壮一のペンネーム)「思想検察録　新人会の巻」『人物評論』昭和八年九月号、一一三頁。
(23) 瀧川事件については、住谷悦治他『日本学生社会運動史』、犬丸義一『日本人民戦線史』、松尾尊兊「非常時下の知識人」(『十五年戦争史』(1)所収)を参照されたい。
(24) 住谷一彦『学問の扉を叩く』二一七頁。
(25) 以下の瀧川事件へのジャーナリズムへの対応については、松尾尊兊「非常時下の知識人」(『十五年戦争史』(1)所収)を参照した。
(26) 住谷・服部編については著者は未見。松尾尊兊前掲論文の情報による。その後、住谷は一九三五年八月号の『文藝春秋』に、「京大事件後の物語——退官教授は何をしているか」(赤城亮一名義)を書いている。
(27) 住谷悦治「京大瀧川事件渦中の人々」、一一四頁。

第四章　『現代新聞批判』とジャーナリズム修業

(1) 住谷悦治『春風秋雨』一八八—九頁。
(2) 住谷磬「父と共に——その人間性」(『回想の住谷悦治』所収)四〇八頁。
(3) 住谷悦治「拷問の話」(『住谷天来と住谷悦治』所収)八二—三頁。
(4) 住谷悦治「科学者の歩んだ道」、前掲書四四二—三頁。
(5) 住谷悦治「太田梶太詞兄を想う」『阪神日々新聞』(門名直樹『民衆ジャーナリズムの歴史』記載の情報による。著者未見)。
(6) 住谷悦治「非理法権天」(『鶏肋の籠』所収)二四七頁。

(7) 門奈直樹『民衆ジャーナリズムの歴史』。
(8)『現代新聞批判』の先駆的でほぼ唯一つといっていい研究は、門奈直樹『民衆ジャーナリズムの歴史』であり、本稿も多くの情報を門奈の論文に負っている。
(9)『現代新聞批判』創刊号。
(10) 戸坂の出版及び新聞論については、その知識人論との関係を含めて、田中秀臣・中村宗悦「忘れられた経済雑誌『サラリーマン』と長谷川国雄」に詳しい。また吉見俊哉「三〇年代日本における唯物論的メディヤ論の射程」も参考になる。
(11) 戸坂潤『現代哲学講話』(『戸坂潤全集』第三巻所収)一〇九頁。
(12) 梯明秀「イデオロギーとしてのアカデミズムとジャーナリズム」(『戦後精神の探求——告白の書』所収)一九九頁。
(13) 門奈直樹『民衆ジャーナリズムの歴史』二三五—六頁。
(14) 本書では、〝ファッシズム〟という用語を、当時者(住谷らそのグループ)の通念を表わすものとして、あえてこの問題の多い用語を採用する。
(15) 住谷悦治「思想犯保護観察下の貧乏生活」(『戦時の国民生活——現代史の証言』所収)三三二頁。
(16) 住谷磐根『布衣』。
(17) 住谷は、同志社に就職後まもなく兵役に一年余ついているので二回目の召集である。
(18) 住谷完爾「兄の思い出」(『回想の住谷悦治』所収)三四六頁。
(19) 具島兼三郎「忘れ難きは住谷家の思出」(『回想の住谷悦治』所収)二—三頁参照。
(20) 大宅壮一「ジャーナリズム講話」(『大宅壮一全集第三巻』所収)一一—二頁。
(21) 馬場の人物評は、住谷や大宅のような批判的な人物評論というよりも、人物論の名手として世評の高かった杉山平助(河上肇の『自叙伝』ではほぼ一巻にわたる苛烈な批判の対象となっているが)が『人物評論』創刊号に寄稿した「人物評論学」で書いているように、「すべてを善意に解しようとする根本的態度」が支配する穏健なものであった。馬場の人物評の現時点の評価は、御厨貴『馬場恒吾の面目』を参照。

(22) この大宅の新人会論評に対して、住谷は『人物評論』の中で、事実誤認をいくつか指摘し、新人会に詳しい論者に書かせるべきではないか、と注文をつけている。著者が、同じ新人会の大宅だとは知らない(筆名だった)とはいえ、面白いエピソードである。
(23) 湊龍雄による命名(『人物評論』一九三三年九月号)。
(24) 住谷悦治『ラーネッド博士伝』一五三頁。
(25) 天野貞祐『道徳の感覚』一一〇頁。
(26) 同右、一一四頁。天野の『道徳の感覚』は後に、軍部などの圧力で出版をとりやめる事態に追い込まれる。また戦後、教職追放処分になった高田を、天野は弁護するなど、両者の関係は貧乏論を巡る対立以上に複雑なものがある。

第五章　滞欧の日々――ファッシズム批判

(1) 住谷悦治「欧州航路風景」(『現代新聞批判』一九三四年六月一五日)。
(2) 同右。
(3) 住谷悦治「ヒットラアの閃光的行動」(『文藝春秋』一九三四年)一五九頁。
(4) 住谷悦治「ロンドン―パリ―ブルッセル―ケルン―ベルリン」(『現代新聞批判』一九三四年一一月一五日)。
(5) 住谷悦治「文化の逆転を強行するナチス」。
(6) 住谷悦治「ドイツ新聞の没落」。
(7) 住谷悦治「ナチスに荒らされたカールとローザの墓」。
(8) 住谷一彦「父を語る――子のみた父の肖像」(『回想の住谷悦治』所収)三八八―九八頁。
(9) 住谷一彦「まえがき」(『回想の住谷悦治』所収)二頁。
(10) 鈴木東民のドイツ滞在中の活動は、鎌田慧『反骨』に詳細である。
(11) SOS名義(鈴木東民)「ドイツ新聞の没落――ナチ系以外に大弾圧」(、『現代新聞批判』一九三六年四月一日）。

第六章　『土曜日』の周辺で

（1）住谷悦治『私のジャーナリズム』二四一頁。
（2）住谷悦治「能勢克男さんを偲ぶ」（『回想の能勢克男』所収）六頁。
（3）平林一『美・批評』『世界文化』と『土曜日』（『戦時下の抵抗の研究1』所収）。
（4）能勢の生協活動については、『回想の能勢克男』や『デルタからの出発』に詳しい。
（5）和田洋一『灰色のユーモア』一七九頁。
（6）新村猛「能勢克男さんの追憶」（『回想の能勢克男』所収）三〇―一頁。
（7）住谷悦治他『日本学生運動史』二〇三頁。
（8）斎藤雷太郎「『土曜日』の思い出」（『回想の能勢克男』所収）五六頁。
（9）『土曜日』創刊号（一九三六年七月四日）。
（10）平林一『美・批評』『世界文化』と『土曜日』、荒瀬豊「読者の弁証法――『土曜日』における実験と実践」（鶴見俊輔・山本明『抵抗と持続』）。
（11）久野収「土曜日について」（復刻『土曜日』三一書房、前書き）。
（12）『土曜日』一九三六年一〇月二〇日。
（13）中井正一「委員会の論理」（長田弘編『中井正一評論集』所収）。
（14）この点は、住谷一彦への久野収のプライベートな発言に基づく。
（15）住谷一彦氏談。
（16）斎藤雷太郎「『土曜日』の思い出」、前掲書五四―五五頁。
（17）「〈座談会〉『世界文化』のころ」（復刻『世界文化』小学館）などを参考。
（18）また斎藤と中井、能勢らの編集方針のシビアな対立については、伊藤俊也『幻の「スタジオ通信」へ』が詳細に論じている。

(19) ただ、『美学入門』が戦前の著作群よりも魅力的な作品になったかどうかは別問題である。

(20) 西田勲「滝川事件とそれ以後の京都学生運動のあらまし」(二六会編『滝川事件以後の京大の学生運動第一集』所収) 四一—二頁。

(21) 能勢克男『旅人の時間』六六頁。

第七章 松山時代——生涯最良の日々と楽園追放

(1) このとき書かれた論文が何かはいまのところ確定できない。

(2) 住谷悦治「科学者の歩んだ道」、前掲書四四四頁。

(3) 賀川英夫、太田明三、川崎三郎、星野通らが在職していた。

(4) 住谷悦治「科学者の歩んだ道」、前掲書四四五頁。

(5) 三瀬諸淵の生涯の映画化の顛末は、作道洋太郎「学灯の残照」(『回想の住谷悦治』所収、一三九—四〇頁) に詳しい。

(6) 住谷悦治「三瀬諸淵の研究」(『日本特殊産業の転相』所収) 四四二頁。

(7) 同右、四二六頁。

(8) 住谷悦治「戦時統制経済と社会政策の交渉」八頁。

(9) 住谷悦治『日本統制経済論要綱』四五頁。

(10) 住谷悦治『統制経済論』九頁。

(11) 「逆縁」としての金井的な社会政策との関係は第二章参照。

(12) 奥平康弘『治安維持法小史』一五九頁以下。

(13) 住谷悦治「思想犯保護観察下の貧乏生活」、前掲書三七頁。

(14) 住谷悦治『日本統制経済論要綱』七四頁。

(15) 小林昇「日本におけるリスト研究」(『東西リスト論争』所収)六七頁。
(16)『財政学』の内容は、「第一編　財政及び財政学、第二編　立憲国家の財政制度、第三編　総費説、第四編　収入論(租税論)」、『日本農業政策』は、一九三七年版とそれをやや修正した一九三八年版が存在する。章立ては同じで、「第一章　農業及び農業政策、第二章　資本主義と農業、第三章　わが国における農業経済状態、第四章　農業救済策」である。住谷の日本の農業に対する見地は、いわゆる「労農派」に近いように思われるが、明白なものではない。後者の著作は、法制史的な特徴をもっている。
(17)『聖化』誌上の「文部省の推薦図書について」(第七二号、一九三二年一一月五日)である。
(18) 住谷は、『巴里祭』や『舞踏会の手帖』など特にフランス映画に愛好作品が多かった(住谷一彦氏との懇談より)。
(19)『回想の住谷悦治』一三三頁。
(20) 同右、一四五頁。
(21) 杉原四郎「『住谷文庫目録』を通じて先生を偲ぶ」(『回想の住谷悦治』所収)。詳細は、『住谷文庫目録』、森村方子「住谷文庫と群馬県立図書館」(『住谷天来と住谷悦治』所収)を参照。
(22) 絲屋寿雄「風雪の時代の住谷先生」(『回想の住谷悦治』所収)三〇九頁。
(23) 藤谷俊雄「永遠の青年学者――近代史研究や部落問題研究にかかわって」(『回想の住谷悦治』所収)。以下の「京都愛書会」の記述は、藤谷に基づく。
(24) 二高時代のいくつかの著作、また処女作でもある『新社会の夢と科学』も対話形式の戯曲調の論文といえる。
(25) 住谷悦治「興亜奉公日」(『あるこころの歴史』所収)三六八頁。祐三は、宇曽祐三で「嘘言うぞ」から、「八百子」は「ウソ八百」から採られた。
(26) 住谷悦治『研究室うちそと』二一九―二二〇頁。
(27)『大東亜共栄圏植民地論』は、内容の過半を政府の公式文書で埋めているという、ある意味で書き手のやる気のなささえも感じる内容であり、唯一、住谷の主張らしいのは、ここでも一貫とした極端なナショナリズムへの批判である。
(28) 住谷磐「父と共に――その人間性」、前掲書四〇九頁。
(29) 住谷悦治「赤十字病院にて」、『学芸』一九号。
(30) 住谷悦治『研究室うちそと』二一七頁。
(31) 住谷悦治「思想犯保護観察下の貧乏生活」、前掲書三七頁。
(32) 住谷一彦「父を語る――子のみた父の肖像」、前掲書三九一―二頁。
(33) 住谷磐「父と共に――その人間性」、前掲書三九九頁。
(34) 住谷悦治「学徒動員の思い出――きけわだつみのこと」(『住谷天来と住谷悦治』所収)一二一頁。
(35) 土岐坤「老いて学べば、死して朽ちず」(『回想の住谷悦治』所収)一一五―六頁。

第八章　叔父住谷天来の死

(1) 住谷悦治「住谷天来略伝」(『鶏肋の籠』所収)一三三頁。
(2) 藤岡一雄『上毛之青年』時代の天来」三八頁。鍋屋事件とは、英学校の支援者でもあり、また自由民権運動の名士であった関農夫雄、高津仲次郎他六名が国の保安常例違反で前橋監獄に身柄を拘束された事件。天来らはこの事件の早期解決に奔走した。
(3) 久保千一『柏木義円研究序説』二五〇頁。
(4) 詳しい運動の顛末については、久保、伊藤秀吉『日本廃娼運動史』を参照せよ。
(5) 武邦保「住谷天来の人と思想」(『季刊　群馬評論』一一号所収)。
(6) 住谷天来『黙庵詩鈔』一七〇―一頁。
(7) 同右、一九一頁。
(8) 住谷天来訳『十九世紀の預言者』五頁。
(9) 住谷天来「内村先生の印象」(『内村鑑三伝』益本重雄・藤沢音吉著所収)。

(10) 内村鑑三『研究十年』。
(11) 住谷天来訳『十九世紀の預言者』七—二〇頁。
(12) 内村とカーライルとの関係は、亀井俊介『内村鑑三』に詳しい。
(13) 住谷天来『孔子及孔子教』五七頁。
(14) 同右、七五頁。
(15) 住谷は『孔子及孔子教』を前橋中学校時代に天来から寄贈され読み込んでいた。
(16) 住谷天来『孔子及孔子教』八五頁。
(17) 同右、一八九頁。
(18) 同右、一九〇頁。
(19) 住谷天来「墨子の非戦論と兼愛主義」(『住谷天来と住谷悦治』所収)二七頁。
(20) 同右、二八—九頁。
(21) 同右、三二頁。
(22)『神の国』は存在を未確認。
(23) 天来の甘楽教会時代の活動は、『甘楽教会百年史』に詳細である。
(24) 天来は『聖化』四号でこの宗教団体法に意義を唱えている。
(25) 住谷天来「萬国萬民の救(上)」『聖化』四〇号。
(26) 住谷天来「国難を除破するの道」『聖化』六四号。
(27) 住谷天来「萬国萬民の救(下)」『聖化』四二号。
(28) 住谷天来「迷信と偶像打破(中)」『聖化』二三号。
(29) 住谷天来「ラスキンの宗教(三)」『聖化』五三号。
(30) 同右。
(31) 住谷一彦他『住谷天来と住谷悦治』一一二頁。
(32) 同右、一一一—一一二頁。

(33) その講演会において内村は有名な一高での「不敬事件」について触れた。
(34) 住谷悦治「内村鑑三――ヒューマニズムの国士」(『日本の歴史(一八)』所収)九二頁。
(35) 『住谷文庫目録』四六〇頁の記述より。著者は未見。
(36) 住谷天来「内村先生を偲ぶ」『聖化』第四一号。
(37) 住谷天来「内村先生の印象」四八五頁。
(38) 住谷天来「内村先生を偲ぶ」、前掲書二頁。
(39) 久保千一『柏木義円研究序説』。
(40) 住谷悦治「住谷天来略伝」、前掲書一三五頁。
(41) 住谷悦治「内村鑑三――ヒューマニズムの国士」、前掲書九七頁。
(42) 天来の用語。住谷天来「革命の晩鐘」『聖化』第三八号などを参照。
(43) 住谷天来「革命の晩鐘」『聖化』第三八号。
(44) 住谷天来「誤れる人生観」『聖化』第九号。
(45) 住谷天来『黙庵詩鈔』一六六頁。
(46) 同右、一六七頁。
(47) 内村鑑三『キリスト教問答』二一一頁。
(48) 住谷天来『黙庵詩鈔』一六七頁。
(49) 住谷天来「世界の謎」『聖化』第五五号。
(50) 住谷天来「神の開明(五)」『聖化』第一五号。
(51) 内村鑑三「基督教研究の方法――(或る婦人の質問に答えて)」(明治三七年一〇月)。
(52) 内村の最晩年の境地は、新保祐司『内村鑑三』、富岡幸一郎『内村鑑三』等に詳しい。
(53) 内村鑑三「霊魂の父」。
(54) 森有正『内村鑑三』六六頁。
(55) 住谷悦治「学生生活と友情」。

(56) 第三章の議論を見られたい。
(57) 住谷一彦「住谷天来と父・悦治」、前掲書一四五頁。
(58) 住谷天来「神国日本と神政日本」『聖化』第一四七号。
(59) 萩原俊彦「壮年期の住谷天来」(『群馬文化』二四一号所収) 四九頁。
(60) 住谷天来「神の開明」『聖化』第一一号。
(61) 住谷天来「日本精神 (下)」『聖化』第八九号。
(62) 住谷天来訳『英雄崇拝論』。この文章は、『警世』誌上の「ダンテ之伝と其肖像」という天来の記事にも載っている。ちなみに「霊妙不可思議の聖歌」とは『神曲』のこと。
(63) 住谷天来「廃刊之辞」『聖化』一四九号。
(64) 住谷悦治「住谷天来略伝」、前掲書一三四頁。
(65) 住谷一彦「住谷天来と父・悦治」、前掲書一四四頁。
(66) 住谷悦治『研究室うちそと』二九九頁。

第九章 『夕刊京都』と戦後民主主義

(1)『回想の住谷悦治』三頁。
(2) 住谷悦治「一つの歴史——京都労働学校のこと」(『研究室うちそと』所収) 二三六—七頁。
(3) 住谷悦治他「住谷教授の歩みを聞く」。
(4) 堀江友広の略歴・活動については、『わが青春』所載の記事、また住谷磬氏から著者あての書簡に基づく。
(5) 住谷悦治「一つの歴史——京都労働学校のこと」二三八頁。
(6) 同右。
(7)『新村猛著作集』第三巻、三八一頁。

(8) 住谷悦治「一つの歴史――京都労働学校のこと」、前掲書二三八―九頁。
(9) 武田清子『天皇観の相剋』岩波書店。
(10) 住谷悦治『新しき平和』三九頁。
(11) 住谷悦治「福沢諭吉の皇室論」。
(12) 住谷悦治「西田幾多郎著『日本文化の問題』」『現代新聞批判』一九四〇年五月一五日。
(13) 住谷悦治「部落民の人間解放」(『私のジャーナリズム』所収)二〇一頁。
(14) 同右、二〇二頁以下。
(15) 京都新聞社の戦後の歴史については、『京都新聞社九十年史』が詳しい。
(16) 和田洋一「『夕刊京都』と京都の左翼文化人」(『大原社会問題研究所雑誌』四二〇―四二二号所収)六五頁。
(17) 和田洋一「白石さんと京都の左翼文化人」(京都新聞社編『新聞人　白石古京』所収)三九五―六頁。
(18) 戦後、『土曜日』は、能勢が夕刊京都新聞を辞職してから、能勢の編集のもと復刊された。引用文中のCIEとは、CI&E(民間情報教育局)のことであろう。
(19) 森竜吉「能勢先生の『夕刊京都』」(『回想の能勢克男』所収)一三七―八頁。
(20) 和田洋一「『夕刊京都』と京都の左翼文化人」、前掲書六五頁。
(21) 森竜吉「能勢先生の『夕刊京都』」、前掲書一四〇頁。
(22) 吉田健二の「『夕刊京都』と京都の左翼文化人」における和田への質問より。なおこの和田論文は、むしろ吉田と和田の共同作業といった方がよく、本稿でも多くの情報を得ることが出来た優れた対談記録である。
(23) 和田洋一「『夕刊京都』と京都の左翼文化人(三)」、前掲書七五―六頁。
(24) 『日本新聞年鑑』(一九四七―八年版)二四五―六頁より。
(25) 「新興紙」として特に「政論新聞」的要素を持ったものとしては、他に『民衆新聞』、『時事新報』、『第一新聞』などを挙げることができるが、いずれも短命に終わり、現在(二〇〇一年)ほとんど継続しているものはない。『民報』については、吉田健二（一九九二）を参考されたい。
(26) 森竜吉「能勢先生の『夕刊京都』」、前掲書一三九頁。
(27) ただし住谷文庫所蔵のものでは、いったん「住谷」と書いたのを消して、「能勢」と書かれている。また能勢の『旅人の時間』によると能勢の筆になるような形で一部が収録されているが、実際には住谷もなんらかの形で原稿の作成に関与したのではないだろうか。
(28) 和田洋一「『夕刊京都』と京都の左翼文化人」、前掲書。
(29) 住谷悦治「科学者の歩んだ道」、前掲書四四八頁。
(30) 吉田健一「解説　民報」二八頁参照。
(31) 和田の回想でも、能勢らは厳しく指導されていたというニュアンスで語っているように思われる。
(32) 森竜吉「能勢先生の『夕刊京都』」、前掲書一四〇頁。
(33) 和田洋一「『夕刊京都』と京都の左翼文化人」、前掲書七五頁。
(34) 和田洋一「住谷さんは、好運だったか」（『回想の住谷悦治』所収）一六頁。

第一〇章　戦後の住谷悦治

(1) 住谷一彦氏との懇談から。
(2) 住谷悦治他「住谷教授の歩みを聞く」四一四頁。
(3) 当時アンケート調査をまとめた井ケ田良治氏からの談話による。
(4) 一九九九年二月の松山大学での著者による公開講演会での参加者との質疑から。
(5) 住谷悦治他『街娼』一八頁。
(6) 逆井孝仁「住谷先生との日々」『回想の住谷悦治』。
(7) 住谷は、C・S（キリスト教社会問題）研究会を主宰し、『キリスト教社会問題研究』発刊したり、叢書を企画発行した。

(8) 藤谷俊雄「永遠の学者青年——近代史研究や部落問題研究にかかわって」『回想の住谷悦治』二〇四頁。
(9) 住谷悦治「遠望から近づくまで」『追想　末川博』(一九七九) 所収。
(10) 住谷悦治「教師生活二十年」一六頁。
(11) 住谷磬氏との懇談による。また住谷悦治の著作『経済学総論』の「マックス・ウェーバーにおける人間」は住谷一彦の著になるものであり、後に住谷一彦『近代経済人の性格と歴史性』に収められた。
(12) 住谷申一は、住谷、さらに叔父天来の息子穆と共に、住谷一族の中でも傑出したジャーナリストないしメディア研究者であった。申一は、住谷の下から二番目の弟であった。一九〇八年生れ、一九六三年没。一九五〇年に同志社大学文学部社会学科新聞専攻部の講師になる。主に明治時代のメディアに関する論述を多くした。
(13) 住谷悦治『同志社の一隅から』二一三頁。
(14) 北朝鮮への訪問もあまり快いものではなかったそうだが、住谷は北朝鮮の政治体制に批判的になることはなかった。杉原四郎氏の著者あて書簡より。このときの北朝鮮行きの詳細は、杉原四郎『読書紀行』を参照。
(15) 一海知義『河上肇そして中国』を参照。
(16) これらの中国語訳がいついかなる経緯で出たか不明である。少なくとも住谷の中国行き以前から、住谷自身は自らの著作の中国語訳の存在を知っていたのではないか、と思われる。(住谷一彦氏談)
(17) 住谷悦治「労働の尊重——新中国の印象」『同志社タイムス』一九六三(昭和三九)年七月一五日。
(18) 住谷磬「父と共に——その人間性」、前掲書四〇五頁。
(19) 石堂清倫編『東京帝大新人会の記録』。
(20) 住谷悦治「学内秘話」『同志社タイムス』一九七九(昭和五四)年三月一五日。
(21) 手島仁「住谷磐根画伯と高崎創画研究会」(『高崎市史研究』一〇号) 一二一頁。

終章　日本の経済学を求めて——河上肇によって河上肇の上に

(1) 住谷悦治「私の思想系譜」、前掲書一一〇頁。
(2) 住谷悦治『河上肇』三一二—三頁。
(3) 河上肇「マルクス社会主義の理論的体系」(『河上肇全集一〇』所収)二四四頁。
(4) 住谷一彦「住谷悦治の河上先生への最初の書簡——住谷悦治の『日記』による解説」二頁。
(5) 住谷悦治『河上肇』三一四—五頁。
(6) 住谷一彦「住谷悦治の河上先生への最初の書簡——住谷悦治の『日記』による解説」五頁。
(7) 松野尾裕「住谷悦治と河上肇」、前掲書四一頁。
(8) 住谷悦治『河上肇』三一五頁。
(9) 河上肇『自叙伝』第一巻(『河上肇全集』所収)。
(10) 住谷悦治『思想史的にみたる河上肇博士——『貧乏物語』以前』三—四頁。
(11) 住谷一彦『河上肇研究』、『日本の意識』他。
(12) 大内兵衛他編『河上肇より櫛田民蔵への手紙(新版)』一三八頁以下を参照。
(13) 河上の『資本主義経済学の史的発展』については、その先駆ともいえる『近世経済思想史論』との比較も合わせて、杉原四郎『西欧経済学と近代日本』が参考になる。
(14) 河上肇「資本主義経済学の史的発展」(『河上肇全集』一三巻所収)三三六頁。
(15) 『櫛田民蔵全集』第一巻所収、三二九—六六頁。
(16) 住谷悦治「私の思想系譜」、前掲書一一〇頁。
(17) 住谷悦治『唯物史観より見たる経済学史』一—二頁。
(18) 同右、五八—九頁。
(19) 同右、六五頁。
(20) 住谷悦治『社会主義経済思想史』九頁。
(21) 住谷悦治『唯物史観より見たる経済学史』二—三頁。

(22)類似の観点から櫛田を批判するものとして、日高晋他『日本のマルクス経済学（下）』がある。
(23)住谷悦治『日本経済学史』三八五頁。
(24)住谷悦治『河上肇』七二―三頁。
(25)住谷悦治『思想史的にみたる河上肇博士――『貧乏物語』以前』四二頁。
(26)河上肇『自叙伝』第五巻七七頁。
(27)河上の「社会科学的真理と宗教的真理の統一」を巡って、古田光『河上肇』、住谷一彦『河上肇の研究』などの労作がある。
(28)河上肇「獄中贅語」（『河上肇全集』所収）。「回光返照」とは「意識の作用を直接に、じかづけに、意識自体の上に跳ね返すこと」を意味する。
(29)住谷悦治「社会科学的真理と宗教的真理の統一」（末川博編『河上肇研究』所収）三頁。
(30)同右、一四頁。
(31)同右、二六頁。
(32)同右、二七頁。
(33)住谷悦治「「河上肇」伝を書いて」一三頁。
(34)『回想の住谷悦治』の塩田庄兵衛の回想には、住谷が妻のよし江の遺影の前で、「私はキリスト者だから」と語る記述がある（同書一九七頁）。
(35)住谷悦治他「住谷教授の歩みを聞く」四一九頁。
(36)同右、四二〇頁。
(37)住谷悦治『社会思想史』一九四頁。
(38)住谷悦治『社会科学論』一二八頁。
(39)同右、一四二頁。
(40)住谷悦治「一経済学徒の絵画論」（『私のジャーナリズム』所収）一九―二〇頁。
(41)住谷悦治「牧野英一先生を語る」（『研究室うちそと』所収）一四四頁。

(42)「経済学史研究の原点を顧みて――堀・住谷両会員をかこんで」『経済学史学会年報』第五号二一頁。
(43)住谷悦治『鶏肋の籠』参照。
(44)住谷悦治「科学者の歩んだ道」、前掲書四五一頁。
(45)大内兵衛「日本社会政策学会の運命と現代日本の経済学の使命」(『社会政策学会資料集』別冊所収)。
(46)住谷悦治『ラーネッド博士伝』ii頁。
(47)同右、一五六頁。
(48)同右、一九二頁。
(49)住谷はラーネッドの主張はあくまで経済学史的な価値でしかないことをことわっている。同右、二九七頁。

二六会編（1988)『滝川事件以後の京大の学生運動第１集』西田書店
日本基督教団甘楽教会（1984)『甘楽教会百年史』
能勢光編（1981)『回想の能勢克男』
萩原俊彦（1995)「壮年期の住谷天来」(『群馬文化』241号所収)
判沢弘・佐貫惣悦（1959)「前期新人会員」『共同研究・転向（上)』平凡社
A・E・バーシェイ（1995)『南原繁と長谷川如是閑――国家と知識人・丸山真男の二人の師』(宮本盛太郎訳）ミネルヴァ書房
日高　晋他（1968)『日本のマルクス経済学（下)』青木書店
平林　一（1968)「『美・批評』『世界文化』と『土曜日』」(『戦時下抵抗の研究１』みすず書房所収)
松尾尊兊（1996)「吉野作造の朝鮮観」(『吉野作造選集９』岩波書店)
――― (1988)「非常時下の知識人」(藤原彰，今井清一編『十五年戦争史１』青木書店所収)
松野尾裕（1996)「住谷悦治と河上肇――はじめての出会い」(『愛媛経済論集』16巻１号)
森　有正（1976)『内村鑑三』講談社
門奈直樹（1983)『民衆ジャーナリズムの歴史』三一書房
古田　光（1976)『河上肇』東京大学出版会
吉野作造（1933)「スタイン・グナイストと伊藤博文」(『閑談の閑談』書物展望社所収)
――― (1975)『吉野作造評論集』(岡義武編）岩波書店
――― (1995)『吉野作造著作集１』岩波書店
――― (1995)『吉野作造著作集９』岩波書店
吉田健一（1992)「解説　民報」(復刻版：民報東京民報解説)
吉見俊哉（1998)「30年代日本における唯物論的メディア論の射程」(『大航海』12月号)
御厨　貴（1997)『馬場恒吾の面目』中央公論社
門奈直樹（1983)『民衆ジャーナリズムの歴史』三一書房
和田洋一（1958)『灰色のユーモア』理論社
――― (1991)「白石さんと京都の左翼文化人」(京都新聞社編『新聞人　白石古京』京都新聞社所収)
――― (1993-4)「「夕刊京都」と京都の左翼文化人」(『大原社会問題研究所雑誌』420-22号)

＊『夕刊京都』は群馬県立図書館住谷文庫所蔵。ただし今回の研究の利用については特別に許諾されたものである。

――― (1982)「マルクス社会主義の理論的体系」(『河上肇全集10』所収)
――― (1982)「資本主義経済学の史的発展」(『河上肇全集13』所収)
――― (1997)『自叙伝』全５巻、岩波書店
鎌田　慧 (1992)『反骨』講談社
京都人文学園創立30周年記念世話人会編 (1976)『わが青春京都人文学園の記録』
京都生活協同組合編 (1989)『デルタからの出発――生協運動と先覚者　能勢克男』かもがわ出版
姜 徳 相 (1975)『関東大震災』中央公論社
櫛田民蔵 (1978)『櫛田民蔵全集１』社会主義協会出版社
久保千一 (1998)『柏木義円研究序説』日本経済評論社
小林　昇 (1990)『東西リスト論争』みすず書房
新保祐司 (1994)『内村鑑三』構想社
末川博先生追悼文集編集委員会編 (1979)『追想末川博』有斐閣
H・スミス (1978)『新人会の研究』東京大学出版会
住谷一彦 (1982)『日本の意識』岩波書店
――― (1984)『近代経済人の性格と歴史性』日本基督教団出版局
――― (1992)『河上肇研究』未来社
――― (1992)『河上肇研究』未来社
――― (1992)『学問の扉を叩く』新地書房
――― (1995)「吉野作造と住谷悦治――父の日記から」(『吉野作造選集』月報８岩波書店所収)
――― (1997)「住谷悦治の河上先生への最初の書簡――住谷悦治の「日記」による解説」(『河上肇記念会会報』56号)
杉原四郎 (1972)『西欧経済学と近代日本』未来社
――― (1976)『読書紀行』未来社
武　邦保 (1982)「住谷天来の人と思想」(『季刊　群馬評論』11号所収)
武田清子 (1959)『人間観の相剋』岩波書店
――― (1978)『天皇観の相剋』岩波書店
田中秀臣・中村宗悦 (1999)「忘れられた経済雑誌『サラリーマン』と長谷川国雄」(『上武大学創立30周年記念論文集』所収)
鶴見俊輔 (1976)『転向研究』筑摩書房
手島　仁 (1999)「住谷磐根画伯と高崎創画研究会」(『高崎市史研究』10号)
戸坂　潤 (1966)『現代哲学講話』(『戸坂潤全集３』所収)
富岡幸一郎 (1988)『内村鑑三』リブロポート
長岡新吉 (1984)『日本資本主義論争の群像』ミネルヴァ書房
中井正一 (1995)『中井正一評論集』(長田弘編) 岩波書店
新村　猛 (1995)『新村猛著作集３』三一書房

■復刻雑誌

『聖化』全２巻、不二出版
『世界文化』全３巻、小学館
『現代新聞批判』全６巻、不二出版
『人物評論』全１巻、不二出版
『土曜日』全１巻、三一書房

■その他の文献

天野貞祐（1937）『道徳の感覚』岩波書店
荒瀬　豊（1979）「読者の弁証法――『土曜日』における実験と実践」（鶴見俊輔・山本明編『抵抗と持続』世界思想社）
有山輝雄（1984）「一九二〇、三〇年代のメディヤ普及状態――給料生活者、労働者を中心に」（『出版研究』15号所収）
石堂清倫・竪山利忠編（1976）『東京帝大新人会の記録』経済往来社
一海知義（1981）『河上肇そして中国』岩波書店
伊藤俊也（1978）『幻の「スタヂオ通信」へ』れんが書房
犬丸義一（1978）『日本人民戦線運動史』青木書店
池田　信（1978）『日本社会政策思想史論』東洋経済新報社
伊藤秀吉（1931）『日本廃娼運動史』廓清会婦人矯風会廃娼連盟
内田文人（1997）「社会思想」（中村勝範編『帝大新人会研究』所収）慶応義塾大学出版会
梅田俊英（1998）『社会運動と出版文化』御茶の水書房
内村鑑三（1905）『基督教問答』出版社不明（『キリスト教問答』講談社）
―――（1913）『研究十年』聖書研究社
大内兵衛（1970）『経済学五十年』東京大学出版会
太田雅夫（1975）『大正デモクラシー研究』新泉社
大宅壮一（1980）「ジャーナリズム講話」（『大宅壮一全集３』所収）蒼洋社
国府村誌編纂委員会編（1968）『国府村誌』
荻原　進（1959）『群馬県史――明治編３』高城書店
奥平康弘（1977）『治安維持法小史』筑摩書房
梯　明秀（1975）『戦後精神の探求――告白の書』勁草書房
亀井俊介（1977）『内村鑑三』中央公論社
河合栄治郎（1941/1969）「明治思想史の一断面」（『河合栄治郎著作集８』所収）社会思想社
河上　肇（1974）『河上肇より櫛田民蔵への手紙（新版）』岩波書店
―――（1977）「獄中贅語」（『河上肇集』内田義彦編、筑摩書房）

(1962)『河上肇』吉川弘文館
(1962)『社会科学論』法律文化社
(1964)『住谷家系譜覚え書』自家版
(1965)「私の十代」(毎日新聞社編『続人間形成少年期の周辺』光風社所収)
(1965)「経済学史研究の原点を顧みて——堀・住谷両会員をかこんで」(『経済学史学会年報』第3号)
(1966)「住谷教授の歩みを聞く」(『住谷悦治博士古希記念論文集』同志社大学経済学会編)
(1968)『同志社の一隅から』法律文化社
(1969)『あるこころの歴史』同志社大学住谷・篠部奨学金出版会
(1970)『日本経済学の源流』教文館
(1970)『鶏肋の籠』中央大学出版部
(1974)『ラーネッド博士伝』未来社
(1974)『随想大学総長の手記』鹿島研究所出版会
(1975)「内村鑑三——ヒューマニズムの国士」(『人物探訪日本の歴史(18)』暁教育図書所収)
(1975)「思想犯保護観察下の貧乏生活」(『戦時の国民生活——現代史の証言』汐文社所収)
(1977)『すばらしい老年期』(住谷磐との共著)ミネルヴァ書房
(1978)『ちち・ははの記』自費出版
(1978)「宣治さんの生きた時代」(『山本宣治の生涯』同志社山宣会編・発行所収)
(1980)「住谷天来とわたくし」(『群馬評論』創刊号所収)
(1990)『住谷文庫目録』群馬県立図書館
(1993)『回想の住谷悦治』(住谷一彦・住谷磐編)自費出版
(1997)『住谷天来と住谷悦治——非戦論・平和論』(住谷一彦・住谷磐・手島仁・森村方子編著)みやま文庫

■**住谷天来の著訳書**

(1900) トマス・カーライル著『英雄崇拝論』警醒社書店
(1903) メイ・A・ウァード著『十九世紀の預言者』警醒社書店
(1905)『天来漫筆』出版社不明
(1909) ジンスモア著『詩聖ダンテの教訓』(訳補)警醒社書店
(1912)『孔子及孔子教』警醒社書店
(1935) 著者不明『人生之歌』(訳著)出版社不明
(1935)「内村先生の印象」(『内村鑑三伝』益本重雄・藤沢音吉著所収)
(1938)『大夢の目醒』新報社
(1941)『黙庵詩鈔』平和舎

参考文献一覧

■住谷悦治の著訳書・論文・関連基本文献

(1925)『プロレタリアの使命――ある労働者の手紙』労働問題研究所
(1926)『唯物史観から見たる経済学史』弘文堂書店
(1929)『物観経済学史』熊得山訳、崑崙書店
(1929)『社会主義経済思想史』弘文堂
(1930)『経済学説の歴史性・階級性』弘文堂
(1931)『経済学史の基礎概念』改造社
(1932) ブルーノ・シュルツ著『近世ドイツ経済学史』(赤間信義との共訳) 政経書院
(1932)『プロレタリアの社会学――社会科学への入門』労働問題研究所
(1934)『日本経済学史の一齣』大畑書店
(1936)『近世社会史』(住谷亮一名義) 三笠書房
(1938)『社会政策本質論』3分冊、自費出版
(1939)『統制経済論』内外出版印刷株式会社
(1939)『日本統制経済論』合資会社仲野印刷所
(1940)『日本統制経済論要綱』自費出版
(1941)『台湾紀行』松山高等商業学校商経研究会
(1942)『大東亜共栄圏植民論』生活社
(1943)「三瀬諸淵の研究」(賀川英夫編『日本特殊産業の転相――伊予経済の研究』ダイヤモンド社所収)
(1946)『経済学史の方法論』熊書房
(1946)『経済学史概論』熊書房
(1946)『新しき平和』カニヤ書店
(1948)『社会科学の基礎理論――唯物史観の解説』有恒社
(1948)『思想史的にみる河上肇博士貧乏物語以前』教研社
(1949)『街娼』(竹中勝男との共編) 有恒社
(1950)『未解放部落における労働経済事情』京都労働経済研究所
(1953)『日本学生社会運動史――京都を中心に』(共著) 同志社大学出版部
(1954)『私のジャーナリズム』積慶園
(1957)『研究室うちそと』大阪福祉事業財団京都補導所
(1958)『日本経済学史』ミネルヴァ書房
(1958)『社会思想史』ミネルヴァ書房
(1958)「水平社第一回夏期講習会」(『部落』100号所収)

ラーネッド Dwight Whitney Learned 1848－1943　明治に同志社で活躍したアメリカ人宣教師。神学や経済学そして語学などを教えた。

和田洋一 わだ・よういち　1903－1993　『世界文化』『土曜日』そして戦後の『夕刊京都』まで人民戦線や反ファッシズムそして文化活動に貢献した。戦後は同志社大学で新聞学を専攻。

鳩山一郎文相に指弾され休職処分。戦後は名誉回復して京大総長に就任。

田中路子 たなか・みちこ 1913－1988 戦前ウィーン社交界の華であり、有名な声楽家。多数のドイツ映画に出演し、早川雪洲とも共演。また欧州の留学生や芸術家のよき相談相手であり支援者でもあった。

恒藤 恭 つねとう・きょう 1888－1967 国際法を専門とした法学者。瀧川事件で京大を追われる。戦後は大阪商大などで学長に。

徳富蘆花 とくとみ・ろか 1863－1927 明治・大正の文豪。兄は有名なジャーナリストの徳富蘇峰。同志社入学後、キリスト教に受洗。1900年小説『不如帰』がベストセラーになる。代表作に『自然と人生』など。

中井正一 なかい・しょういち 1900－1952 美学者・思想家。「美・批評」「世界文化」「土曜日」など戦前の人民戦線運動の中心人物。戦後は国立図書館開館に尽力した。

新島 襄 にいじま・じょう 1843－1890 群馬出身。キリスト教の建学精神をもつ同志社を創立。また組合教会の伝道にも貢献。京都の近代史に偉大な足跡を残す。住谷悦治は新島襄についても多くの逸話を書き残した。

能勢克男 のせ・かつお 1894－1979二高から東大。同志社で住谷の同僚に、以後終生の友人であり、特に住谷が同志社失職後は『土曜日』や『夕刊京都』で共に活動。本業は弁護士。生協運動でも活躍。

福田徳三 ふくだ・とくぞう 1874－1930 日本の近代経済学の父。ブレンターノに師事し当初はドイツ歴史学派の立場。後に「生存権の社会政策」を説き、次第に「厚生の経済学」に立場を移行した。

福本和夫 ふくもと・かずお 1894－1983 ドイツ留学後に発表した諸著作がいわゆる「福本イズム」として一世を風靡。やがて「27年テーゼ」で福本は厳しい批判にさらされることになる。

牧野英一 まきの・えいいち 1878－1970 東大教授。刑法を専攻し、他方で生存権の意義を唱えた。戦後は憲法改正や公職追放の審査にあたるなどした。

森戸辰男 もりと・たつお 1888－1984 1919年に東大経済学部紀要に書いたクロポトキン論が原因で禁固刑を受ける。東大退職後は、大原社会問題研究所に勤務。戦後は社会党内閣で文部大臣に。

山川 均 やまかわ・ひとし 1880－1958 日本の代表的な社会主義者。「山川イズム」の生みの親であり、労農派の中心的メンバー。ジャーナリズム活動も広範に及び、『労農』などで活躍。戦後は社会党の中心人物。

山本宣治 やまもと・せんじ 1889－1929 キリスト者である著名な社会運動家。産児制限や性の問題に積極的に発言。京都労働学校、水平社運動にもかかわる。無産政党議員となるも右翼の凶刃に倒れる。

吉野作造 よしの・さくぞう 1878－1933 大正デモクラシーの言論の雄。東京帝国大学教授。『中央公論』を中心に多くの論説を寄稿し、民本主義の普及に寄与した。福田徳三らと浪人会との公開討論の後に黎明会を発足した。

米窪満亮 よねくぼ・みつすけ 1888－1951 長野県生まれ。商船学校在学中に航海記『海のロマンス』を書き夏目漱石に認められる。日本海員組合で重職をこなし、1928年ＩＬＯ総会に労働代表として参加。47年に片山内閣の労働大臣となる。

東大で講師。森戸事件を契機に東大辞職後、大原社会問題研究所に入所。師である河上肇との唯物論・価値論をめぐる論争は著名。

九津見房子 くつみ・ふさこ 1890－1980 キリスト教社会主義者。1921年に山川菊栄の赤瀾会に参加し中心メンバー。婦人労働、組合運動に積極的に関与した。またゾルゲ事件関連で検挙された。

久野 収 くの・おさむ 1910－1999哲学者。戦前は『世界文化』『土曜日』に積極的に関与する。晩年まで『週刊金曜日』の発刊などジャーナリズム活動に意欲的であった。

小岩井浄 こいわい・きよし 1897－1959 新人会メンバー。1927年に第一次共産党事件で検挙。1934年に『労働雑誌』、36年に『大衆政治経済』を創刊。東亜同文書院教授。戦後は愛知大学学長。

幸徳秋水 こうとく・しゅうすい 1871－1911 日本の社会主義運動の先駆者。日露戦争に反戦を表明。『平民新聞』を中心に言論活動を行うが、天皇暗殺計画への嫌疑から「大逆事件」で絞首刑。

河野 密 こうの・みつ 1897－1981新人会メンバー。『社会思想』の同人。労働組合主義を唱え、日本労農党の発起人のひとり。戦後は社会党の中心的指導者になる。

斎藤雷太郎 さいとう・らいたろう1903－1997 京都で大部屋俳優のかたわら、「スタジオ通信」を発刊。中井正一、能勢克男らと「土曜日」に結実。戦後は京都で古物商を営む。

阪本 勝 さかもと・まさる 1899－1975 元兵庫県知事。二高・東大と住谷の友人。文芸作品を書く文人知事であった。著作は多く『洛陽に餓ゆ』、『流氷の記』などがある。

佐野 学 さの・まなぶ 1892－1953共産党の中心メンバー。1918年ごろに『共産党宣言』の勉強会を行った。雑誌『解放』の主力執筆者。1932年に獄中で鍋山貞親と「転向」宣言をしたことでも著名。

末川 博 すえかわ・ひろし 1892－1977 瀧川事件で京大を辞職。戦後は立命館大学総長を長く務め、京都の文化・教育界で長く住谷と双璧のイメージで人気に。民法学者としての業績も多く、また平和運動の活動でも著名。

鈴木東民 すずき・とうみん 1895－1979 戦後釜石市長として活躍。新人会メンバー。『現代新聞批判』では住谷と共に活躍。読売新聞で論説委員。戦後の争議の中心。

平貞蔵 たいら・ていぞう 1894－1978 山形県生れ。新人会メンバー。『社会思想』の編集の中核。法政大学教授。昭和研究会、昭和塾などに参加した。

高野岩三郎 たかの・いわさぶろう1871－1949 東京帝大教授。統計学を専攻し、社会政策学会の中心メンバー。労働者の家計調査で先駆的貢献がある。大原社会問題研究所の初代所長。

高畠素之 たかばたけ・もとゆき 1886－1928 群馬県出身の国家社会主義者。同志社入学後、社会主義に傾倒。日本で最初のマルクスの『資本論』の完訳に貢献した。1919年以降『国家社会主義』を発刊する。

高山樗牛 たかやま・ちょぎゅう 1871－1902 本名は高山林次郎。明治の代表的な言論家、作家。東大在学中の小説「滝口入道」で人気作家に。二高教授時代に理想主義的見地からニーチェを論じた。

瀧川幸辰 たきがわ・ゆきとき 1891－1962 京都帝大教授。刑法を専攻する。

主要人物注 (五〇音順)

赤松克麿 あかまつ・かつまろ 1894－1955 新人会の創立者。総同盟や社会民衆党の指導者。吉野作造の女婿。はじめは民本主義者であったが後に国家社会主義の立場に。

荒畑寒村 あらはた・かんそん 1887－1981 社会主義運動家・評論家。青年時代にキリスト受洗。1926年に第一次共産党事件で入獄。出獄後は雑誌『労農』同人として社会主義革命を提唱。

石川三四郎 いしかわ・さんしろう 1876－1956 群馬に近い埼玉の本庄出身。日本の代表的なアナキスト。キリスト教からも影響をうける。独自の観点から土民主義＝デモクラシーを主張。

今中次麿 いまなか・つぎまろ 1899－1980 政治学者。同志社教授。河上肇などの影響で当初はマルクス主義的な色彩の国家論を展開。住谷には戦前は批判されたが終生交流が続いた。

内村鑑三 うちむら・かんぞう 1861－1930 無教会主義をとる近代日本を代表するキリスト者。第一高等中学教師時代に天皇への礼拝を拒否したとする「不敬事件」をおこし退職。以後、伝道活動に従事。

海老名弾正 えびな・だんじょう 1856－1937 近代日本のキリスト教指導者のひとり。熊本教会牧師、東京本郷教会牧師、同志社総長に。

大河内一男 おおこうち・かずお 1905－1984 社会政策学者、労働経済学者。いわゆる「生産力」説を戦時中に主張した。昭和研究会に参加。日本の労使関係や出稼ぎ労働者論なども主張。戦後東大総長。

大杉栄 おおすぎ・さかえ 1885－1923 日本の代表的なアナキスト。堺利彦・荒畑寒村らとともに『平民新聞』を発刊。パリでメーデーに参加し検挙。妻は伊藤野枝。関東大震災時、軍部に家族とともに虐殺。

大宅壮一 おおや・そういち 1900－1970 戦後ジャーナリズム界の帝王。22年に東大入学後、新人会に加入。新潮社から『社会問題講座』を発刊し時代の寵児に。人物評論でも新境地をひらく。

賀川豊彦 かがわ・とよひこ 1888－1960 クリスチャンであり社会運動家として有名。労働組合運動・消費組合運動、キリスト教平和運動に指導的役割をした。

風早八十二 かざはや・やそじ 1899－1989 社会政策家・労働運動家。住谷の終生の友人のひとり。大学紛争時も住谷の相談相手。戦前は「生産力」説に基づく独自の社会政策論を展開。

金井 延 かない・のぶる 1865－1933明治を代表する社会政策学者。日本最初の社会科学系の学会である社会政策学会の設立に尽力。日露戦争開戦派としてジャーナリズムを騒がした。

河上 肇 かわかみ・はじめ 1879－1946 戦前日本を代表する経済学者のひとり。読売新聞、大阪朝日新聞などを中心に多彩なジャーナリズム活動を行い、『貧乏物語』はベストセラー。個人雑誌『社会問題研究』はマルクス主義の普及に貢献。

櫛田民蔵 くしだ・たみぞう 1885－1934 大阪朝日記者退職後、同志社・

1946年　１月　末川博らとともに民主主義科学者協会(民科)に参加。
４月　同志社大学客員教授(～47年４月)。愛知大学教授(～47年４月)。
５月　『夕刊京都』創刊，夕刊京都新聞社社長に就任(～47年10月)。
６月　義弟堀江友広や新村猛，久野収らと協力して京都人文学園を設立。
この前後数年，各地で演説会や講演活動に活躍する。

1947年　12月　地方労働委員会第一回公益委員(～48年12月)。

1949年　４月　同志社大学経済学部講師(～７月)。松山商科大学非常勤講師(年一回集中講義)(～62年７月)。
７月　同志社大学経済学部教授。

1950年　２月　同志社大学より経済学博士の学位を受ける。
４月　同志社大学大学院経済学研究科教授。

1952年　12月　同志社大学研究所長(兼任)(～53年３月)。

1953年　２月　日本学術会議会員(第三部。任期三年)(～56年２月)。
４月　同志社大学経済学部長(～55年３月)。

1956年　10月　アメリカへ視察(～12月)。

1957年　12月　京都市社会教育委員・委員会議長(～63年12月)。

1960年　８月　モスクワ「国際東洋学者会議」に出席，研究発表。
９月　ローマ市プロディオ大学にて日本経済学史講義(～12月)。

1963年　11月　同志社総長就任(以後，三期連続)。

1964年　６月　中国社会科学院の招待で訪中(日中経済学交流会代表)，周恩来首相と会談(～７月)。

1975年　11月　同志社総長退任。

1979年　２月　妻よし江死去。
最後の著作『ゲーテ「旅人の夜の歌」』を自費出版。以後，健康次第に悪化する。

1987年　10月４日　死去。

住谷悦治　略年譜　(1895.12.18-1987.10.4)

1895年　12月18日　群馬県群馬郡群馬町大字東国分545番地に生まれる。

1914年　３月　前橋中学を卒業，東京高等商船学校を受験するが不合格。浪人生活を送る。

1915年　９月　仙台の第二高等学校一部甲類英法科入学。土井晩翠，登張竹風らの講義を受ける。教会に通い始める。

1916年　９月　叔父住谷天来により洗礼を受ける。

1918年　７月　第二高等学校一部甲類（英法科）卒業。浪人生活の後，早稲田大学に入学するも退学。

1919年　９月　東京帝国大学法学部政治学科に入学。新人会に入会し社会問題への関心を深る。吉野作造の指導を受け，風早八十二，河野密，阪本勝らと出会う。この頃，河上肇の著作を読破する。

1920年　１月　森戸事件をきっかけに社会主義へ傾斜。

1921年　夏　友人の紹介で桔梗よし江と出会う（翌年結婚）。

1922年　３月　東京帝国大学法学部政治学科卒業。

４月　同志社大学法学部助手に就職。京都帝国大学で河上肇の講義を聴講し始める。まもなく徴兵され１年間の軍隊生活を送る。

大阪労働学校が設立され，講義を受け持つ。

1924年　この頃，新人会卒業生による『社会思想』に寄稿（～29年）。

1925年　処女作『新社会の夢と科学』刊行即発禁に。

1927年　４月　同志社大学法学部教授（1933年８月退職）。

1933年　７月　共産党シンパの容疑で検挙，拷問を受ける。獄中で同志社の辞職願いを書かされる。

11月　太田梶太が『現代新聞批判』を創刊，当初から多数の寄稿（～41年）。

1934年　４月　東京文藝春秋社欧州特派員として社会政策施設研究のため渡欧（1936年３月帰国）。

1936年　７月　斎藤雷太郎，能勢克男，中井正一，新村猛ら『土曜日』創刊。住谷は実質上の同人として協力。

1937年　４月　松山高等商業学校教授に就職，経済学・文化史などを担当。

1942年　７月　同校を辞職。

1944年　叔父住谷天来が死去。

1945年　10月　京都新聞社論説部長に就任（～46年10月）。

ら　行

わ　行

ま　行

や　行

な　行

は　行

た行

さ　行

か　行

人名索引

姓→名の五〇音順で配列した。

あ　行

著者紹介

田中秀臣（たなか・ひでとみ）

1961年東京生。出版社勤務の後，1996年早稲田大学経済研究科博士課程単位取得退学。現在，上武大学商学部講師。専攻，日本経済思想史・経済学とメディア研究・サラリーマン研究。
著書に『構造改革論の誤解』（仮題，野口旭氏との共著，東洋経済新報社，2001年），論文に「『価原』のエコノミー」（『環』第3号，藤原書店）他多数，訳書に『アダム・スミスの失敗』（草思社，1996年）。

沈黙と抵抗 ――ある知識人の生涯，評伝・住谷《すみや》悦治《えつじ》

2001年11月30日　初版第1刷発行©

著　者　田《た》中《なか》秀《ひで》臣《とみ》
発行者　藤原良雄
発行所　株式会社 藤原書店
〒162-0041　東京都新宿区早稲田鶴巻町523
電　話　03（5272）0301
ＦＡＸ　03（5272）0450
振　替　00160-4-17013

印刷・製本　図書印刷

落丁本・乱丁本はお取替えいたします　Printed in Japan
定価はカバーに表示してあります　ISBN4-89434-257-X

真の勇気の生涯

「アメリカ」が知らないアメリカ

（反戦・非暴力のわが回想）

D・デリンジャー　吉川勇一訳

第二次世界大戦の徴兵拒否からずっと非暴力反戦を貫き、八〇代にして今なお街頭に立ち運動を続ける著者の、不屈の抵抗と人々を鼓舞してやまない生き方が、もう一つのアメリカの歴史、アメリカの最良の伝統を映し出す。

Ａ５上製　六二四頁　**六八〇〇円**

（一九九七年一一月刊）

◇4-89434-085-2

FROM YALE TO JAIL　David DELLINGER

絶対平和を貫いた女の一生

絶対平和の生涯

（アメリカ最初の女性国会議員ジャネット・ランキン）

櫛田ふき監修
H・ジョセフソン著　小林勇訳

二度の世界大戦にわたり議会の参戦決議に唯一人反対票を投じ、ベトナム戦争では八八歳にして大デモ行進の先頭に。激動の二〇世紀アメリカで平和の理想を貫いた「米史上最も恐れを知らぬ女性」（ケネディ）の九三年。

四六上製　三五二頁　**三二〇〇円**

（一九九七年二月刊）

◇4-89434-062-3

JEANNETTE RANKIN　Hannah JOSEPHSON

総合的視点の本格作

震災の思想

（阪神大震災と戦後日本）

藤原書店編集部編

地震学、法学、経済学、哲学、宗教、環境、歴史、医療、建築・土木、文学、ジャーナリズム等、多領域の論者が、生活者の視点から、震災があぶりだした諸問題を総合的かつ根本的に掘り下げ、「正常状態」の充実と、自立への意志を提唱する待望の本格作。

四六上製　四五六頁　**三一〇七円**

（一九九五年六月刊）

◇4-89434-017-8

現代の親鸞が説く生命観

穢土《えど》とこころ

（環境破壊の地獄から浄土へ）

青木敬介

長年にわたり瀬戸内・播磨灘の環境破壊と闘ってきた僧侶が、龍樹の「縁起」、世親の「唯識」等の仏教哲理から、環境問題の根本原因として「こころの穢れ」を抉りだす画期的視点を提言。足尾鉱毒事件以来の環境破壊をのりこえる道をやさしく説き示す。

四六上製　二八〇頁　**二八〇〇円**

（一九九七年一二月刊）

◇4-89434-087-9